Déjouer les
ALLERGIES
ALIMENTAIRES

2e ÉDITION

MARIE-JOSÉE BETTEZ ET ÉRIC THÉROUX

PHOTOGRAPHIES DE CATHERINE CÔTÉ

Déjouer les ALLERGIES ALIMENTAIRES

PRÉFACE DE JEAN SOULARD   2e ÉDITION

Québec Amérique

Catalogage avant publication de Bibliothèque et Archives nationales du
Québec et Bibliothèque et Archives Canada

Bettez, Marie-Josée
Déjouer les allergies alimentaires
2e éd.
ISBN 978-2-7644-1283-1
1. Allergie alimentaire - Diétothérapie - Recettes. 2. Allergie alimentaire.
I. Théroux, Éric. II. Titre.
RC588.D53B47 2011   641.5'6318   C2011-940525-3

 Conseil des Arts   Canada Council   SODEC
du Canada   for the Arts   Québec ✚✚

Nous reconnaissons l'aide financière du gouvernement du Canada par l'entremise
du Fonds du livre du Canada pour nos activités d'édition.

Gouvernement du Québec – Programme de crédit d'impôt pour l'édition de
livres – Gestion SODEC.

Les Éditions Québec Amérique bénéficient du programme de subvention globale
du Conseil des Arts du Canada. Elles tiennent également à remercier la SODEC
pour son appui financier.

Québec Amérique
329, rue de la Commune Ouest, 3e étage
Montréal (Québec) H2Y 2E1
Téléphone : 514 499-3000, télécopieur : 514 499-3010

Dépôt légal : 4e trimestre 2011
Bibliothèque nationale du Québec
Bibliothèque nationale du Canada

Projet dirigé par Anne-Marie Villeneuve
en collaboration avec Anouschka Bouchard
Révision linguistique : Chantale Landry et Andrée Michaud
Montage : Karine Raymond
Conception graphique : Nathalie Caron
Photographies : Catherine Côté

Imprimé en Chine.
10 9 8 7 6 5 4 3 2 1   14 13 12 11
PO 447

À Christophe, notre bel amour

TABLE DES MATIÈRES

MISE EN GARDE

Le présent ouvrage a été conçu de façon à accélérer le repérage des recettes en fonction des principaux allergènes alimentaires. À l'occasion, les risques que présentent certains
aliments pour les personnes allergiques y sont soulignés.
Toutefois, c'est à l'utilisatrice ou à l'utilisateur de ce livre que
revient la responsabilité ultime de s'assurer que les ingrédients des recettes sélectionnées conviennent à son régime
de même qu'à celui de ses convives.

Par ailleurs, les renseignements contenus dans cet ouvrage
ne sauraient remplacer des soins et des conseils médicaux.
Pour toute question médicale relative aux allergies alimentaires, veuillez vous adresser à un ou à une allergologue.

PRÉFACE

Il faut, pour écrire un livre, un sujet, bien sûr, une raison, parfois, mais aussi une bonne dose de persévérance et d'inconscience.

Marie-Josée et Éric avaient tout cela et plus encore, un fils, Christophe, qui, dès les premiers jours après sa naissance, a dû se battre pour sa survie contre des allergies alimentaires multiples.

J'avais croisé le papa dans un cours de cuisine où seuls les plaisirs du goût et de la convivialité étaient à l'honneur. Il ne savait pas à l'époque que, dans les mois qui allaient suivre, la crème, le beurre, le poulet, le poisson, les crustacés et de nombreux autres aliments devraient être bannis de sa liste d'épicerie.

Je me suis alors souvenu de cet exercice à travers lequel j'étais passé lorsque ma mère m'avait annoncé la maladie de mon père et le défi que représentait pour elle le fait d'aider ce dernier à perdre du poids. Mon premier livre, *La santé dans les grands plats*, est alors né : vous m'imaginez, sans crème ni beurre ?

C'est dire que Marie-Josée et Éric ont réellement vécu leur livre. Ils ont découvert ce que c'est que de faire son marché quotidiennement en utilisant uniquement des produits frais, ce que Bocuse appellerait « la cuisine du marché ». Ils ont fait le travail du cuisinier, qui est de composer des plats différents, avec en plus comme contrainte de ne pas avoir toutes les notes sur leur clavier de manière à pouvoir jouer une composition exacte.

Un travail colossal.

Je crois savoir, pour avoir croisé Christophe, qu'il n'a pas à s'en faire pour sa santé ; ses parents ont travaillé fort, très fort, pour que plus jamais il ne soit conduit d'urgence à l'hôpital. Mieux encore, grâce à leurs diverses recherches, à leurs recettes minutieusement préparées, à leurs innombrables lectures, grâce à tous leurs efforts, ce livre rendra service assurément à des parents souvent surpris, démunis aussi, devant l'ampleur du défi que représente l'alimentation d'un enfant allergique. Il permettra à des enfants comme Christophe de grandir, sans distinction, comme leurs petits camarades.

Jean Soulard
Chef des cuisines
Le Château Frontenac

REMERCIEMENTS

Faut-il, comme l'écrit Jean Soulard dans la préface, être un peu inconscient pour entreprendre l'écriture d'un livre tel que celui-ci ? Sans doute. Fort heureusement, nous avons pu compter, tout au long de ce périple, sur des compagnes et des compagnons de voyage qui nous ont aidés à parvenir à bon port.

Merci, tout d'abord, à vous, lectrices et lecteurs, qui avez fait de la première édition de cet ouvrage un incontestable succès. Les nombreux commentaires et témoignages reçus depuis la publication du livre en 2002 ont confirmé l'utilité de notre démarche et nous ont incités à produire une seconde version, plus étoffée encore que la première.

Nous désirons ensuite témoigner notre reconnaissance à nos mères, Denise Thibault Bettez et Pierrette Martineau Théroux, qui nous ont donné accès à leurs archives culinaires ainsi qu'à celles de leurs mères. Leurs suggestions et leurs conseils nous ont été d'un grand secours.

Nous remercions également tous les autres membres de nos familles pour leur appui indéfectible. À cet égard, un merci tout particulier à Pierre Bettez, Isabelle Bettez, Jean-Sébastien Bettez, Alec Rajotte, Isabelle Langlois, Marie-Claude Théroux, Astrid Martineau, Louise Thibault et Gisèle T. Van Bockern.

Nous souhaitons exprimer notre gratitude à la merveilleuse équipe de la clinique d'allergologie de l'hôpital Sainte-Justine. Merci à la D^{re} Anne Des Roches, allergologue responsable de la clinique, et à Lise Primeau, diététiste-nutritionniste. Ces professionnelles, dont nous avons pu admirer la grande compétence, sont aussi des femmes de cœur qui font un travail admirable.

Nous sommes infiniment redevables à Jean Soulard, chef des cuisines du Château Frontenac, pour sa disponibilité et sa sensibilité. Merci également à Christina Blais, responsable de formation clinique à la faculté de médecine-nutrition de l'Université de Montréal, pour ses conseils judicieux. Son livre, *La chimie des desserts* nous a par ailleurs été très utile.

Mille mercis à la photographe Catherine Côté qui, pour cette deuxième édition, a immortalisé enfants et plats avec un égal talent. Plein de bisous aux cinq enfants qui ont accepté de jouer le rôle de modèles : Béatrice, Christophe, Mathilde, Maude et Michaël. Vous êtes, tout simplement, magnifiques !

Un gros merci à Madeleine Leclerc qui, la première, nous a encouragés à rédiger ce livre et qui nous a dévoilé les secrets de quelques-uns de ses plats préférés, à Guy Dumas pour ses éclaircissements sur les diètes sans gluten, à Cheryl Leyten pour ses idées de substitution d'aliments ainsi qu'à Marie-France Fecteau et Marie-France Piché, qui ont testé et commenté certaines de nos recettes. Merci également à Jean D. Ménard pour ses canapés au caviar, à Gloria Letelier pour sa mayonnaise sans œufs ni soya, à madame Cécile, cuisinière huronne à l'Hôtel-Musée des Premières Nations à Wendake, pour sa banique, à Danielle Langlois pour sa tarte au chocolat et au tofu, à Andrée Vachon pour sa glace au soya et à la vanille et à Isabelle Gélinas pour ses macarons. Merci à Josée, Liette, Annie, Isabelle L., Nadia, Nancy, Veronica, Maude, Geneviève, Maryse, Lise, Isabelle J., Steve et Lysanne qui nous ont confié les mots d'enfants rapportés dans ce livre, et merci également à leurs petits, Eliott, Arnaud, Donovan, Béatrice, Jacob, Julie, Scott, Annabelle, Sidney, Amerrik, Flavie, Samuelle, Faël,

Charles, Magalie, Victor, Laurent et Renaud pour leur humour, souvent involontaire mais toujours rafraîchissant.

Nous avons été très touchés de la confiance renouvelée que nous a témoignée l'équipe des Éditions Québec Amérique. Merci plus particulièrement à Jacques Fortin, Luc Roberge, Anne-Marie Villeneuve, Anouschka Bouchard, Anne-Marie Fortin, Nathalie Caron, Mylaine Lemire, Chantale Landry, Andrée Michaud, Rita Biscotti et Lyne Trudel. Nous avons senti dès le départ que notre livre était en d'excellentes mains.

Nous sommes très reconnaissants à Jean-Pierre et Diane Gagné ainsi qu'à Pierre Cayouette d'avoir cru dans ce projet et d'avoir contribué à sa concrétisation.

Et, à Christophe, notre source d'inspiration et notre plus précieux complice, un merci grand comme le ciel !

PILAF DE BASMATI (p. 111)

IL ÉTAIT UNE FOIS...

... un petit bonhomme aux cheveux dorés comme les blés et aux yeux aussi bleus que des bleuets. Un enfant rieur, curieux de tout. Christophe, notre fils.

Il avait seize mois lorsque cela s'est produit. C'était une belle soirée chaude de juin. Nous profitions des derniers rayons du soleil, confortablement installés dans des chaises de toile, tandis que Christophe s'amusait dans son carré de sable. Le calme. La paix. Et puis tout a basculé.

Quelques instants plus tôt, nous avions offert à Christophe un morceau de chocolat noir en guise de dessert. Il en avait mangé une ou deux fois auparavant et avait semblé beaucoup apprécier. Ce soir-là, cependant, il n'en a pris qu'une toute petite bouchée et a refusé le reste. Presque immédiatement après avoir avalé le chocolat, il a commencé à se comporter de façon inhabituelle : visiblement mal à l'aise, il paraissait désorienté. Lorsqu'il s'est mis à râler, nous avons compris qu'il était victime d'une réaction allergique. Ce n'était certes pas sa première réaction, mais celle-ci était, de loin, la plus grave. Après lui avoir fait une injection d'adrénaline, nous avons foncé vers l'hôpital. Dans la voiture, il a vomi à plusieurs reprises, assez violemment. Malgré l'injection, il éprouvait toujours de la difficulté à respirer et ses lèvres étaient décolorées. Le trajet vers l'hôpital a pris une dizaine de minutes. Dix longues, interminables minutes.

Nous avons fait irruption dans la salle d'urgence en courant. Christophe a reçu, sans attendre, les soins nécessaires. La crise s'est résorbée. Après la disparition des symptômes, il est demeuré plusieurs heures en observation à l'hôpital, une rechute étant toujours possible. Par bonheur, il n'y en a pas eu.

Il faisait nuit noire lorsque nous sommes rentrés chez nous avec notre petit garçon, sain et sauf. Le sommeil l'avait finalement gagné. Il était si blond, si pâle et paraissait tellement fragile ! Nous avions craint de le perdre et nous pressentions déjà que notre vie ne serait plus jamais tout à fait la même.

Un épuisant travail de détection

Nous savions, bien avant cet incident, que Christophe souffrait d'un certain nombre d'allergies alimentaires. Parce que nous avions lu sur le sujet, nous connaissions les risques associés à de telles allergies et nous n'avions jamais pris celles-ci à la légère. Jusque-là, toutefois, ses réactions n'avaient eu aucune conséquence grave et la menace demeurait un peu théorique. Ce n'était plus le cas. C'était devenu terriblement concret. Et angoissant.

La gestion au quotidien des allergies de notre fils était d'autant plus ardue que leur nombre allait sans cesse croissant. Leur seule identification exigeait de notre part un travail d'investigation assez éprouvant.

Les premières allergies alimentaires (lait et orge) de Christophe s'étaient déclarées alors qu'il était âgé de quatre mois. Des symptômes non équivoques nous avaient permis de déceler, avant son premier anniversaire, deux nouvelles allergies : banane et kiwi. Au cours des semaines ayant précédé l'incident relaté plus haut, nous avions par ailleurs noté l'apparition, à chaque repas ou presque, de rougeurs sur son visage accompagnées d'une enflure à peine perceptible des lèvres. Nous ne parvenions cependant pas à détecter les aliments déclencheurs.

La réaction du mois de juin nous a incités à prendre des mesures draconiennes. Nous avons tout d'abord réduit l'alimentation de notre fils au strict minimum (trois ou quatre aliments). La disparition de ses symptômes a confirmé que nous étions sur la bonne voie. Nous avons alors réintroduit les aliments, les uns après les autres, dans son régime. Nous consignions, dans un journal alimentaire, tout ce que consommait Christophe ainsi que ses réactions lorsqu'il en avait. Cette stratégie nous a permis de détecter plusieurs autres allergies : riz, moutarde, poulet, dinde, courgette, aubergine, brocoli, carotte, épinard, chou de Bruxelles, persil, haricot rouge, haricot vert, pois chiche, pois vert, lentille, cerise, pêche, ananas et certains melons. L'ingestion de ces aliments provoquait, en quelques minutes, un ou plusieurs des symptômes suivants : urticaire, enflure (légère ou prononcée) des lèvres ou du visage, vomissements et pleurs. Ces allergies ont été confirmées par des tests cutanés et sanguins effectués à la clinique d'allergologie de l'hôpital Sainte-Justine à Montréal. Ces tests ont en outre révélé que Christophe était allergique aux œufs ainsi qu'à certaines noix.

Redécouvrir le plaisir de manger

Ce fut une période difficile. Malgré sa diète limitée, Christophe ne souffrait d'aucune carence (nous nous en étions assurés auprès d'une diététiste-nutritionniste). Il n'empêche que notre alimentation à tous les trois (nous avions, assez rapidement, adopté le même régime que Christophe) manquait cruellement de diversité. Sans compter que l'introduction de tout nouvel aliment dans notre menu était source d'appréhension. Nous en étions venus à redouter l'heure des repas et à considérer la nourriture comme un mal nécessaire. Il nous est arrivé, plus d'une fois, de fantasmer sur les petites pilules qui, dans les films de science-fiction, tiennent lieu de vivres !

Adeptes de la belle vie et de la bonne chère, nous ne pouvions toutefois nous résigner bien longtemps à ce triste état d'esprit. Nous avions toujours aimé concocter de bonnes bouffes pour les savourer en famille ou avec les amis et l'atmosphère presque euphorique qui accompagne un repas réussi nous manquait. Et surtout, comment se résoudre à ce que Christophe soit privé de ces mille et une gâteries qui rendent la vie si agréable ? Impensable ! Les mets préparés nous étaient (à de rares exceptions près) interdits ? Soit ! Nous allions donc tout faire nous-mêmes ! À nous, le pain maison, les bons pâtés, les gâteaux moelleux sans œufs et les glaces sans produits laitiers ! À nous les crêpes, les gaufres et la fondue au chocolat ! On allait voir ce qu'on allait voir !

Animés de cet esprit guerrier, nous avons retroussé nos manches et transformé notre cuisine en un véritable laboratoire, créant et adaptant des recettes en fonction de nos besoins. Nous avons plongé avec délices dans les archives culinaires de nos grand-mères, recueilli les conseils éclairés de nos mères et fouiné, de-ci de-là, en quête d'inspiration. Nous avons découvert de nouvelles saveurs, des combinaisons inédites et une alimentation plus saine, sans additifs ni agents de conservation. Quel voyage fascinant ! Et un voyage en famille par surcroît puisque, dès le départ, nous avons associé Christophe à notre quête en lui confiant un rôle actif dans la cuisine.

C'est le fruit de ce long processus d'expérimentation que nous livrons dans les pages qui suivent. La cuisine que nous vous proposons est résolument familiale (ce qui n'exclut pas un certain raffinement). Dans la mesure du possible, nous utilisons des ingrédients non transformés (c'est encore la meilleure façon de limiter les risques que des allergènes se glissent sournoisement dans l'assiette), vendus, pour la plupart, dans les supermarchés (pour les autres, une petite visite au magasin d'aliments naturels pourra s'avérer nécessaire). Les recettes sont faciles à réaliser, même pour les non-initiés. Il s'agit en outre de recettes éprouvées puisqu'elles constituent en gros la base de notre alimentation. Plusieurs d'entre elles ont par ailleurs été testées par des parents et des amis.

De belles victoires

Lors de la publication de la première édition du présent ouvrage, Christophe avait quatre ans. Il en a maintenant treize. Au fil des années, quelques-unes de ses allergies ont disparu… et il en a développé de nouvelles (entre autres, aux poissons et crustacés et à la plupart des mollusques). Il reste que nous avons introduit avec succès un très grand nombre d'aliments dans son régime et que celui-ci s'est considérablement diversifié. À vrai dire, son alimentation est plus variée que celle de bien des gens qui ne souffrent d'aucune allergie ! C'est notre première victoire sur les allergies alimentaires. Mais ce n'est pas la seule.

En dépit de ses allergies, Christophe, en effet, demeure un incorrigible gourmand. Il adore, en outre, préparer lui-même de bons petits plats (vous pourrez d'ailleurs découvrir quelques-unes de ses créations culinaires dans ce livre). Il n'a jamais laissé ses allergies ralentir ses ardeurs ni se mettre en travers de ses projets et de ses rêves (et il en a plusieurs !). Comme il nous l'a confié dernièrement : « Moi, malgré mes allergies, je sens que je peux tout faire. À part, bien sûr, voler ! »

Une leçon de vie

La mère d'un adolescent allergique à plusieurs aliments nous a donné un jour ce conseil inspiré : « Concentrez-vous sur ce que vous pouvez manger plutôt que sur ce qui vous est interdit. » Cette philosophie, nous l'avons faite nôtre. Il vous sera d'autant plus facile de l'adopter à votre tour si le contenu de votre assiette est alléchant. Puissent donc les recettes proposées dans le présent ouvrage stimuler votre gourmandise, titiller vos papilles gustatives et vous inciter à mettre la main à la pâte !

À votre santé !

Marie-Josée Bettez
Éric Théroux

info@dejouerlesallergies.com
www.dejouerlesallergies.com

COMMENT UTILISER CE LIVRE

La liste qui apparaît dans un encadré, en haut des recettes, permet de déterminer, d'un seul coup d'œil, si la recette contient l'un ou l'autre des allergènes alimentaires prioritaires (œufs, lait, soya, arachides, noix, graines de sésame, blé, poisson, mollusques, crustacés et moutarde). Ces informations ont d'autre part été compilées dans le « Tableau des recettes et des allergènes » reproduit à la fin du livre (p. 278). Il vous incombe toutefois de vous assurer que les ingrédients conviennent bel et bien à votre régime (à cet égard, voir la section « Étiquetage des aliments », p. 47).

L'impression, en caractères gras, du nom d'un allergène signifie qu'un ou plusieurs des ingrédients de la recette pourraient poser problème aux personnes qui y sont allergiques. Des explications sommaires sont fournies à cet égard en bas de page. Ces précisions sont reprises, parfois de façon plus détaillée, dans la section « Conseils pratiques et trouvailles » (p. 28). Ces mises en garde sont données à titre indicatif et n'ont rien d'exhaustif.

Une recette sans blé peut quand même contenir du gluten.

Les indications relatives au temps de préparation ainsi qu'au temps de cuisson sont approximatives. Elles ont, en effet, été arrondies aux cinq minutes près. En outre, la durée de cuisson mentionnée ne tient pas compte du temps nécessaire pour porter la préparation à ébullition, pour chauffer l'huile, etc. Par contre, les temps de cuisson mentionnés dans les étapes de réalisation de la recette sont aussi précis que possible. La mention « Repos » correspond au temps nécessaire pour faire mariner, lever ou refroidir la préparation.

Préparation : 25 min
Cuisson : moins de 5 min
Repos : 1 h
Quantité : 60 macarons

SANS :
œufs
lait
arachides
noix
graines de sésame
blé
poisson
mollusques
crustacés
moutarde

Macarons d'Isabelle

Plusieurs douzaines de délicieuses petites bouchées préparées en un tournemain (ou presque) : qui dit mieux ? Une bonne idée pour les fêtes d'enfants, les réunions de famille, etc. Conservez les macarons au réfrigérateur jusqu'au moment de servir.

125 ml (½ tasse) de lait de coco
310 ml (1¼ tasse) de sucre
125 ml (½ tasse) de margarine
5 ml (1 c. à thé) de vanille
625 ml (2½ tasses) de flocons d'avoine
250 ml (1 tasse) de noix de coco râpée (non sucrée)
90 ml (6 c. à soupe) de poudre de cacao

1 Mélangez le lait de coco et le sucre dans une casserole. Amenez le mélange à ébullition à feu vif en remuant à l'occasion. Poursuivez la cuisson à feu réduit pendant encore 1 minute, sans couvrir et en remuant presque constamment (attention aux débordements !). Retirez du feu. Réservez.

2 Dans un bol, mélangez la margarine, la vanille, les flocons d'avoine, la noix de coco râpée et le cacao. Versez sur ce mélange le sirop de lait de coco et de sucre encore fumant. Mélangez bien le tout.

3 À l'aide d'une cuillère, déposez des boulettes du mélange sur une plaque à pâtisserie recouverte d'une feuille de papier parcheminé. Façonnez les boulettes à votre goût. Laissez prendre au réfrigérateur pendant au moins 1 heure avant de servir.

Lait : allergique aux produits laitiers ? Plusieurs margarines en contiennent, aussi est-il important de lire attentivement la liste des ingrédients de celle que vous utilisez. Par ailleurs, plusieurs marques de cacao contiennent (ou peuvent contenir) des traces de produits laitiers. N'hésitez pas à communiquer avec le fabricant pour obtenir des précisions.

Noix : les risques d'allergies croisées étant assez faibles, on ne recommande habituellement pas aux personnes allergiques aux autres noix d'éviter, à titre préventif, la noix de coco.

Truc : pour façonner les boulettes sans que le mélange colle à votre ustensile, utilisez une spatule en caoutchouc trempée dans de l'eau très chaude.

Variante sans soya : remplacez la margarine par 105 ml (7 c. à soupe) de saindoux.

Préparation : 25 min
Cuisson : moins de 5 min
Repos : 1 h
Quantité : 60 macarons
SANS :
œufs
lait
arachides
noix
graines de sésame
blé
poisson
mollusques
crustacés
moutarde

Macarons d'Isabelle

Plusieurs douzaines de délicieuses petites bouchées préparées en un tournemain (ou presque) : qui dit mieux ? Une bonne idée pour les fêtes d'enfants, les réunions de famille, etc. Conservez les macarons au réfrigérateur jusqu'au moment de servir.

125 ml (½ tasse) de lait de coco
310 ml (1¼ tasse) de sucre
125 ml (½ tasse) de margarine
5 ml (1 c. à thé) de vanille
625 ml (2½ tasses) de flocons d'avoine
250 ml (1 tasse) de noix de coco râpée (non sucrée)
90 ml (6 c. à soupe) de poudre de cacao

1 Mélangez le lait de coco et le sucre dans une casserole. Amenez le mélange à ébullition à feu vif en remuant à l'occasion. Poursuivez la cuisson à feu réduit pendant encore 1 minute, sans couvrir et en remuant presque constamment (attention aux débordements !). Retirez du feu. Réservez.

2 Dans un bol, mélangez la margarine, la vanille, les flocons d'avoine, la noix de coco râpée et le cacao. Versez sur ce mélange le sirop de lait de coco et de sucre encore fumant. Mélangez bien le tout.

3 À l'aide d'une cuillère, déposez des boulettes du mélange sur une plaque à pâtisserie recouverte d'une feuille de papier parcheminé. Façonnez les boulettes à votre goût. Laissez prendre au réfrigérateur pendant au moins 1 heure avant de servir.

Lait : allergique aux produits laitiers ? Plusieurs margarines en contiennent, aussi est-il important de lire attentivement la liste des ingrédients de celle que vous utilisez. Par ailleurs, plusieurs marques de cacao contiennent (ou peuvent contenir) des traces de produits laitiers. N'hésitez pas à communiquer avec le fabricant pour obtenir des précisions.

Noix : les risques d'allergies croisées étant assez faibles, on ne recommande habituellement pas aux personnes allergiques aux autres noix d'éviter, à titre préventif, la noix de coco.

Truc : pour façonner les boulettes sans que le mélange colle à votre ustensile, utilisez une spatule en caoutchouc trempée dans de l'eau très chaude.

Variante sans soya : remplacez la margarine par 105 ml (7 c. à soupe) de saindoux.

L'information donnée sous le nom de la recette constitue une mise en contexte. On y trouve aussi des suggestions pour la garniture et la présentation du plat, des indications sur son mode et sa durée de conservation, etc. Un tableau précisant la durée d'entreposage de certains aliments au congélateur est, par ailleurs, reproduit dans la section « Conseils pratiques et trouvailles » (p. 28).

Les ingrédients sont classés selon leur ordre d'utilisation dans la recette. Des précisions sont fournies sur certains d'entre eux dans la section « Conseils pratiques et trouvailles » (p. 28). Pour savoir à quelle famille appartiennent les ingrédients mentionnés, consultez la section « Familles d'aliments » (p. 50).

Les instructions sont données de façon aussi claire et explicite que possible. Certains termes plus techniques (comme le mot « façonner », employé dans la recette reproduite ci-contre) sont définis dans la section « Petit lexique de la cuisine et de l'allergie » (p. 58).

On trouve au bas de la recette des trucs pour faciliter ou accélérer la préparation du plat.

Les variantes également mentionnées au bas de la recette sont celles qui ont été testées avec succès. D'autres adaptations sont souvent possibles (voir, à cet égard, la section « Aliments de substitution », p. 39).

GUIDE POUR DÉJOUER
LES ALLERGIES

L'ABC DE L'ALLERGIE ALIMENTAIRE

On en entend de plus en plus parler. Dans les médias, à la garderie, à l'école. Taboue, l'allergie alimentaire ? Certainement pas ! Et pourtant…

L'allergie alimentaire est encore bien mal comprise et trop nombreux sont ceux et celles qui persistent à en minimiser les conséquences, au grand désarroi des personnes qui en souffrent. Si l'état des connaissances dans ce domaine est en constante évolution, on en sait suffisamment pour dissiper certains mythes qui ont la vie dure… et qui font la vie dure à plusieurs d'entre nous !

Prévalence de l'allergie alimentaire

Nous sommes de plus en plus nombreux à devoir composer avec des allergies alimentaires. Ainsi, selon une étude américaine dont les résultats ont été publiés en 2011, 8 % des jeunes de moins de 18 ans sont allergiques à un ou à plusieurs aliments[1]. Une autre étude, canadienne celle-là, établit à 7.5 % le pourcentage de l'ensemble de la population qui souffre d'au moins une allergie alimentaire[2]. Il s'agit d'une nette augmentation des cas d'allergies puisque, jusqu'à la publication, en 2010, des conclusions de cette dernière étude, on estimait que seulement 4 % de la population était touchée.

Comment expliquer cette triste progression ? De toutes les hypothèses avancées par les experts, la théorie « hygiéniste » est celle qui fait actuellement le plus d'adeptes. Selon celle-ci, les mesures d'hygiène présentes dans les pays industrialisés priveraient le jeune enfant du contact avec des micro-organismes favorisant la maturation de son système immunitaire. Notre milieu de vie aseptisé contribuerait ainsi à l'augmentation des maladies allergiques, de l'asthme et de l'eczéma.

Il n'est toutefois pas certain que la théorie de l'hygiène puisse à elle seule tout expliquer et plusieurs spécialistes croient qu'une combinaison de facteurs est probablement responsable de la hausse des cas d'allergies. Parmi ces facteurs, on évoque : de meilleurs diagnostics, l'industrialisation (qui se traduit notamment par l'ajout, dans les aliments, d'additifs et de colorants), l'évolution des habitudes alimentaires, la disponibilité accrue d'aliments très allergisants et leur introduction précoce dans l'alimentation.

Définition et symptômes

Mais qu'est-ce que l'allergie alimentaire ? Il s'agit d'une réaction disproportionnée du système immunitaire provoquée par l'exposition à une ou à plusieurs protéines d'un aliment[3]. L'ingestion d'une infime quantité de cet aliment peut suffire à provoquer une crise. Chez les personnes très sensibles, la réaction peut même survenir à la suite d'un simple contact cutané ou de l'inhalation de protéines en suspension dans l'air.

1 R.S. GUPTA, E.E. SPRINGSTON, M.R. WARRIER *et al.* « The Prevalence, Severity, and Distribution of Childhood Food Allergy in the United States », *Pediatrics*, vol. 1, n° 128, juillet 2011, p. E9-E17.

2 M. BEN-SHOSHAN, D.W. HARRINGTON, L. SOLLER *et al.* « A Population-based study on peanut, tree nut, fish, shellfish, and sesame allergy prevalence in Canada », *Journal of Allergy and Clinical Immunology*, vol. 6, n° 125, juin 2010, p. 1327-1335.

3 Il peut également s'agir d'un additif alimentaire.

La réaction allergique est, en quelque sorte, le résultat d'une méprise : jugeant menaçante une substance (l'aliment) en soi inoffensive, le système immunitaire passe à l'attaque et sort l'artillerie lourde dans le but de protéger l'organisme. Cela ne se fait toutefois pas sans quelques dommages collatéraux…

Ainsi, après avoir été exposé à l'aliment au cours d'une étape que l'on appelle sensibilisation, le système immunitaire produit des anticorps (immunoglobulines E [IgE]) spécifiques de cet aliment. Ces anticorps entreront éventuellement en action à la suite d'une exposition subséquente à l'aliment et provoqueront la libération, dans l'organisme, de quantités massives d'histamine et de diverses autres substances chimiques. Ces substances déclencheront, à leur tour, toute une série de symptômes pouvant affecter les systèmes cutané, digestif, respiratoire et cardiovasculaire.

Les symptômes allergiques se manifestent généralement de quelques secondes à deux heures après l'exposition à l'aliment déclencheur. Leur nature tout comme leur gravité sont extrêmement variables : démangeaisons, urticaire, enflure (lèvres, yeux, langue, gorge, visage…), larmoiement, congestion nasale et écoulement, nausées, vomissements, crampes abdominales, diarrhée, altération de la voix, toux, sifflements, serrement de la gorge, difficulté à avaler, difficultés respiratoires, crise d'asthme subite, étourdissements, choc anaphylactique. Cette dernière réaction, qui se caractérise par une perte de conscience, peut, en l'absence de traitement, être fatale. Heureusement, elle se produit rarement.

Il est possible qu'un seul des symptômes mentionnés précédemment se manifeste, mais il arrive également que plusieurs d'entre eux apparaissent simultanément. Par contre, il est rare qu'ils soient tous présents.

L'évolution d'une réaction allergique est imprévisible. On ne peut donc se fier aux réactions subies par le passé pour anticiper la gravité de futures crises.

Allergie et intolérance

L'intolérance, tout comme l'allergie, peut être définie comme une réaction anormale de l'organisme à la suite de l'ingestion d'un aliment. Quoique certaines de leurs manifestations (nausées, vomissements, crampes abdominales et diarrhée) se ressemblent, il s'agit de deux phénomènes bien distincts.

L'intolérance, contrairement à l'allergie, ne fait pas intervenir le système immunitaire. N'affectant que le système digestif, elle ne met pas la vie en danger. D'autre part, la gravité des symptômes de l'intolérance est habituellement fonction de la quantité ingérée tandis que, dans le cas d'une allergie, une très faible quantité de l'allergène peut déclencher une crise. Ainsi, une personne ayant une intolérance au lactose (sucre contenu dans le lait) peut, en règle générale, boire une petite quantité de lait sans ressentir trop d'inconfort. Cependant, si c'est d'une allergie aux produits laitiers qu'elle souffre, une simple trace de lait peut provoquer une réaction grave.

Diagnostic

Le diagnostic d'allergie alimentaire est établi par un ou une allergologue qui s'appuie sur l'histoire de cas (d'où l'utilité de tenir un journal alimentaire dans lequel sont consignés les aliments consommés de même que toute réaction inhabituelle à ceux-ci) ainsi que sur des tests cutanés ou sanguins.

Utiles, ces derniers ne sont cependant pas infaillibles et un test de provocation[4], effectué sous contrôle médical, peut être nécessaire pour confirmer le diagnostic.

Profil de la personne allergique

Les jeunes enfants appartiennent au segment de la population le plus susceptible de développer une ou plusieurs allergies alimentaires. De fait, bien que pareilles allergies puissent se manifester à tout âge, elles apparaissent généralement au cours des deux premières années de vie. Plusieurs enfants voient leurs allergies disparaître avec le temps ; le pourcentage d'adultes qui en souffrent est donc plus faible.

Outre l'âge, l'hérédité joue un rôle de premier plan en cette matière. Certaines personnes sont en effet génétiquement prédisposées à développer des allergies. Sont particulièrement à risque ceux et celles issus de familles ayant une histoire chargée d'allergies (alimentaires et environnementales), d'asthme et d'eczéma.

Principaux allergènes alimentaires

S'il est vrai que l'on peut être allergique à n'importe quel aliment, il reste qu'un petit nombre d'entre eux est à l'origine de la plupart des réactions.

Nos habitudes alimentaires y sont apparemment pour beaucoup : les aliments consommés en grande quantité dans un pays sont en effet plus susceptibles de se retrouver sur la liste des principaux allergènes. Ainsi, l'allergie au riz est assez répandue au Japon tandis qu'en Norvège, en Suède et au Danemark, c'est le poisson qui est le plus souvent incriminé.

Au Canada, les arachides, les noix, les œufs, le lait, le soya, les graines de sésame, le blé, les poissons, les crustacés et les mollusques sont responsables de 90 % des réactions allergiques. Ces aliments, de même que la moutarde[5], sont considérés comme des allergènes prioritaires.

LES ARACHIDES

En Amérique du Nord, l'allergie aux arachides est non seulement l'une des plus communes, mais elle est aussi à l'origine de la majorité des réactions graves. À elle seule, elle est responsable des deux tiers des décès par anaphylaxie alimentaire[6].

On a longtemps cru qu'on ne pouvait se débarrasser de cette allergie. Or, de nouvelles études ont démontré qu'en fait, un peu plus de 20 % des personnes allergiques aux arachides perdent leur sensibilité à cet aliment avec le temps[7].

---

4 Il s'agit, pour le patient, de consommer l'aliment en cause à plusieurs reprises dans un laps de temps donné. Les quantités ingérées augmentent progressivement.

5 La réglementation canadienne sur l'étiquetage des allergènes alimentaires a été modifiée en 2011 afin, entre autres choses, d'ajouter la moutarde à la liste des allergènes prioritaires. Cette réglementation entrera en vigueur le 4 août 2012.

6 F. RANCÉ et G. DUTAU, *Food Allergies*, Paris, Expansion, Formation et Éditions, 2008, 310 p. C'est pour ces raisons que la Société canadienne d'allergie et d'immunologie clinique, de concert avec l'Association des allergologues et immunologues du Québec, recommande que les arachides (de même que les noix en général) soient bannies dans les garderies, les prématernelles et les écoles primaires fréquentées par des enfants qui y sont allergiques.

7 H.S. SKOLNICK, M.K. CONOVER-WALKER, C. BARNES KOWRNER *et al.* « The natural history of peanut allergy », *Journal of Allergy and Clinical Immunology*, n° 107, février 2001, p. 367-374.

Il n'est sans doute pas inutile de préciser que, contrairement à la croyance populaire, l'arachide n'est pas une noix. Elle appartient plutôt à la famille des légumineuses, tout comme le soya (voir la section «Familles d'aliments», p. 50). Malgré tout, les protéines des noix et de l'arachide responsables des réactions allergiques se ressemblent. Cela explique sans doute que 35 % des enfants allergiques aux arachides le sont également à un ou à plusieurs types de noix[8].

LES NOIX

Parmi les noix les plus souvent en cause lors des réactions allergiques, on retrouve : l'amande, la noix du Brésil, la noix de cajou, la noisette, la noix de macadamia, la pacane, le pignon, la pistache et la noix de Grenoble. Un peu moins de 10 % des personnes affligées d'une allergie à l'une ou l'autre de ces noix verront éventuellement celle-ci disparaître[9].

Les risques qu'un individu ayant développé une allergie à un type de noix soit allergique à au moins un autre type de noix s'élèvent à 37 %[10]. On recommande donc souvent aux personnes allergiques à un ou à plusieurs types de noix de les éviter tous (à l'exception de la noix de coco, l'allergie à cette dernière étant assez rare chez les personnes sensibles aux autres noix) et de proscrire également les arachides.

LES ŒUFS

L'allergie aux œufs touche 2 % des jeunes enfants. On croyait que, dans la très grande majorité des cas, cette allergie disparaissait d'elle-même au cours des cinq premières années de vie. Une étude récente[11] a démontré que ce pronostic était trop optimiste. Ainsi, des 900 enfants allergiques aux œufs suivis dans le cadre de l'étude en question, 4 % s'étaient débarrassés de l'allergie avant l'âge de quatre ans, 37 % avant dix ans et 68 % avant seize ans.

Le blanc d'œuf est plus allergénique que le jaune d'œuf. Mais que l'on soit allergique à l'un ou à l'autre, c'est l'œuf au complet qui doit être évité. Comment être certain, en effet, que l'une des composantes de l'œuf n'a pas été contaminée par l'autre ?

Le degré de sensibilité aux œufs peut grandement varier d'une personne allergique à l'autre. Ainsi, la moindre trace d'œuf suffit à provoquer une réaction chez certaines tandis que d'autres, qui ne supportent pas les œufs dans des omelettes, les tolèrent pourtant en quantité moindre dans des gâteaux.

LE LAIT

Jusqu'à 2,5 % des enfants de moins de deux ans développent une allergie aux produits laitiers. Il y a quelques années, les spécialistes affirmaient que, dans 95 % des cas, l'allergie au lait disparaissait avant l'âge de quatre ans. Une étude

8 S.H. SICHERER, W. BURKS et H.A. SAMPSON. «Clinical features of acute allergic reactions to peanut and tree nuts in children», *Pediatrics*, vol. 1, n° 102, juillet 1998, p. E6.

9 J.M. SKRIPAK et R.A. WOOD. «Peanut and tree nut allergy in childhood», *Pediatric Allergy and Immunology*, vol. 4, n° 19, juin 2008, p. 368-373.

10 S.H. SICHERER. «Clinical implications of cross-reactive food allergens», *Journal of Allergy and Clinical Immunology*, vol. 6, n° 108, décembre 2001, p. 881-890.

11 J.H. SAVAGE *et al.* «The natural history of egg allergy», *Journal of Allergy and Clinical Immunology*, vol. 6, n° 120, décembre 2007, p. 1413-1417.

américaine[12] portant sur plus de 800 enfants allergiques aux produits laitiers suggère que cette estimation n'est pas conforme à la réalité. En effet, seulement 19 % des enfants suivis avaient perdu leur sensibilité au lait avant l'âge de quatre ans, tandis que 42 % s'en étaient débarrassé avant huit ans et 79 % avant seize ans.

LE SOYA

Après le lait, les œufs et les arachides, le soya est l'allergène alimentaire le plus répandu chez les enfants. Dans 67 % des cas, l'allergie disparaît avant l'âge de deux ans[13].

Le soya est abondamment utilisé par l'industrie alimentaire, aussi cette allergie pose-t-elle des défis particuliers.

LES GRAINES DE SÉSAME

L'allergie aux graines de sésame, moins répandue que celle aux arachides (mais dont la prévalence semble être à la hausse), peut provoquer des réactions tout aussi graves[14]. Cette allergie disparaît avec le temps dans 20 % des cas[15].

LE BLÉ

Il importe de distinguer ici l'allergie au blé et l'intolérance au gluten (ou maladie cœliaque).

La personne souffrant d'une intolérance au gluten doit éliminer de son alimentation toutes les céréales qui en contiennent (c'est-à-dire le blé, le seigle, l'avoine et l'orge). Il lui faut par ailleurs respecter cette diète restrictive sa vie durant. Par contre, l'individu allergique au blé ne doit éviter que le blé (à moins, bien sûr, qu'il ait également développé une allergie à une ou à plusieurs autres céréales) et il n'est pas exclu qu'il puisse un jour réintroduire cet aliment dans son régime. En effet, 80 % des enfants allergiques au blé perdent leur sensibilité à cette céréale avant l'âge de cinq ans[16].

LES POISSONS

Le risque qu'une personne allergique à une espèce de poisson réagisse à au moins une autre espèce de poisson est estimé à 50 %[17]. Cette allergie a habituellement un caractère permanent. On a toutefois constaté que l'allergie au poisson qui se manifeste durant l'enfance peut, dans certains cas, disparaître[18].

LES CRUSTACÉS ET LES MOLLUSQUES

Il arrive fréquemment qu'une personne soit allergique à plus d'un crustacé (crevette, homard, langouste, etc.). Le risque qu'une personne allergique à une espèce de crustacé réagisse à au moins une autre espèce de crustacé est estimé à 75 %[19]. Les allergies aux mollusques et aux crustacés ont tendance à persister toute la vie.

12 J.M. Skripak *et al.* «The natural history of IgE-mediated cow's milk allergy», *Journal of Allergy and Clinical Immunology*, vol. 5, n° 120, novembre 2007, p. 1172-1177.

13 G. Lack. «Food Allergy», *The New England Journal of Medecine*, vol. 12, n° 359, 2008, p. 1252-1260.

14 M. Zarkadas *et al.* «Étiquetage des aliments allergènes courants au Canada – Revue de la littérature», *Journal of Allergy and Clinical Immunology*, vol. 3, n° 4, 1999, p. 118-141.

15 G. Lack. *Op. cit.*

16 *Ibid.*

17 S.H. Sicherer. *Op. cit.*

18 G. Lack. *Op. cit.*

19 S.H. Sicherer. *Op. cit.*

Prévention de l'allergie alimentaire

Peut-on prévenir le développement des allergies alimentaires chez le nourrisson et le jeune enfant ? La question est complexe et les prises de position changeantes et souvent divergentes des experts en la matière ont créé beaucoup de confusion chez les parents au cours des dernières décennies. À l'heure actuelle, ce sont les recommandations de l'American Academy of Pediatrics (AAP) qui prévalent. Rendues publiques en 2008, celles-ci reposent sur les conclusions des plus récentes études cliniques. En voici une synthèse.

Tout d'abord, on ne conseille pas à la femme enceinte de modifier son régime afin d'en éliminer certains allergènes. D'une part, la sensibilisation durant la grossesse n'a pas été démontrée de façon satisfaisante et, d'autre part, on craint qu'une diète trop restrictive ait une influence négative sur le développement du fœtus et nuise à l'état nutritionnel de la mère.

L'exclusion d'allergènes dans l'alimentation de la mère qui allaite n'est pas, non plus, recommandée ; les données recueillies à ce jour ne permettant pas de conclure que cette mesure a pour effet de prévenir l'apparition d'allergies chez le bébé allaité.

Finalement, l'introduction plus tardive (c'est-à-dire après l'âge de six mois) des aliments solides les plus allergisants dans l'alimentation du nourrisson ne semble pas contribuer à réduire les risques qu'il développe éventuellement des allergies à ces aliments. Il n'y aurait, semble-t-il, qu'un seul effet positif à l'introduction retardée de ces aliments dans le régime du bébé : l'enfant plus vieux communique mieux et peut donc rapporter de façon plus efficace d'éventuels symptômes, ce qui facilite la gestion de l'allergie. Les parents qui, pour cette raison, décident de retarder l'introduction de certains aliments doivent cependant s'assurer que les besoins nutritionnels et la santé de leur enfant ne soient pas compromis. Une consultation avec un ou une diététiste pourrait permettre d'y voir plus clair.

Il va de soi que si l'enfant a déjà développé une allergie à un aliment, il faut immédiatement exclure celui-ci de son régime, quel que soit son âge. S'il est allaité, l'allergène devrait normalement être également retiré de l'alimentation de la mère. Il est important de prendre conseil, à cet égard, auprès d'un ou d'une allergologue[20].

Traitement

Au moment où nous écrivons ces lignes, il n'existe toujours pas de cure permettant de guérir d'une allergie alimentaire. L'unique façon d'empêcher à coup sûr la réaction allergique est d'éviter toute exposition à l'aliment qui déclenche celle-ci. Il faut lire soigneusement la liste des ingrédients des produits consommés, se familiariser avec les termes employés par les fabricants (voir la section « Étiquetage des aliments », p. 47), respecter des normes d'hygiène élevées (lavage des mains avant et après les repas, utilisation d'ustensiles qui n'ont pas été en contact avec l'allergène…), etc.

En cas d'exposition accidentelle, la prise d'un antihistaminique peut soulager les symptômes d'une réaction ne mettant pas la vie en danger. Toutefois, si la réaction est grave, il n'y

---

20 Pour en savoir plus sur le sujet de la prévention des allergies : Claire Dufresne. *Vivre avec les allergies alimentaires*, Montréal, Les Éditions La Presse, 2009, p. 36-42.

a qu'un seul traitement possible : l'administration d'une dose d'épinéphrine (adrénaline). Ce médicament, disponible dans une seringue à ressort auto-injectable (EpiPen®, Twinject® ou Anapen®), a notamment pour effet de dilater les bronches (ce qui réduit la difficulté respiratoire) et de contracter les vaisseaux sanguins (ce qui fait diminuer l'œdème et soulage les urticaires graves). En d'autres termes, l'adrénaline réduit les symptômes de la réaction allergique et permet à la personne qui en est victime de continuer à respirer.

L'adrénaline n'est pas un médicament dangereux, bien que son administration puisse entraîner quelques effets secondaires désagréables : anxiété, tremblements, palpitations et mal de tête. Convenons qu'il s'agit là d'inconvénients mineurs lorsqu'une vie est en jeu !

L'injection doit être faite très rapidement, dès l'apparition des premiers symptômes d'une réaction allergique grave. L'effet de l'adrénaline dure de dix à vingt minutes. Sitôt l'injection donnée, il est impératif de se rendre à l'hôpital le plus proche. Un traitement d'appoint peut en effet s'avérer nécessaire sans compter qu'une rechute, dans les heures qui suivent la réaction initiale, est toujours possible.

Il est essentiel de discuter avec un ou une allergologue d'un plan de traitement adapté en cas de réaction. Le port d'un bracelet médical précisant la nature de l'allergie est par ailleurs recommandé.

Dissiper les mythes

Les personnes soi-disant allergiques sont en fait des personnes capricieuses.

L'allergie alimentaire est liée à un dérèglement du système immunitaire. Le diagnostic d'allergie est établi à la suite de tests effectués en milieu hospitalier. On est loin du caprice !

Les allergies alimentaires sont causées par le stress.

Une autre version de ce mythe veut que les allergies alimentaires chez le jeune enfant soient le reflet de la trop grande nervosité des parents. Ces affirmations témoignent d'une méconnaissance profonde du mécanisme de l'allergie alimentaire.

Les allergies alimentaires sont ennuyeuses mais pas bien graves.

Le contact avec l'allergène (le plus souvent, à la suite de son ingestion) peut déclencher toute une série de symptômes affectant les systèmes cutané, digestif, respiratoire et cardio-vasculaire. Certains de ces symptômes sont graves et peuvent même entraîner la mort.

L'allergie aux arachides doit être prise au sérieux, mais les allergies aux autres aliments n'ont rien d'inquiétant.

Statistiquement parlant, il est vrai que l'arachide est l'allergène alimentaire qui fait le plus de victimes. Il ne s'agit cependant pas du seul aliment susceptible de provoquer des réactions allergiques graves. Des réactions anaphylactiques ont notamment été rapportées par suite de l'exposition à des protéines de noix, d'œufs, de lait, de poissons, de crustacés, de mollusques, de soya, de graines de sésame, de moutarde, de kiwis et d'ail. Et cette liste est loin d'être exhaustive ! En réalité, les allergies alimentaires sont imprévisibles et, peu importe l'aliment déclencheur, mieux vaut ne jamais relâcher sa vigilance.

Un tout petit peu... cela ne peut pas lui faire de mal.

L'ingestion d'une infime quantité de l'allergène peut suffire à causer une réaction allergique grave. Chez les personnes les plus sensibles, la réaction peut même survenir à la suite d'un

simple contact cutané ou de l'inhalation de protéines en suspension dans l'air.

L'avenir

La recherche dans le domaine de l'allergie alimentaire et de
l'anaphylaxie va bon train. D'après les allergologues, plusieurs traitements encore expérimentaux (immunothérapie
ou désensibilisation, vaccin utilisant des protéines d'arachides
modifiées, vaccin ADN, anti-IgE synthétique, herbe médici-
nale chinoise, etc.) sont prometteurs. C'est à suivre, et de
près…

Les années passées à composer avec des allergies alimentaires multiples, à échanger avec d'autres parents vivant une situation similaire, à lire sur le sujet et à consulter à gauche et à droite, nous ont conduits à élaborer notre propre stratégie antiallergies. Trucs pour se simplifier la vie, mesures préventives, considérations diverses… nous vous livrons tout, en vrac. En espérant que vous glanerez, dans les pages qui suivent, quelques idées heureuses !

Des outils adéquats

• Lorsqu'on consacre une partie importante de son temps à cuisiner, il est primordial de bien s'équiper. De bons ustensiles et instruments (des couteaux bien coupants, un assortiment de poêles et de casseroles de qualité, une plaque à pâtisserie à revêtement antiadhésif, une planche à découper de bonnes dimensions, des tasses et des cuillères à mesurer, des moules de formes et de dimensions variées, des plats à rôtir, des passoires, un fouet, une balance, etc.) et quelques appareils électroménagers de base (parmi lesquels un mélangeur à main et un robot culinaire) sont indispensables. À ce propos, une machine à pain n'est pas un appareil de luxe mais plutôt un achat essentiel si, comme nous, vous devez vous improviser boulanger en raison d'un régime limité. C'est une dépense que vous pourrez par ailleurs rentabiliser en quelques mois seulement, le pain maison étant moins cher que celui acheté à l'épicerie.

• Lorsque vous serez raisonnablement bien outillé, vous pourrez, si le cœur vous en dit, enrichir progressivement votre collection de ces accessoires qui, sans être absolument indispensables, contribuent drôlement à améliorer la vie de tout cuisinier amateur : un thermomètre à viande,

une sorbetière, une friteuse, un gaufrier… Autant d'idées de cadeaux à suggérer à vos proches !

Les bons ingrédients

• L'utilisation d'aliments non transformés réduit les risques que des ingrédients indésirables se retrouvent dans les plats cuisinés à la maison. Optez pour la simplicité chaque fois que cela est possible !

• L'achat d'aliments en vrac est toujours hasardeux : les risques de contamination par d'autres aliments sont, en effet, très élevés.

• Même lorsqu'on cuisine « simple », il est impossible de se passer de produits alimentaires composés de plusieurs ingrédients ou ayant subi diverses transformations : levure chimique (poudre à pâte), margarine, épices, etc. Or, quoique d'usage courant, ceux-ci peuvent être problématiques pour certaines personnes ayant des allergies alimentaires.

• Nous avons dressé une liste des ingrédients composés ou transformés apparaissant dans nos recettes qui pourraient poser problème en cas d'allergie à un ou à plusieurs des principaux allergènes alimentaires (la plupart des mises en garde qui suivent sont reprises dans les recettes elles-mêmes). Nous ne prétendons pas être exhaustifs (dans ce domaine, c'est chose impossible). La vigilance est donc toujours de mise !

Bière : la plupart des bières contiennent du gluten. Elles peuvent en outre contenir des arachides, des noix, du poisson, des produits laitiers et divers autres allergènes sans qu'il en soit fait mention sur l'étiquette.

Boisson de riz : communément appelée « lait de riz ». Pour nos recettes, nous utilisons une boisson de riz non aromatisée. Les versions aromatisées (vanille, chocolat, etc.) peuvent, en effet, contenir des ingrédients indésirables et sont, de toute façon, contre-indiquées pour bon nombre de plats.

Boisson de soya : aussi appelée « lait de soya ». Nous employons une boisson de soya non aromatisée (pour les raisons mentionnées au paragraphe précédent) et non sucrée.

Chocolat : la plupart des marques de chocolat contiennent l'un ou l'autre des allergènes suivants (ou des traces de ceux-ci) : œufs, lait, soya, arachides, noix, graines de sésame et blé (voir cependant un peu plus bas pour des suggestions de chocolat « sans »).

Épices et fines herbes : qu'elles soient vendues individuellement ou mélangées, les fines herbes et les épices séchées ou moulues peuvent contenir des traces de divers allergènes : lait, soya, arachides, noix, graines de sésame, blé, etc.

Levure chimique (poudre à pâte) : la levure chimique, qui contient habituellement de l'amidon de maïs, peut également contenir de l'amidon de blé.

Margarine : on trouve des produits laitiers dans bon nombre de margarines disponibles sur le marché. Quant au soya, il est sur la liste des ingrédients de la quasi-totalité d'entre elles (aux fins de la classification des recettes de ce livre, nous avons donc présumé que la margarine utilisée contenait du soya).

Noix de coco : la noix de coco est bel et bien une noix quoiqu'elle appartienne à une famille d'aliments distincte (voir la section « Familles d'aliments », p. 50). Les risques d'allergies croisées étant assez faibles, on ne recommande habituellement pas aux personnes allergiques aux autres noix (amande, noix de cajou, noisette, etc.) d'éviter, à titre préventif, la noix de coco. En cas de doute, consultez votre allergologue.

Dans les recettes réclamant de la noix de coco râpée, nous privilégions la noix de coco pure et non sucrée.

Pâtes : les pâtes de blé fraîches, tout comme certaines pâtes de blé sèches, peuvent contenir des œufs.

Poudre de cacao : plusieurs marques de cacao contiennent (ou peuvent contenir) des traces de lait.

Prosciutto : plusieurs charcuteries contiennent des substances laitières. Ce n'est pas le cas du prosciutto, mais il peut y avoir contamination si la trancheuse utilisée a également servi pour d'autres charcuteries. Pour réduire les risques de contamination, nous demandons toujours au boucher de trancher notre prosciutto dès l'ouverture du commerce, sur une trancheuse parfaitement nettoyée et n'ayant pas encore servi ce jour-là.

Raisins secs : les raisins secs peuvent contenir de l'huile végétale hydrogénée provenant du soya.

Saindoux et shortening végétal : d'aucuns confondent ces matières grasses. Pourtant, bien qu'elles puissent toutes deux être utilisées comme substitut du beurre, leur composition diffère grandement. Le saindoux est en fait de la graisse de porc fondue. Quant au shortening végétal, il est constitué de plusieurs huiles végétales : huile de soya, huile de palme, etc.

Sauce soya : plusieurs sauces soya contiennent du blé.

Sirop d'érable : certains producteurs de sirop d'érable utilisent des œufs pour éliminer les impuretés de leur sirop. D'autres (à moins que ce ne soient les mêmes ?) emploient un corps gras à base de produits laitiers (beurre, crème ou autre) comme additif anti-mousse. C'est dire que certains sirops d'érable (qu'ils soient biologiques ou non) peuvent contenir des traces d'œufs ou de produits laitiers.

Sucre glace : également connu sous les noms de « sucre à glacer » ou de « sucre en poudre ». Il s'agit d'un mélange de sucre blanc réduit en poudre et de fécule de maïs (ce dernier ingrédient empêche la formation de grumeaux). Le sucre glace peut, par ailleurs, contenir de l'amidon de blé.

Thon conservé dans l'eau : certaines marques de thon en conserve dans l'eau contiennent de la protéine de soya hydrolysée.

Tomates en conserve et pâte de tomates : les assaisonnements (épices, fines herbes) parfois ajoutés à ces produits peuvent contenir divers allergènes (lait, graines de sésame, blé, etc.).

Vin : certains vins sont clarifiés avec du blanc d'œuf (celui-ci est utilisé à l'étape du collage pour attirer et précipiter les matières solides en suspension). Il est possible que les vins ainsi traités contiennent des traces d'œuf.

- Les ingrédients mentionnés dans nos recettes n'ont généralement rien d'inhabituel et vous ne devriez éprouver aucune difficulté à vous les procurer. Des précisions s'imposent toutefois pour les produits suivants :

Chocolat : ainsi que nous l'avons précédemment mentionné, la plupart des marques de chocolat contiennent plusieurs allergènes prioritaires ou sont contaminés par ceux-ci. Heureusement, depuis quelques années, on trouve (à tout le moins en Amérique du Nord) des pépites de chocolat convenant à un régime excluant les principaux allergènes. Ainsi, les pépites de chocolat du fabricant américain Enjoy Life ne contiennent ni lait, ni œufs, ni soya, ni arachides, ni noix, ni graines de sésame, ni blé, ni sulfites. Par ailleurs, les pépites et autres produits à base de chocolat de l'entreprise québécoise Les aliments Ange-Gardien ne contiennent pas de lait, d'œufs, d'arachides ni de noix.

Crème de soya liquide : nous employons la « préparation crémeuse de soja pour cuisiner » de marque Belsoy. Sans produits laitiers, elle remplace la crème dans quelques-unes de nos recettes. Un produit bien pratique !

Haricots de soya rôtis : nous utilisons les « grignotines » de soya VegNat nature (Aliments VegNat Foods Inc.). Ces dernières ressemblent un peu à des pignons et leur goût rejoint celui de l'arachide.

Tofu à texture fine (mou, ferme ou extraferme) : nous obtenons d'excellents résultats avec le tofu Mori-Nu.

Comme toujours, il est important de vous assurer que ces produits sont sans danger pour vous et pour vos convives.

Vous trouverez ceux-ci dans plusieurs supermarchés ainsi que dans les magasins d'aliments naturels et les épiceries spécialisées ciblant la clientèle allergique.

Les techniques adéquates

- En Amérique du Nord, on exprime les quantités en volume plutôt qu'en poids. Nos recettes, dans l'ensemble, reflètent cet état de fait, même s'il nous arrive de préciser le poids de certains ingrédients. Le tableau de la page 33 permet de convertir en grammes les volumes indiqués dans les recettes pour quelques aliments comme la farine, le sucre, la margarine, etc.

- Difficile de réussir ses recettes lorsqu'on mesure mal les ingrédients ! C'est particulièrement vrai dans le cas de certains desserts, comme les gâteaux. Pour mesurer les gras solides (par exemple la margarine et le shortening) et les aliments ayant une consistance épaisse (comme le miel, la mélasse et le beurre de soya), optez pour une tasse sans rebord correspondant au volume indiqué dans la recette de préférence à une tasse graduée munie d'un bec verseur (en pyrex ou en plastique transparent, ce dernier type de tasse est plutôt conçu pour mesurer des liquides). Remplissez la tasse à ras bord puis, après vous être assuré qu'il n'y a pas d'air, égalisez.

- Utilisez également une tasse sans rebord pour mesurer les ingrédients secs (farine, sucre, poudre de cacao, etc.). Des précautions particulières doivent être prises pour la farine. Une erreur commune à éviter : plonger la tasse à mesurer dans le sac de farine pour la remplir. En procédant de cette façon, la farine est compactée et vous obtenez

bien plus que le volume de farine recherché. La méthode correcte, dans le cas de la farine tout usage, consiste à remuer la farine avec une cuillère pour l'aérer puis à transférer la farine dans la tasse, une cuillerée à la fois. Remplissez à ras bord puis égalisez à l'aide d'un couteau. Dans le cas de la farine à pâtisserie, il faut tamiser avant de mesurer. Déposez la farine tamisée dans la tasse en utilisant une cuillère puis égalisez.

- Le saviez-vous ? Le matériau et la finition des moules et des plaques que vous utilisez a une influence considérable sur la qualité de la cuisson. Ainsi, les moules et les plaques à pâtisserie en métal à fini pâle réfléchissent la chaleur du four, ce qui a pour effet de ralentir la cuisson des biscuits, gâteaux et tartes. Ceux-ci seront en outre plus pâles que si vous les aviez cuits dans des moules en métal foncés. En effet, les moules métalliques à fini foncé absorbent la chaleur du four, ce qui entraîne une cuisson plus rapide et un brunissement plus marqué. Les moules en pyrex favorisent également le brunissement de la pâte, parce que la chaleur traverse facilement ce matériau.

- Si vos desserts ont tendance à prendre une teinte brune trop prononcée, diminuez la température du four d'environ 15 °C (25 °F) et réduisez légèrement le temps de cuisson indiqué dans la recette.

- Assurez-vous de placer vos plats au bon endroit dans le four. Ainsi, les biscuits, muffins et gâteaux doivent être mis sur la grille du centre tandis que les tartes doivent être cuites sur la grille du bas. Mieux vaut, par ailleurs, ne placer qu'une seule plaque à pâtisserie ou un seul moule à la fois au centre de la grille du four (cela empêche la pâte de surchauffer et de brûler). Si vous êtes pressé et qu'il vous faut mettre au four deux moules en même temps, veillez à ce que ceux-ci ne soient pas directement superposés : décalez-les et interchangez-les à la mi-cuisson[21].

Un régime varié et équilibré

- Même lorsque la diète est limitée, on peut donner l'illusion de la variété en apprêtant de diverses manières les mêmes aliments. Ainsi, les pommes de terre peuvent être assaisonnées de romarin après avoir été coupées en rondelles (p. 106), servies sous forme de gratin (p. 104) ou de galettes (p. 104). Le porc revient souvent au menu ? Que diriez-vous d'une salade froide de porc et de tomates séchées (p. 116), d'un rôti de porc aux dattes (p. 143), d'un mignon de porc, sauce à la florentine (p. 143), ou de filets farcis avec des asperges et du poivron (p. 144) ? Quant aux pâtes de blé, pourquoi ne pas en varier les formes ? Papillons (farfalles), spirales (fusillis), roues (ruotes), tubes (pennes), cheveux d'ange (capellinis)… le choix est abondant !

- L'emploi d'aliments de substitution (voir p. 39) permet d'adapter bon nombre de recettes et de reproduire avec succès plusieurs plats traditionnels (voir, à titre d'exemple, les lasagnes sans fromage, p. 168). Toutefois, à tenter systématiquement de copier des mets connus, on peut s'épuiser. Sans compter qu'on risque ainsi de se priver de belles

découvertes culinaires. Osez des saveurs et des textures différentes !

- Une consultation avec un ou une diététiste ayant développé une expertise dans le domaine des allergies alimentaires peut s'avérer extrêmement profitable, surtout si l'éventail des aliments permis est limité.

Un garde-manger bien rempli

- Pour réduire un peu le temps passé à la cuisine, un mot d'ordre : congelez ! Toutes les fois que cela est possible, préparez plus de nourriture qu'il n'en faut pour un seul repas et placez le reste au congélateur. Les bouillons, fonds, soupes ainsi que nombre de sauces et de plats de viande se congèlent très bien. C'est le cas également des lasagnes, des pizzas, des tartes, du gruau, des gaufres, des compotes et du ketchup. N'oubliez pas de mettre sur chaque emballage une étiquette indiquant le nom du plat ainsi que la date de congélation. Il peut également être utile d'en préciser la composition de même que le volume. Le tableau de la page 34 précise la durée de conservation de divers aliments congelés.

- Y a-t-il, dans votre entourage, quelques personnes de bonne volonté disposant d'un peu de temps libre ? Pourquoi ne pas leur demander de se joindre à vous, à intervalles réguliers, pour des sessions intensives de préparation de bons petits plats ? C'est fou tout ce que l'on peut réussir à faire avec un ou deux aides-cuistots en quelques heures !

---

21 Les conseils et explications de cette sous-section sont tirés du livre suivant : Christina BLAIS. *La chimie des desserts*, Montréal, Les Éditions La Presse, 2007, p. 18, 21 et 27. Un excellent ouvrage de référence pour quiconque souhaite améliorer ses performances culinaires !

CONVERSION DE VOLUMES EN POIDS

Aliment	Volume	Poids
Cassonade	60 ml	50 g
	80 ml	60 g
	125 ml	90 g
	250 ml	180 g
Farine à pain	125 ml	75 g
	250 ml	150 g
Farine tamisée à pâtisserie	15 ml	7 g
	60 ml	30 g
	80 ml	40 g
	125 ml	60 g
	250 ml	130 g
Farine tout usage	15 ml	10 g
	60 ml	40 g
	80 ml	50 g
	125 ml	80 g
	250 ml	155 g
Flocons d'avoine	60 ml	30 g
	80 ml	40 g
	125 ml	55 g
	250 ml	110 g

Aliment	Volume	Poids
Margarine	60 ml	55 g
	80 ml	75 g
	125 ml	110 g
	250 ml	220 g
Poudre de cacao	60 ml	20 g
	80 ml	30 g
	125 ml	45 g
	250 ml	90 g
Sucre	15 ml	15 g
	60 ml	50 g
	80 ml	65 g
	125 ml	105 g
	250 ml	210 g
Sucre glace	60 ml	35 g
	80 ml	50 g
	125 ml	70 g
	250 ml	140 g

DURÉE D'ENTREPOSAGE DE CERTAINS ALIMENTS AU CONGÉLATEUR (-18°C)

Aliment	Durée d'entreposage
Abats	3 à 4 mois
Agneau (côtelettes, rôtis)	6 à 9 mois
Bleuets entiers, frais	1 an
Bœuf (steaks, rôtis)	6 à 12 mois
Boulangerie (produits faits de farine enrichie)	3 mois
Canneberges	1 an
Cretons	1 à 2 mois
Fines herbes	1 an
Fraises entières, fraîches	1 an
Framboises entières, fraîches	1 an
Jambon cuit (entier ou en tranches)	1 à 2 mois
Légumineuses cuites	3 mois
Mets en casserole	3 mois
Pâtés à la viande	3 mois
Pâtes alimentaires cuites	3 mois

Aliment	Durée d'entreposage
Poisson gras	2 mois
Poisson maigre	6 mois
Porc (côtelettes, rôtis)	4 à 6 mois
Potages, soupes	2 à 3 mois
Rhubarbe	1 an
Riz cuit	6 à 8 mois
Sauces à la viande	4 à 6 mois
Tomates	1 an
Veau (en rôti)	4 à 8 mois
Viande cuite (avec sauce)	4 mois
Viande cuite (sans sauce)	2 à 3 mois
Viande hachée, en cubes, tranchée mince	3 à 4 mois
Volaille cuite (avec sauce)	6 mois
Volaille cuite (sans sauce)	1 à 3 mois
Volaille en morceaux	6 à 9 mois
Volaille entière	10 à 12 mois

Source : ministère de l'Agriculture, des Pêcheries et de l'Alimentation du Québec.

Mieux vaut prévenir...

- Doit-on bannir de la maison un aliment si l'un des membres de la famille y est allergique ? La réponse à cette question dépend, en pratique, de toute une série de facteurs : le type d'aliment en cause (il est sans doute plus facile de renoncer aux kiwis qu'aux œufs), la gravité de l'allergie, l'existence d'autres allergies alimentaires (lorsqu'elles sont nombreuses, il peut être plus difficile de bannir tous les aliments problématiques), l'âge de la personne allergique (un enfant est plus vulnérable qu'un adulte), la présence d'enfants non allergiques (on hésitera à priver de produits laitiers les enfants qui peuvent en consommer), le degré de risque jugé acceptable, etc.

  Nous avons choisi, pour notre part, d'adopter le régime alimentaire de notre fils et, à de rares exceptions près, d'éliminer de notre maison les aliments qui lui sont interdits. Cette mesure, qui réduit presque à néant les risques d'accident dans notre foyer, a contribué à diminuer énormément notre stress. Sans compter que Christophe ne se sent privé de rien. Notre maison est un véritable havre de paix et cela, pour nous, n'a pas de prix.

  Il se peut que vous jugiez cette solution extrême ou carrément inapplicable chez vous. Ce qui compte, en définitive, est de trouver une façon de faire avec laquelle vous soyez à l'aise et qui ne mette pas en péril la sécurité de la personne allergique.

- Si les allergènes n'ont pas été bannis de votre foyer, il est primordial que les membres de votre famille qui les préparent ou en consomment fassent preuve d'une hygiène irréprochable : lavage des mains et de la bouche après les repas et les collations, nettoyage scrupuleux des ustensiles, des récipients et des surfaces de travail, etc.

- Lisez avec soin la liste des ingrédients de chaque produit alimentaire. Assurez-vous de connaître les mots clés utilisés par les fabricants pour désigner l'allergène (voir la section « Étiquetage des aliments », p. 47). En cas de doute, communiquez avec le fabricant pour obtenir des précisions sur la composition du produit alimentaire ou sur le processus de préparation ou d'emballage de celui-ci. C'est parfois l'unique façon de savoir si un produit est véritablement sûr.

- Prenez la peine de relire attentivement l'étiquette d'un produit connu à chaque nouvel achat : sa composition peut avoir changé tout comme son mode de production (auquel cas une nouvelle mise en garde pourrait apparaître sur l'emballage).

- Les alertes à l'allergie (vous savez, la fameuse mention : « peut contenir des traces de… ») sur les emballages de produits alimentaires se multiplient à un point tel que plusieurs en viennent à se demander s'il s'agit là d'un excès de prudence de la part des fabricants ou si la menace est réelle. Aux États-Unis, des chercheurs se sont penchés sur cette question. D'après leur étude[22], un peu plus de 18 % des produits portant la mention « peut contenir des arachides » contiennent effectivement des résidus de cet aliment. Les chercheurs sont d'avis que

---

22 L.M. Niemann, J.J. Hlywka et S.L. Hefle. « 565 Immunochemical analysis of retail foods labeled as "may contain peanut" or other similar declaration : implications for food allergic individuals », *Journal of Allergy and Clinical Immunology*, janvier 2000, p. 105.

l'on en arriverait sans doute à un résultat similaire dans le cas des autres allergènes et recommandent par conséquent aux personnes allergiques de s'abstenir de consommer un produit comportant pareille mention.

- Après vous être assuré qu'un produit est sans danger, mettez un autocollant sur l'emballage : cela vous évitera de relire inutilement des listes d'ingrédients déjà vérifiées.

- Si vous transférez un produit dans un autre contenant, prenez le temps de découper la liste des ingrédients apparaissant sur l'emballage d'origine et de la coller sur le nouveau récipient.

Pour les parents

- Parlez ouvertement et simplement des allergies alimentaires avec votre enfant. Adaptez toutefois votre message en fonction de son âge. Expliquer à un jeune enfant qu'il peut être malade s'il mange un aliment auquel il est allergique suffit généralement à lui faire comprendre la gravité de la situation (surtout s'il a encore en mémoire une ou deux expériences fâcheuses) et à vous assurer sa collaboration. En revanche, lui dire qu'il risque d'en mourir peut être inutilement traumatisant pour lui. Avec le temps, vous pourrez raffiner et étoffer vos explications.

- Établissez une liste des adultes autorisés à donner de la nourriture à votre enfant et expliquez à ce dernier que si quelqu'un d'autre lui offre à manger, il doit vous demander la permission au préalable.

- Dès son plus jeune âge, enseignez à votre enfant à ne pas mettre n'importe quoi dans sa bouche (voilà qui est plus facile à dire qu'à faire…), à ne pas avaler les miettes qu'il trouve sur la table, le comptoir ou le plancher et à ne jamais partager sa nourriture, ses ustensiles ou sa vaisselle.

- Aidez votre enfant à acquérir une attitude positive à l'égard de la nourriture en général. Une bonne façon d'y parvenir consiste à l'associer à la préparation des repas (à condition, bien sûr, que les ingrédients utilisés ne présentent aucun danger pour lui). Votre aide-cuistot pourra se rendre utile en mettant dans un récipient les ingrédients déjà mesurés, en remuant une préparation, en façonnant des boulettes, en découpant la pâte avec un emporte-pièce, etc. Plusieurs de nos recettes conviennent d'ailleurs très bien à la cuisine avec un jeune enfant.

Les fêtes

- Pourquoi ne pas organiser, à Pâques, une chasse aux œufs sans chocolat ? Il suffit de vous procurer quelques œufs creux en plastique coloré et d'y glisser des petits jouets. Fous rires garantis !

- Nous avons glané, sur Internet, une idée superbe pour profiter à plein et en toute sécurité de la fête de l'Halloween. Lorsque la tournée du voisinage est terminée et que la citrouille de votre petit est bien remplie, triez les friandises récoltées et mettez dans un sac celles qu'il ne peut manger. En compagnie de votre enfant, déposez ce sac à l'extérieur, à l'intention de la gentille sorcière de l'Halloween. Très gourmande, celle-ci survole les maisons, le soir de l'Halloween, dans l'espoir de se mettre quelques bonbons sous la dent et laisse des petits cadeaux (jouets ou autres) pour remercier les enfants qui ont pensé à elle. C'est toutefois une sorcière timide qui ne s'approche des maisons que lorsqu'elle est certaine de ne pas être vue. Votre petit devra donc s'éloigner pour que s'effectue l'échange… Lorsque votre enfant sera plus grand, vous pourrez laisser tomber la mise en scène (zut pour la magie !) et vous contenter de remplacer les sucreries défendues par des petites gâteries (comestibles ou non) ou par quelques sous.

- On raconte que le premier calendrier de l'avent a été créé par un père allemand désireux de faire patienter ses enfants jusqu'à Noël. Peu importe son origine, c'est une bien jolie coutume. Comme nous l'a confié notre fils, la perspective de découvrir chaque matin de décembre une nouvelle surprise rend les petits matins plus joyeux (même les jours d'école !). Il existe des calendriers de l'avent conçus spécifiquement pour les enfants allergiques (sans arachides, noix, etc.). D'autres ne contiennent aucun aliment. Il est possible, également, d'en fabriquer un vous-même. Peu importe la solution retenue, il n'y a pas de raison de priver votre enfant allergique de cette charmante tradition !

L'entourage

- Comme tous les handicaps invisibles, les allergies exposent régulièrement ceux et celles qui en souffrent à l'incompréhension et au jugement désapprobateur de l'entourage. En fait, pour un très grand nombre de personnes aux prises avec des allergies alimentaires, il n'y a pas de plus grand stress que celui lié aux batailles incessantes qu'il leur faut mener auprès des membres de la famille, des amis, des intervenants scolaires ou du service de garde (pour ne nommer que ceux-là). Lorsque, pour une raison ou une autre, vos explications ne suffisent pas à convaincre les personnes qui vous entourent de la gravité des allergies alimentaires, diverses possibilités s'offrent à vous. Une mère de notre connaissance a réussi à obtenir la collaboration de certains membres de sa famille après avoir remis à ces derniers une série d'articles sur le sujet. On nous a rapporté que l'attitude d'une grand-mère à l'égard des allergies de son petit-fils avait changé radicalement après qu'elle eut participé à un atelier d'information sur l'auto-injecteur d'adrénaline animé par une infirmière. Le port d'un bracelet médical a suffi à en convaincre d'autres que les allergies alimentaires devaient être prises au sérieux.

- Il se peut qu'en dépit de tous vos efforts, certaines personnes demeurent peu coopératives. Ne vous épuisez pas à les convertir. Vous avez déjà bien assez à faire ! Prenez toutefois les mesures qui s'imposent pour assurer la sécurité de la personne allergique (particulièrement s'il s'agit d'un enfant).

En cas d'urgence

- À la maison, veillez à ce que les auto-injecteurs d'adrénaline soient toujours rangés au même endroit. En cas de réaction allergique grave, vous saurez exactement où ils se trouvent et serez d'autant plus efficace.

- La prudence commande d'avoir plus d'un auto-injecteur à portée de main. Vous aurez ainsi une solution de rechange si le premier est défectueux, mal administré (par exemple, si l'aiguille rate sa cible), s'il ne suffit pas à enrayer les symptômes ou si ceux-ci réapparaissent avant votre arrivée à l'hôpital.

- La crainte de mal administrer l'auto-injecteur en cas de réaction allergique peut être paralysante. Heureusement, les fabricants d'auto-injecteurs distribuent (le plus souvent gratuitement) des démonstrateurs dépourvus d'aiguille qui permettent de s'exercer en toute sécurité. Vous pouvez également les utiliser pour sensibiliser et éduquer vos proches.

- Prévoyez un plan d'urgence et notez-le par écrit. Précisez notamment les symptômes à surveiller, les médicaments à administrer, les personnes à joindre, etc. Si possible, faites valider ce plan par votre allergologue.

- Si c'est votre enfant qui souffre d'allergies alimentaires, préparez en outre une fiche d'identité avec sa photo, ses coordonnées, une liste de ses allergies, quelques indications en ce qui a trait aux précautions à prendre et, bien sûr, un plan d'urgence. Remettez une copie de ce document à toute personne qui en a la garde.

Besoin de renseignements supplémentaires?

- Marie-Josée a mis en ligne un site Web consacré aux allergies alimentaires : **www.dejouerlesallergies.com.** Ce site contient des centaines de pages de conseils et de renseignements sur le sujet, de même qu'un répertoire de ressources utiles (voire indispensables !) pour quiconque est aux prises avec ce type d'allergies.

ALIMENTS DE SUBSTITUTION

Vous connaissez sans doute le dicton : « Donne un poisson à un homme et il fera un bon repas ; apprends-lui à pêcher et il n'aura plus jamais faim. » Eh bien, voici de quoi pêcher !

Le tableau qui suit vous aidera à adapter moult recettes en éliminant de celles-ci un ou plusieurs ingrédients posant problème. Les substitutions qui y sont proposées sont le fruit de nos expérimentations et de nos lectures. Nous avons testé plusieurs d'entre elles, avec succès. Il faut parfois un brin d'audace (vous verrez, la boisson de riz, ce n'est pas si mal !) et souvent une bonne dose de patience avant de trouver la substitution adéquate et de parvenir à ajuster les autres ingrédients en conséquence. Cela vaut toutefois le coup puisque vous élargirez ainsi de façon considérable votre horizon culinaire. Pour éviter les déceptions, deux petits conseils. Premièrement, n'essayez pas de recréer exactement le plat d'origine. Qu'importe si le goût ou l'apparence diffèrent un peu pourvu que cela soit bon ! Deuxièmement, fixez-vous des objectifs réalistes : toutes les recettes ne peuvent être adaptées avec un égal bonheur.

À votre tour, maintenant, d'expérimenter !

Allergène	Substituts	Commentaires
Arachide	Haricots de soya rôtis (p. 30), graines de citrouille, graines de tournesol, noix	
Arachide, beurre d'	Beurre de soya, beurre de graines de tournesol, beurre de sésame, beurre de pois, beurre de noix	Le pois étant une légumineuse comme l'arachide, il y a toutefois des risques d'allergies croisées. Les risques d'allergies croisées avec les noix sont également assez élevés.
Beurre	250 ml (1 tasse) de beurre = 250 ml (1 tasse) de margarine sans produits laitiers 185 ml (¾ tasse) d'huile végétale 250 ml (1 tasse) de shortening végétal 210 ml (⅞ tasse) de saindoux 185 ml (¾ tasse) de gras de poulet clarifié	Dans les plats cuisinés. L'huile végétale peut être utilisée comme substitut du beurre clarifié. Par contre, si vous remplacez du beurre solide par de l'huile, il se peut que le résultat laisse à désirer. Il vaut mieux, dans pareil cas, opter pour de la margarine sans produits laitiers, du shortening végétal ou du saindoux (ceux-ci retiennent mieux l'air et permettent notamment d'obtenir des gâteaux plus moelleux) quitte, si cela est nécessaire, à ajouter un peu de sel pour remplacer celui contenu dans le beurre.
	Graisses animales (saindoux, graisse de bœuf, etc.) ou végétales (margarine, huile)	Pour cuire les aliments.
Blé	250 ml (1 tasse) de farine de blé = 125 ml (½ tasse) de farine d'orge 185 ml (¾ tasse) de farine de maïs 185 ml (¾ tasse) de farine de millet 185 ml (¾ tasse) de farine d'avoine 210 ml (⅞ tasse) de farine de riz 160 ml (⅔ tasse) de farine de pommes de terre 250 ml (1 tasse) de farine de soya + 60 ml (4 c. à soupe) de fécule de pommes de terre 310 ml (1¼ tasse) de farine de seigle 160 ml (⅔ tasse) de farine de seigle + 80 ml (⅓ tasse) de farine de pommes de terre	Dans les pains, les muffins, etc. Il est souvent nécessaire de combiner diverses farines pour obtenir le résultat souhaité. Par ailleurs, si vous remplacez la farine de blé par l'une ou l'autre des farines plus foncées, il vous faudra probablement doubler la quantité de levure chimique (poudre à pâte) prévue par la recette. Ces farines se liant moins facilement au cours de la cuisson, il est en outre préférable d'utiliser de plus petits moules. L'ajout de gomme de xanthan à la préparation facilitera la liaison des ingrédients au moment de la cuisson.
	Flocons d'avoine	Pour lier les ingrédients, par exemple dans un pain de viande.
	Flocons d'avoine réduits en poudre	Pour remplacer la chapelure de blé. Il suffit de passer les flocons d'avoine au mélangeur de table ou au robot culinaire.
	15 ml (1 c. à soupe) de farine de blé tout usage = 7 ml (1½ c. à thé) de fécule de maïs 15 ml (1 c. à soupe) de fécule de pommes de terre 7 ml (1½ c. à thé) d'arrow-root 7 ml (1½ c. à thé) de fécule de riz 15 ml (1 c. à soupe) de tapioca à cuisson rapide	Pour épaissir les sauces, les potages, les ragoûts, etc.

Allergène	Substituts	Commentaires
Blé, pâtes de	Pâtes de riz, de maïs, de seigle ou de sarrasin	Le goût des pâtes de riz se rapproche beaucoup de celui des pâtes de blé. Dans le cas des pâtes de maïs, il importe de respecter religieusement le temps de cuisson indiqué sur l'emballage. Ces pâtes se décomposent en effet en une gibelotte peu appétissante si elles séjournent trop longtemps dans l'eau bouillante. D'autre part, une fois cuites, les pâtes de maïs se conservent assez mal. Il vaut donc mieux les consommer aussitôt.
Bœuf et veau	Agneau, cheval, émeu, bison	
Cacao	30 g (1 oz) de poudre de cacao = 45 g (1½ oz) à 60 g (2 oz) de poudre de caroube	La poudre de caroube étant plus sucrée que la poudre de cacao, il convient de diminuer en conséquence la quantité de sucre indiquée dans la recette.
Céleri	Tige de brocoli pelée	Notamment, dans les salades.

Chocolat	30 g (1 oz) de chocolat non sucré =
	
	45 ml (3 c. à soupe) de poudre de cacao
	    + 15 ml (1 c. à soupe) de margarine, beurre
	    ou huile végétale
	45 ml (3 c. à soupe) de poudre de caroube
	    + 30 ml (2 c. à soupe) d'eau
		Pour préparer des sauces au chocolat, des desserts et d'autres sucreries.

Citron	5 ml (1 c. à thé) de jus de citron = 2 ml (½ c. à thé) de vinaigre	
Crème	Tofu mou à texture fine (p. 30)	Par exemple, dans les potages.
	Crème de soya liquide (p. 30) Crème de coco ou lait de coco	Dans les potages, les sauces crémeuses, les glaces sans produits laitiers, etc.
Crème aigre	Crème aigre au tofu (p. 260)	Dans les potages et les salades.
	250 ml (1 tasse) de crème aigre = 60 ml (4 c. à soupe) de fécule de maïs + 185 ml (¾ tasse) d'eau + 60 ml (4 c. à soupe) de vinaigre blanc	Dans les plats cuisinés allant au four.
Fromage	Tofu ferme à texture fine (p. 30)	Dans les salades, les lasagnes, etc.
	Fromage de soya	
Gélatine	Agar-agar	La gélatine est extraite de tissus animaux (os, peau, tendons) tandis que l'agar-agar provient de certaines espèces d'algues.

Allergène	Substituts	Commentaires
Herbes, fines	15 ml (1 c. à soupe) de fines herbes fraîches hachées = 5 ml (1 c. à thé) de fines herbes séchées 2 ml (½ c. à thé) de fines herbes moulues	Ces substitutions, qui ne sont bien sûr d'aucun secours en cas d'allergie à une herbe, sont toutefois utiles lorsque vous ne disposez pas de l'herbe fraîche (ou séchée ou moulue) réclamée par la recette.
Lait	Boisson de soya, boisson de riz, lait de coco, jus de fruits, eau, bouillons (viande, volaille ou légumes)	La boisson de soya et la boisson de riz sont des substituts pouvant servir de différentes façons. Certaines de ces boissons sont par ailleurs enrichies de calcium et de vitamines A, B et D. Le lait de coco est particulièrement approprié dans les desserts et autres sucreries. Les jus de fruits peuvent notamment remplacer le lait dans les muffins et les gâteaux. L'eau peut remplacer le lait dans les sauces et les desserts. Le produit fini sera cependant moins onctueux. Les bouillons peuvent être utilisés dans les sauces et les potages. Attention ! Le lait de chèvre n'est pas une bonne solution de rechange pour les personnes allergiques au lait de vache, en raison des risques très élevés d'allergies croisées. Quant au lait sans lactose, il n'est pas destiné aux personnes allergiques au lait mais bien à celles qui sont intolérantes au lactose (le lactose étant le sucre naturel du lait).
Lait évaporé sucré	500 ml (2 tasses) de lait évaporé sucré = 410 ml (1⅔ tasse) de lait de coco + 250 ml (1 tasse) de sucre + 5 ml (1 c. à thé) de fécule de maïs (pour épaissir)	Mettez les ingrédients dans une casserole. Portez à ébullition. Réduisez le feu et laissez mijoter pendant une dizaine de minutes en brassant de temps à autre.
Levure chimique (poudre à pâte)	5 ml (1 c. à thé) de levure chimique (poudre à pâte) = 1 ml (¼ c. à thé) de bicarbonate de soude + 2 ml (½ c. à thé) de crème de tartre 1 ml (¼ c. à thé) de bicarbonate de soude + 125 ml (½ tasse) de babeurre 1 ml (¼ c. à thé) de bicarbonate de soude + 7 ml (1½ c. à thé) de vinaigre ou de jus de citron + 125 ml (½ tasse) de lait 1 ml (¼ c. à thé) de bicarbonate de soude + 60 à 125 ml (¼ à ½ tasse) de mélasse	La levure chimique contient généralement de l'amidon de maïs. Elle peut également contenir de l'amidon de blé.
Maïs, fécule de	15 ml (1 c. à soupe) de fécule de maïs = 30 ml (2 c. à soupe) de farine de blé 30 ml (2 c. à soupe) de tapioca à cuisson rapide 30 ml (2 c. à soupe) de fécule de pommes de terre 15 ml (1 c. à soupe) d'arrow-root 15 ml (1 c. à soupe) de fécule de riz	Pour épaissir les sauces, les potages, les ragoûts, etc.

Allergène	Substituts	Commentaires
Maïs, sirop de	250 ml (1 tasse) de sirop de maïs = 250 ml (1 tasse) de sucre + 60 ml (4 c. à soupe) d'eau ou du liquide déjà prévu par la recette 250 ml (1 tasse) de cassonade + 60 ml (4 c. à soupe) d'eau ou du liquide déjà prévu par la recette 250 ml (1 tasse) de miel, de sirop d'érable ou de mélasse	
Mangue	Pêche, abricot, etc.	
Mayonnaise	Mayonnaise sans œufs (p. 258), mayonnaise sans œufs ni soya (p. 258), crème aigre, crème aigre au tofu (p. 260), yogourt, fromage cottage passé au mélangeur	Dans les salades et les vinaigrettes.
Miel	250 ml (1 tasse) de miel = 250 ml (1 tasse) de sucre + 60 ml (4 c. à soupe) d'eau ou du liquide déjà prévu par la recette 250 ml (1 tasse) de cassonade + 60 ml (4 c. à soupe) d'eau ou du liquide déjà prévu par la recette 250 ml (1 tasse) de sirop de maïs, de sirop d'érable ou de mélasse	
Moutarde	Curcuma (même volume que la moutarde sèche)	Dans les marinades, les sauces, etc.
	Tapenade (p. 262)	Comme condiment dans les sandwiches.
	Ketchup (p. 257 pour une recette de ketchup maison)	Dans certaines sauces.
Noix	Haricots de soya rôtis (p. 30), graines de citrouille, graines de tournesol, arachides	Les risques d'allergies croisées avec l'arachide sont cependant assez élevés.
Œuf	**Pour lier et humidifier** (lorsqu'un plat ne contient qu'un seul œuf, celui-ci sert généralement à lier les ingrédients et à donner de la consistance au mélange) 1 œuf = 45 ml (3 c. à soupe) de liquide (eau, jus de fruits, etc.)	Attention ! En cas d'allergie aux œufs de poule, les œufs des autres espèces (caille, oie, etc.) ne sont pas des substituts recommandés, en raison des risques élevés d'allergies croisées. Les substitutions proposées valent lorsque le plat d'origine contient 1 ou 2 œufs. Les recettes qui requièrent 3 œufs ou plus sont, en règle générale, difficilement adaptables.
	45 ml (3 c. à soupe) de purée de fruits ou de légumes selon qu'il s'agit d'un plat sucré ou salé	La compote de pommes de même que les purées de citrouille, de bananes et de dattes constituent d'excellents substituts dans les gâteaux et les muffins.
	1 cube de filtrat de graines de lin (p. 70)	
	60 ml (4 c. à soupe) de tofu mou à texture fine (p. 30)	

Allergène	Substituts	Commentaires
Œuf (suite)	**Pour donner du volume** (lorsqu'une recette exige 2 œufs, c'est généralement pour donner du volume. Si vous ignorez la fonction des œufs dans un plat, utilisez l'un des substituts qui suit)	
	1 œuf =	
	5 ml (1 c. à thé) de levure chimique (poudre à pâte) + 15 ml (1 c. à soupe) d'eau + 15 ml (1 c. à soupe) de vinaigre	Dans les gâteaux et les muffins.
	15 ml (1 c. à soupe) d'Egg-Replacer® + 30 ml (2 c. à soupe) d'eau tiède	
	5 ml (1 c. à thé) de bicarbonate de soude + 5 ml (1 c. à thé) de vinaigre + 30 ml (2 c. à soupe) d'eau	
	7 ml (1½ c. à thé) de bicarbonate de soude + 3 ml (¾ c. à thé) de crème de tartre + 3 ml (¾ c. à thé) d'arrow-root ou de fécule de pomme de terre	
	2 ml (½ c. à thé) de levure chimique (poudre à pâte) + 125 ml (½ tasse) de crème aigre	À n'utiliser que dans les biscuits, les gâteaux aux épices et les gâteaux au chocolat.
	Pour émulsionner (c'est-à-dire pour réunir des substances qui ne forment pas, naturellement, un mélange homogène)	Mettez, dans une casserole, la matière grasse ainsi que les ingrédients liquides prévus par la recette, portez à ébullition puis mélangez cette préparation avec les autres ingrédients en brassant vigoureusement afin de bien répartir le corps gras.
	Pour gélifier (c'est-à-dire pour transformer en une gelée)	
	1 œuf =	
	15 ml (1 c. à soupe) de gélatine neutre non sucrée + 30 ml (2 c. à soupe) d'eau chaude	
	15 ml (1 c. à soupe) de pectine + 30 ml (2 c. à soupe) d'eau chaude	
	15 ml (1 c. à soupe) d'agar-agar + 30 ml (2 c. à soupe) d'eau chaude	
	5 ml (1 c. à thé) d'arrow-root, de tapioca ou de fécule de pomme de terre + 80 ml (⅓ tasse) d'eau	Mélangez dans une petite casserole et faites chauffer jusqu'à l'obtention de la consistance souhaitée. Retirez du feu et laissez refroidir.
	15 ml (1 c. à soupe) de fécule de maïs	Dans un flan.
Piment de la Jamaïque (toute-épice)	5 ml (1 c. à thé) de toute-épice =	« Toute-épice » (ou *allspice*) est le nom communément donné au piment de la Jamaïque. À ne pas confondre avec le mélange d'épices chinois surnommé « cinq-épices » ou « quatre-épices ».
	2 ml (½ c. à thé) de cannelle + 2 ml (½ c. à thé) de clou de girofle moulu	

Allergène	Substituts	Commentaires
Pomme de terre	Patate douce	Par exemple, dans le pâté chinois.
Poulet	Dinde, canard, lapin, etc.	
Riz	Kasha (sarrasin concassé ou entier rôti), couscous, quinoa, boulgour ou orge perlé	
Sauce chili	250 ml (1 tasse) de sauce chili = 250 ml (1 tasse) de sauce tomate + 60 ml (4 c. à soupe) de cassonade + 30 ml (2 c. à soupe) de vinaigre + 1 ml (¼ c. à thé) de cannelle + une pincée de clou de girofle moulu	
Sésame, beurre de (tahini)	Beurre de soya, beurre de tournesol, beurre de pois, beurre d'arachide	
Sésame, graine de	Haricots de soya rôtis (p. 30), graines de tournesol, graines de citrouille, graines de pavot, noix finement hachées, arachides finement hachées	
Soya, beurre de	Beurre de graines de tournesol, beurre de sésame, beurre de pois, beurre d'arachide, beurre de noix	
Soya, boisson de	Lait, boisson de riz, lait de coco, jus de fruits, eau, bouillons (viande, volaille ou légumes)	La boisson de riz est une solution de rechange très intéressante. Certaines boissons de riz sont enrichies de calcium et de vitamines A, B et D. Le lait de coco est particulièrement approprié dans les desserts et autres sucreries. Les jus de fruits peuvent notamment remplacer la boisson de soya dans les muffins et les gâteaux. L'eau peut remplacer la boisson de soya dans les sauces et les desserts. Le produit fini sera cependant moins onctueux. Les bouillons peuvent être utilisés dans les sauces et les potages.
Soya, sauce	15 ml (1 c. à soupe) de sauce soya = 10 ml (2 c. à thé) de mélasse + 5 ml (1 c. à thé) d'eau chaude + 1 ml (¼ c. à thé) de sel 160 ml (⅔ tasse) de sauce soya = 125 ml (½ tasse) de mélasse + 45 ml (3 c. à soupe) de vinaigre balsamique	

Allergène	Substituts	Commentaires
Sucre blanc	Cassonade, sirop d'érable, sirop de maïs, miel, mélasse	Si vous utilisez du sirop d'érable, du sirop de maïs, du miel ou de la mélasse, vous devez diminuer la quantité de liquide mentionnée dans la recette.
Sucre glace	250 ml (1 tasse) de sucre glace = 250 ml (1 tasse) de sucre + 15 ml (1 c. à soupe) de tapioca	Mélangez les ingrédients au robot culinaire jusqu'à l'obtention d'une consistance poudreuse.
Tomate, sauce	Purée de poivrons rouges grillés	Sur les pâtes, les viandes grillées, etc. Faites griller les poivrons au four jusqu'à ce que leur peau boursoufle. Pelez les poivrons puis réduisez leur chair en purée à l'aide d'un robot culinaire.
	Pistou (p. 262)	Sur les pâtes, la pizza, etc.
Vin	Remplacez le vin rouge par un volume égal de jus de raisin ou de jus de canneberge.	
	Remplacez le vin blanc par un volume égal de jus de raisin blanc ou de jus de pomme.	
Vinaigre	2 ml (½ c. à thé) de vinaigre = 5 ml (1 c. à thé) de jus de citron	
Yogourt	Tofu mou à texture fine (p. 30)	
	Purée de bananes Boisson de riz Boisson de soya	Par exemple, dans les muffins.

ÉTIQUETAGE DES ALIMENTS

En 1998, lorsque les allergies de notre fils ont été diagnostiquées, il nous a fallu apprendre à maîtriser le vocabulaire hautement spécialisé trop souvent utilisé par les fabricants et importateurs canadiens pour signaler la présence d'ingrédients allergènes dans leurs produits. Après avoir consulté plusieurs sources, nous avons élaboré la liste de mots clés qui suit. Pendant de longues années, celle-ci nous a servi d'aide-mémoire pour décoder les étiquettes des aliments achetés à l'épicerie.

Et puis, au mois de février 2011, des règles visant à améliorer l'étiquetage des allergènes alimentaires au Canada ont (enfin !) été adoptées. Celles-ci imposent notamment à l'industrie l'obligation de désigner les allergènes prioritaires (œufs, lait, soya, arachides, noix, graines de sésame, blé, poisson, mollusques, crustacés et moutarde), le gluten et les sulfites par leur nom courant sur les étiquettes des aliments préemballés. Finies les appellations obscures de type « vitelline » (œuf) ou « caséinate » (lait) !

Cette obligation de désigner clairement et simplement les ingrédients et leurs constituants ne s'applique toutefois qu'aux allergènes prioritaires (dont le maïs, mentionné plus bas, ne fait pas partie). En outre, les nouvelles règles d'étiquetage n'entreront en vigueur que le 4 août 2012. C'est dire que notre liste de mots clés demeure utile pendant quelque temps encore.

Notez bien que cette liste n'est pas exhaustive. Méfiez-vous des mots qui ressemblent à ceux qui y sont mentionnés et n'hésitez pas à communiquer avec le fabricant pour obtenir des précisions.

Arachide (cacahouète)

Arachide-l, arachide Valencia, arachin, assaisonnements, beurre d'arachide, cacahouette, cacahuète, cerneau (noix écalée), conarachin, farine d'arachide, grains, huile d'arachide, mandalona (arachide transformée pour imiter une autre noix ou une amande), mani, noix artificielles, noix broyées, noix d'accompagnement, noix de mandelona, noix mélangées, Nu-Nuts, pistache, protéines d'arachide, protéines hydrolysées d'arachide, protéines végétales d'arachide, protéines végétales hydrolysées d'arachide.

Blé

Amidon (fécule de blé), amidonnier, atta, blé (dur, durum, entier, mou), boulgour, bulgur, bretzel, chapelure de blé, couscous, croûton, endosperme, engrain, épeautre, extraits de céréales, extraits solubles de blé grillé, farina, farine (à pâtisserie, blanche, de blé, de blé concassé, de blé entier, de blé roux, de froment, de gluten, d'épeautre, durum, enrichie, graham, phosphatée, tout usage), fécule de blé, fécule végétale, froment, germe de blé, gliadine, gluten, gluténine, herbe (de blé), hostie, huile de germe de blé, kamut, nouilles (de blé), pain (de blé), pâtes alimentaires (de blé), protéine végétale hydrolysée (P.V.H.), pseudoglobulines de blé, seitan, semoule, son, son de blé, spelt, triticale, vermicelle.

Crustacés

Crabe, crevette (camaron, gambas), écrevisse, homard (corail, tomalli), krill, langouste, langoustine (scampi).

Maïs

Acide citrique commercial, acide lactique, alcool de maïs (bière, bourbon, gin, liqueurs, vodka, whisky), amidon (fécule de maïs), blé d'Espagne, blé de Turquie, blé d'Inde, céréale contenant du maïs, dextrimaltose, dextrines, dextrose, farine de maïs, farine masa harina, flocons de maïs, fructose commercial, germe de maïs, glucose, gruau de maïs, hominy, huile de germe de maïs, huile de maïs, maïs concassé, maïs éclaté, maïs soufflé, maïzena, maltodextrines, polenta, semoule de maïs, sirop de maïs (la mention « sucre ajouté » désigne souvent le sirop de maïs), son de maïs, sorbitol, sucre de maïs.

Mollusques

Bigorneau, buccin, calmar, coque, coquille Saint-Jacques, couteau, escargot, huître, moule, mulette, ormeau, oursin, palourde, pétoncle, pieuvre, poulpe, sauce aux huîtres, seiche.

Noix

Amande, anacarde, aveline, beurre de noix, cachou, châtaigne, faine, fruit à coque, gianduja, huile d'amande, huile de noix, kajo, marron, marzipan (pâte d'amandes), massepain, noisette, noix artificielle, noix blanche d'Amérique, noix d'anacarde, noix d'Angleterre, noix de cajou, noix de Grenoble, noix de karité, noix de macadamia, noix de noyer cendré, noix d'hickory, noix du Brésil, noix mélangées, noix noire, noix piquée, nougat, pacane, pécan, pignon (noix de pin), pistache, praline.

Œuf

Albumen, albumine, albumine de l'œuf, blanc d'œuf, conalbumine (ovotransferrine), globuline, jaune d'œuf, lait de poule, lécithine d'œuf et animale, livétine, lysozyme, mayonnaise, meringue, œufs liquides, ovalbumine, « ovo » (mots commençant par), ovoglobuline, ovomacroglobuline, ovomucine, ovomucoïde, ovotransferrine, ovovitelline, poudre d'albumine, poudre de blanc d'œuf, poudre de jaune d'œuf, poudre d'œuf, protéines ovo-lactohydrolysées, quiche, Simplesse, succédané d'œuf, vitelline.

Poisson

Achigan, aiglefin, aiguillat commun, albacore, alose, anchois, anguille, bar, barbue de rivière, baudroie, bonite, bouillon de poisson, brème, brochet, capelan, cardeau d'été, carpe, carrelet, caviar, chevaine, cisco, congre, crapaud de mer, dorade, doré, églefin, émissole, éperlan, espadon, esturgeon, flétan, flet commun, gaspareau, germon, goberge, grande roussette, grondin, hareng, hoplostète orange, kamaboko, lamproie, limande à queue jaune, lotte, mahi-mahi, makaire, maquereau, maskinongé, merlan, merlu, merluche, mérou, morue, mulet, Nuoc Mam, omble d'Amérique, omble de fontaine, ombre, ouananiche, pâte d'anchois, perchaude, perche, plie, poisson-chat, pompano, poulamon, raie, rascasse, requin, rogue, rouget-barbet, saint-pierre, sandre, sardine, sauce de poisson, sauce Worcestershire, saumon, sébaste, sparidé, sole, surimi, sushi, tarama, tassergal, thon, tilapia, touladi, truite, turbot, vivaneau.

Protéine bovine

Albumine bovine*, alpha-lactalbumine, arôme de beurre, babeurre, bêta-lactoglobuline, beurre, beurre clarifié, bison*, bœuf*, caillé, caséinate, caséinate de calcium, caséinate de sodium, caséine, crème, crème glacée, crème sûre, fromage, gélatine*, ghee, globuline bovine*, gras de bœuf (suif)*, gras de lait, huile de beurre, kéfir, koumis, lactalbumine, lactoferrine, lactoglobuline, lactose, lactosérum, lactulose, lait, lait malté, lait sans lactose, lait UHT, mélanges pour boissons maltées, petit lait, poudre de lait écrémé, poudre de petit lait, protéines ovo-lactohydrolysées, rocou (colorant pouvant contenir du lactose), Simplesse, solides de lait, solides de lait écrémé, substance laitière modifiée, veau*, yogourt.

Les termes suivants n'indiquent **pas** la présence de protéines bovines : acide lactique, lactate, lactylate et stéaroyl-2-lactylate.

*La plupart des personnes allergiques aux produits laitiers tolèrent malgré tout les protéines du bœuf et du veau.

Sésame

Beurre de sésame, gomasio, graines de bene, graines de beni, graines de sésame, huile de beni, huile de gercelin, huile de gingelly, huile de jinjli, huile de sésame, pâte de sésame, sel de sésame, sésamole, sésamoline, Sesamum indicum, sim sim, tahina, tahini, teel, til.

Soya

Agent épaississant, albumine de soya, boisson de soya, edamame, émulsifiant, farine de soya, fécule végétale, fève germée, fève soya, germe de soya, glucine max, huile de soya, huile végétale, isolat de protéine de soya, kinako, kouridofu, lait de soya, lécithine, lécithine de soya, lécithine végétale, miso, mono-diglycéride, natto, nimame, okara, protéine de soya, protéine végétale, protéine végétale hydrolisée (P.V.H.), protéine végétale texturée (P.V.T.), sauce soya, shortening d'huile végétale, shoyu, sobee, soya hispida tamari, stabilisant, tamari, tempeh, tofu, yuba.

Sulfites

Acide sulfureux, anhydride sulfureux, agents de sulfitage, bisulfite/dithionite/métabisulfite/sulfite de sodium, bisulfite/métabisulfite de potassium, dioxyde de soufre, dithionite de sodium, E220, E221, E222, E223, E224, E225, E226, E227, E228.

FAMILLES D'ALIMENTS

Si vous êtes allergique à un aliment, il est possible que vous réagissiez également à un ou à plusieurs des aliments faisant partie de la même famille. C'est ce que l'on appelle les allergies croisées. Les risques d'allergies croisées varient beaucoup d'une famille d'aliments à l'autre. Avant de restreindre indûment votre régime, consultez un ou une allergologue.

Liste des aliments par ordre alphabétique[23]

A

69	Abricot
88.3	Achigan
90.7	Agneau
88.9	Aiglefin
88.23	Aiguillat commun
42	Ail
87	Albumen
90.4	Alligator
88.4	Alose
88.9	Aiglefin
69	Amande
3	Amarante
34	Amidon
11	Ananas
88.7	Anchois
50	Aneth
50	Angélique
88.2	Anguille
50	Anis
41	Arachide
58	Aramé
44	Arrow-root
19	Artichaut
42	Asperge
30	Atoca
75	Aubergine
8	Aveline
39	Avocat
34	Avoine

B

89	Babeurre
90.8	Bacon
24	Baie de genièvre (gin)
46	Banane
46	Banane plantain
88.24	Bar commun
19	Bardane
38	Basilic
88.10	Baudroie
15	Bette à carde
15	Betterave à sucre
89	Beurre
86.5	Bigorneau
90.1	Bison
87	Blanc d'œuf
34	Blé
30	Bleuet
90.1	Bœuf
63	Bolet
88.20	Bonite à dos rayé
34	Boulgour
10	Bourrache
88.8	Brochet
22	Brocoli
86.1	Buccin
34	Bulgur

23 Les chiffres correspondent à la famille d'aliments.

C

43 Cacao
70 Café
91.2 Caille
86.6 Calmar
91.1 Canard
34 Canne
30 Canneberge (atoca)
39 Cannelle
23 Cantaloup
13 Câpre
78 Capucine
52 Carambole
83 Cardamome
88.16 Cardeau d'été
19 Cardon
50 Carotte
41 Caroube
88.6 Carpe
68 Carragheen
88.16 Carrelet
50 Carvi
89 Caséine
74 Cassis
34 Cassonade
88.1 Caviar
75 Cayenne
71 Cédrat
50 Céleri
50 Céleri-rave
50 Cerfeuil
69 Cerise
75 Cerise de terre
(alkékenge)
2 Champignon de
couche
2 Champignon blanc
ou de Paris
2 Chanterelle
91.2 Chapon
32 Châtaigne
26 Châtaigne d'eau

23 Chayote
5 Chérimole
90.5 Cheval
90.2 Chèvre
90.2 Chevreau
73 Chiclé
19 Chicorée
43 Chocolat
22 Chou
22 Chou chinois
22 Chou de Bruxelles
22 Chou-fleur
22 Chou-rave
42 Ciboule
42 Ciboulette
71 Citron
38 Citronnelle
23 Citrouille
71 Clémentine
48 Clou de girofle
69 Coing
17 Collybie à pied velouté
22 Colza
23 Concombre
88.5 Congre
91.2 Coq
86.2 Coque
50 Coriandre
23 Courge
23 Courge musquée
23 Courge spaghetti
23 Courgette
34 Couscous
85.1 Crabe
89 Crème
89 Crème à café
89 Crème à fouetter
89 Crème aigre (sure)
89 Crème de table
82 Crème de tartre
89 Crème glacée
22 Cresson
85.2 Crevette
90.4 Crocodile

38 Crosne
61 Crosse de fougère
50 Cumin
83 Curcuma

D

22 Daïkon (radis oriental)
53 Datte
91.2 Dinde
41 Dolique
88.26 Dorade
88.14 Doré
9 Durian
34 Durum

E

42 Échalote
85.2 Écrevisse
88.9 Églefin
90.3 Émeu
88.23 Émissole
19 Endive
34 Épeautre
88.13 Éperlan
15 Épinard
86.4 Escargot
88.28 Espadon
18 Estragon
88.1 Esturgeon

F

32 Faîne
91.2 Faisan
34 Farine de blé
34 Farine de maïs
34 Farine de riz
41 Farine de soya
48 Feijoa
50 Fenouil
55 Fenugrec
39 Feuille de laurier
45 Figue
12 Figue de Barbarie

41 Flageolet
88.16 Flet commun
88.16 Flétan
69 Fraise
69 Framboise
89 Fromage
56 Fruit de la passion

G

88.4 Gaspareau
90.1 Gélatine
34 Germe de blé
41 Germe de soya
88.20 Germon
83 Gingembre
2 Girolle
88.9 Goberge
43 Gombo
48 Goyave
50 Graine de céleri
54 Graine de pavot
19 Graine de tournesol
88.23 Grande roussette
66 Grenade
84 Grenouille
88.27 Grondin
74 Groseille

H

57 Halva
88.4 Hareng
41 Haricot adzuki
41 Haricot de Lima
41 Haricot de soya
41 Haricot d'Espagne
41 Haricot jaune
41 Haricot mungo
41 Haricot rouge
41 Haricot vert
58 Hijiki
85.2 Homard
41 Huile d'arachide
34 Huile de maïs

57 Huile de sésame	85.4 Langouste	69 Mûre	23 Pastèque
41 Huile de soya	85.3 Langoustine	47 Muscade	21 Patate douce
86.9 Huître	90.6 Lapin	30 Myrtille	23 Pâtisson

I

27 Igname	41 Lécithine de soya	**N**	69 Pêche
	41 Lentille		75 Pepino
	90.6 Lièvre	22 Navet	88.14 Perche

J

48 Jaboticaba	88.16 Limande commune	69 Nectarine	91.2 Perdrix
75 Jalapeño	71 Lime	69 Nèfle du Japon	50 Persil
90.8 Jambon	72 Litchi	8 Noisette	86.10 Pétoncle
45 Jaque	72 Longane	4 Noix de cajou	91.2 Pigeon
87 Jaune d'œuf	41 Lupin	53 Noix de coco	48 Piment de la Jamaïque
41 Jicama	41 Luzerne	33 Noix de ginkgo	(toute-épice)
34 Jonc odorant		76 Noix de kola	75 Piment (rouge et vert)
67 Jujube	**M**	65 Noix de macadamia	91.3 Pintade
		20 Noix de pin (pignon)	19 Pissenlit
K	80 Mâche	40 Noix du Brésil	4 Pistache
	47 Macis	68 Nori (algue à maki)	2 Pleurote
29 Kaki	34 Maïs		88.16 Plie
1 Kiwi	34 Maïs à éclater	**O**	69 Poire
58 Kombo	6 Malanga		42 Poireau
71 Kumquat	34 Malt	87 Œuf	41 Pois
	71 Mandarine	87 Œuf de faisane	41 Pois chiche
L	35 Mangoustan	87 Œuf de poule	41 Pois vert
	4 Mangue	91.1 Oie	59 Poivre blanc
89 Lactase	31 Manioc (tapioca)	42 Oignon	59 Poivre noir
89 Lactose	88.20 Maquereau	49 Olive	4 Poivre rose
89 Lait (de vache)	38 Marjolaine	88.19 Omble de fontaine	59 Poivre vert
89 Lait concentré	88.8 Maskinongé	88.19 Ombre	75 Poivron (toutes
89 Lait concentré sucré	34 Mélasse	71 Orange	les couleurs)
89 Lait cru	38 Mélisse (citronnelle)	7 Oreille-de-Judas	71 Pomelo
89 Lait de chèvre	23 Melon	34 Orge	69 Pomme
89 Lait écrémé	23 Melon honeydew	38 Origan	75 Pomme de terre
89 Lait en poudre	38 Menthe	86.3 Ormeau	69 Pomme-poire
89 Lait entier	88.9 Merlan	60 Oseille	90.8 Porc
89 Lait homogénéisé	88.9 Merlu	88.19 Ouananiche	23 Potiron
89 Lait micro-filmé	34 Millet	86.12 Oursin	88.9 Poulamon
89 Lait partiellement	69 Mirabelle		91.2 Poule
écrémé	28 Morille	**P**	91.2 Poulet
89 Lait pasteurisé	88.9 Morue		86.8 Poulpe
89 Lait UHT	86.7 Moule	37 Pacane	64 Pourpier
19 Laitue (toutes les	68 Mousse d'Irlande	53 Palmier (cœur de)	34 Pousse de bambou
variétés)	(carragheen)	86.13 Palourde	69 Prune
16 Laitue de mer	22 Moutarde	71 Pamplemousse	69 Pruneau
88.15 Lamproie	90.7 Mouton	50 Panais	
	88.11 Mulet	14 Papaye	
		75 Paprika	

Q

69   Quetsche
15   Quinoa

R

19   Radicchio
22   Radis
22   Radis noir
22   Radis oriental (daïkon)
88.18 Raie
22   Raifort
82   Raisin
72   Ramboutan
22   Rapini
88.22 Rascasse
88.23 Requin
68   Rhodyménie palmé
60   Rhubarbe
34   Riz
34   Riz sauvage
38   Romarin
22   Roquette
88.12 Rouget-barbet
22   Rutabaga

S

36   Safran
88.29 Saint-pierre
15   Salicorne
42   Salsepareille
19   Salsifis
88.14 Sandre
90.8   Sanglier
73   Sapotille
88.4   Sardine
60   Sarrasin
38   Sarriette
38   Sauge
88.19 Saumon
19   Scorsonère
88.22 Sébaste

86.11 Seiche
34   Seigle
34   Seitan
34   Semoule de blé
34   Semoule de maïs
57   Sésame
62   Shiitake
88.25 Sole
34   Son
34   Sorgho
41   Soya
25   Spiruline
34   Sucre

T

57   Tahini
75   Tamarillo
41   Tamarin
71   Tangerine
31   Tapioca
6   Taro
88.17 Tassergal
77   Thé (vert et noir)
88.20 Thon
38   Thym
41   Tofu
75   Tomate
75   Tomatille
19   Topinambour
88.19 Touladi (omble d'Amérique)
48   Toute-épice
34   Triticale
79   Truffe
88.19 Truite
88.21 Turbot

V

51   Vanille
58   Varech
90.1   Veau

82   Vin
82   Vinaigre de vin
81   Violette

W

58   Wakamé

Y

89   Yogourt

Liste des familles botaniques et biologiques d'aliments

ALIMENTS D'ORIGINE VÉGÉTALE

1. ACTINIDIACÉES

Kiwi

2. AGARICACÉES

Champignon de couche (champignon blanc ou de Paris)
Chanterelle
Girolle
Pleurote

3. AMARANTACÉES

Amarante

4. ANACARDIACÉES

Mangue
Noix de cajou
Pistache
Poivre rose[24]

5. ANONACÉES

Chérimole

6. ARACÉES

Malanga
Taro

7. AURICULARIALES

Oreille-de-Judas

8. BÉTULACÉES

Noisette
    aveline

9. BOMBACÉES

Durian

10. BORRAGINACÉES

Bourrache

11. BROMÉLIACÉES

Ananas

12. CACTACÉES

Figue de Barbarie

13. CAPPARIDACÉES

Câpre

---

24 Le poivre rose (ou poivre rouge) provient d'un sous-arbrisseau sud-américain de la famille de l'herbe à poux.

14. CARICACÉES

Papaye

15. CHÉNOPODIACÉES

Bette à carde
Betterave à sucre
Épinard
Quinoa
Salicorne

16. CHLOROPHYCÉES

Laitue de mer

17. COLLYBIACÉES

Collybie à pied velouté

18. COMPOSACÉES

Estragon

19. COMPOSÉES

Artichaut
Bardane
Cardon
Chicorée
Endive
Graine de tournesol
Laitue (toutes les variétés)
Pissenlit
Radicchio
Salsifis
Scorsonère
Topinambour

20. CONIFÈRES

Noix de pin (pignon)

21. CONVOLVULACÉES

Patate douce

22. CRUCIFÉRÉES

Brocoli
Chou
    colza

Chou chinois
Chou de Bruxelles
Chou-fleur
Chou-rave
Cresson
Moutarde
Navet
Radis
Radis noir
Radis oriental (daïkon)
Raifort
Rapini
Roquette
Rutabaga

23. CUCURBITACÉES

Chayote
Concombre
Courge
    citrouille
    courge musquée
    courge spaghetti
    courgette
    pâtisson
    potiron
Melon
    cantaloup
    melon honeydew
Pastèque

24. CUPRESSACÉES

Baie de genièvre (gin)

25. CYANOPHYCÉES

Spiruline

26. CYPÉRACÉES

Châtaigne d'eau

27. DIOSCORÉACÉES

Igname

28. DISCOMYCÈTES

Morille

29. ÉBÉRIACÉES

Kaki

30. ÉRICACÉES

Bleuet
Canneberge (atoca)
Myrtille

31. EUPHORBIACÉES

Manioc (tapioca)

32. FAGACÉES

Châtaigne
Faîne

33. GINKGOACÉES

Noix de ginkgo

34. GRAMINÉES

Avoine
Blé
    boulgour (bulgur)
    couscous
    durum
    épeautre
    farine de blé
    germe de blé
    seitan
    semoule de blé
    son
Canne
    cassonade
    mélasse
    sucre
Jonc odorant
Maïs
    amidon
    farine de maïs
    huile de maïs
    maïs à éclater
    semoule de maïs

Millet
    sorgho
Orge
    malt
Pousse de bambou
Riz
    farine de riz
Riz sauvage
Seigle
Triticale

35. GUTTIFÈRES

Mangoustan

36. IRIDACÉES

Safran

37. JUGLANDACÉES

Pacane

38. LABIACÉES

Basilic
Crosne
Marjolaine
Mélisse (citronnelle)
Menthe
Origan
Romarin
Sarriette
Sauge
Thym

39. LAURACÉES

Avocat
Cannelle
Feuille de laurier

40. LÉCYTHIDACÉES

Noix du Brésil

41. LÉGUMINEUSES

Arachide
    huile

Caroube
Dolique
Flageolet
Haricot adzuki
Haricot de Lima
Haricot d'Espagne
Haricot mungo
Haricot rouge
Haricot (vert et jaune)
Jicama
Lentille
Lupin
Luzerne
Pois
Pois chiche
Pois vert
Soya
    farine de soya
    germe de soya
    haricot de soya
    huile
    lécithine de soya
    tofu
Tamarin

42. LILIACÉES

Ail
Asperge
Ciboule
Ciboulette
Échalote
Oignon
Poireau
Salsepareille

43. MALVACÉES

Cacao
    chocolat
Gombo

44. MARANTACÉES

Arrow-root

45. MORACÉES

Figue
Jaque

46. MUSACÉES

Banane
Banane plantain

47. MYRISTICACÉES

Muscade
    macis

48. MYRTACÉES

Clou de girofle
Feijoa
Goyave
Jaboticaba
Piment de la Jamaïque
(toute-épice)

49. OLÉACÉES

Olive

50. OMBELLIFÈRES

Aneth
Angélique
Anis
Carotte
Carvi
Céleri
    graine de céleri
Céleri-rave
Cerfeuil
Coriandre
Cumin
Fenouil
Panais
Persil

51. ORCHIDACÉES

Vanille

52. OXALIDÉES

Carambole

53. PALMACÉES

Cœur de palmier
Datte
Noix de coco

54. PAPAVÉRACÉES

Graine de pavot

55. PAPILIONACÉES

Fenugrec

56. PASSIFLORACÉES

Fruit de la passion

57. PÉDALIACÉES

Sésame
    halva
    huile de sésame
    tahini

58. PHÉOPHYACÉES

(algues)

Aramé
Hijiki
Kombo
Varech
Wakamé

59. PIPÉRACÉES

Poivre blanc
Poivre noir
Poivre vert

60. POLYGONACÉES

Oseille
Rhubarbe
Sarrasin

61. POLYPODIACÉES

Crosse de fougère

62. POLYPORACÉES

Shiitake

63. POLYPORÉES

Bolet

64. PORTULACACÉES

Pourpier

65. PROTÉACÉES

Noix de macadamia

66. PUNICACÉES

Grenade

67. RHAMNACÉES

Jujube

68. RHODOPHYCÉES

Mousse d'Irlande
(carragheen)
Nori (algue à maki)
Rhodyménie palmé

69. ROSACÉES

Abricot
Amande
Cerise
Coing
Fraise
Framboise
Mirabelle
Mûre
Nectarine
Nèfle du Japon
Pêche
Poire
Pomme
Pomme-poire
Prune
Pruneau
Quetsche

70. RUBIACÉES

Café

71. RUTACÉES

Cédrat
Citron
Clémentine
Kumquat
Lime
Mandarine
Orange
Pamplemousse
Pomelo
Tangerine

72. SAPINDACÉES

Litchi
Longane
Ramboutan

73. SAPOTACÉES

Sapotille
   chiclé

74. SAXIFRAGACÉES

Cassis
Groseille

75. SOLANACÉES

Aubergine
Cerise de terre (alkékenge)
Pepino
Piment (rouge et vert)
   Cayenne
   jalapeño
   paprika
Poivron (toutes les couleurs)
Pomme de terre
Tamarillo
Tomate
Tomatille

76. STERCULIACÉES

Noix de kola

77. THÉACÉES

Thé (vert et noir)

78. TROPÆOLACÉES

Capucine

79. TUBÉRACÉES

Truffe

80. VALÉRIANACÉES

Mâche

81. VIOLACÉES

Violette

82. VITACÉES

Raisin
   crème de tartre
   vin
   vinaigre de vin

83. ZINGIBÉRACÉES

Cardamome
Curcuma
Gingembre

ALIMENTS D'ORIGINE ANIMALE

84. BATRACIENS
Grenouille

85. CRUSTACÉS
85.1. Cancridés
Crabe

85.2. Crustacés
Crevette
Écrevisse
Homard

85.3. Néphropsidés
Langoustine

85.4. Palinuridés
Langouste

86. MOLLUSQUES

86.1. Buccinidés
Buccin

86.2. Cardiidés
Coque

86.3. Haliotidés
Ormeau

86.4. Hélicidés
Escargot

86.5. Littorinidés
Bigorneau

86.6. Loliginidés
Calmar

86.7. Mytilidés
Moule

86.8. Octopodes
Poulpe

86.9. Ostréidés
Huître

86.10. Pectinidés
Pétoncle

86.11. Sépiidés
Seiche

86.12. Strongylocentrotidés
Oursin

86.13. Vénéridés
Palourde

87. ŒUFS (oiseaux)
Œuf de faisane
Œuf de poule
blanc d'œuf (albumen)
jaune d'œuf
œuf (sans autre indication)

88. POISSONS

88.1. Acipenséridés
Caviar
Esturgeon

88.2. Anguillidés
Anguille

88.3. Centrarchidés
Achigan

88.4. Clupéidés
Alose
   gaspareau
Hareng
Sardine

88.5. Congridés
Congre

88.6. Cyprinidés
Carpe

88.7. Engraulidés
Anchois

88.8. Ésocidés
Brochet
   maskinongé

88.9. Gadidés
Aiglefin (églefin)
Goberge
Merlan
Merlu
Morue
Poulamon

88.10. Lophiidés

Baudroie

88.11. Mugilidés

Mulet

88.12. Mullidés

Rouget-barbet

88.13. Osméridés

Éperlan

88.14. Percidés

Doré (sandre)
Perche

88.15. Pétromyzontidés

Lamproie

88.16. Pleuronectidés

Flétan
Plie
    cardeau d'été
    carrelet
    flet commun
    limande commune

88.17. Pomatomidés

Tassergal

88.18. Rajidés

Raie

88.19. Salmonidés

Saumon
    ouananiche
Truite
    omble de fontaine
    ombre
    touladi (omble
    d'Amérique)

88.20. Scombridés

Maquereau
Thon
    bonite à dos rayé
    germon

88.21. Scophthalmidés

Turbot

88.22. Scorpænidés

Sébaste
    rascasse

88.23. Sélaciens

Requin
    aiguillat commun
    émissole
    grande roussette

88.24. Serranidés

Bar commun

88.25. Soléidés

Sole

88.26. Sparidés

Dorade

88.27. Triglidés

Grondin

88.28. Xiphiidés

Espadon

88.29. Zéidés

Saint-pierre

89. PRODUITS LAITIERS

Babeurre
Beurre
Crème
    à café
    à fouetter
    de table
Crème aigre (sure)
Crème glacée
Fromage
Lait (de vache)
    caséine
    lactase
    lactose
    lait concentré
    lait concentré sucré
    lait cru
    lait écrémé
    lait en poudre
    lait entier
    lait homogénéisé
    lait micro-filmé
    lait partiellement écrémé
    lait pasteurisé
    lait UHT
Lait de chèvre
Yogourt

90. VIANDES ROUGES

(chair et organes)

90.1 Bovidés

Bison
Bœuf
Gélatine
Veau

90.2. Caprinés

Chèvre
Chevreau

90.3. Casuaridés

Émeu

90.4. Crocodiliens

Alligator
Crocodile

90.5. Équidés

Cheval

90.6. Léporidés

Lapin
Lièvre

90.7. Ovidés

Agneau
Mouton

90.8. Suidés

Porc
    bacon
    jambon
Sanglier

91. VOLAILLE

91.1. Anatidés

Canard
Oie

91.2. Gallinacés

Caille
Chapon
Coq
Dinde
Faisan
Perdrix
Pigeon
Poule
Poulet

91.3. Phasianidés

Pintade

Abaisse
Pâte amincie sur une égale épaisseur à l'aide d'un rouleau à pâtisserie.

Abaisser
Étendre la pâte avec un rouleau à pâtisserie.

Allergène
Substance (aliment ou autre) qui détermine l'allergie et les troubles qui y sont associés.

Allergie
Réaction disproportionnée du système immunitaire provoquée par l'exposition à une substance (aliment ou autre) habituellement inoffensive.

Anaphylaxie
Réaction allergique grave qui peut même être fatale en l'absence de traitement.

Badigeonner
Enduire d'une substance peu consistante (par exemple une huile ou une autre matière grasse).

Bain-marie
Ustensile de cuisson composé de deux casseroles s'emboîtant l'une dans l'autre. La casserole du dessous contient de l'eau bouillante tandis que celle du dessus contient la substance à cuire.

Chinois
Petite passoire conique munie d'un manche que l'on utilise pour filtrer une préparation (bouillon, sauce, etc.) ou pour obtenir une purée lisse.

Choc anaphylactique
Réaction anaphylactique se caractérisant par une perte de conscience et qui peut être fatale en l'absence de traitement.

Ciboule
Plante aromatique dont la saveur évoque à la fois l'oignon et la ciboulette. Au Québec, on appelle souvent, quoique erronément, cette plante « échalote ».

Colorer
Caraméliser en surface des aliments en les saisissant à feu vif dans un corps gras ou en les exposant à la chaleur rayonnante d'un four.

Cuillère à égoutter
Longue cuillère dont la partie creuse est percée d'ouvertures. On l'utilise pour retirer des aliments d'un liquide.

Déglacer
Faire dissoudre, à l'aide d'un liquide, les sucs de cuisson adhérant au fond d'un récipient afin d'en faire une sauce.

Dégraisser
Retirer la graisse se trouvant à la surface d'un liquide. Pour dégraisser un fond ou un bouillon, on le laisse d'abord refroidir au réfrigérateur quelques heures. La graisse se solidifiera en surface et sera plus facile à enlever.

Écumer
Enlever l'écume qui monte à la surface d'un liquide (fond, bouillon, etc.) lorsqu'on le porte à ébullition.

Émincer
Couper en tranches très minces.

Emporte-pièce
Pièce en fer-blanc ou en acier inoxydable servant à découper une abaisse de pâte pour lui donner une forme quelconque (étoile, cœur, petit bonhomme, etc.).

Épépiner
Enlever les pépins d'un fruit ou d'un légume.

Épinéphrine
Médicament antiallergique à base d'adrénaline qui doit être utilisé en cas de réactions allergiques graves.

Façonner
Donner une forme particulière à une préparation.

Filtrat
Liquide filtré.

Gril
Élément chauffant situé dans la partie supérieure d'un four et qui sert à griller ou à gratiner.

Hacher
Couper en petits morceaux.

Mélangeur à main
Appareil électroménager comportant un couteau-hélice et qui sert à mélanger et à broyer les aliments. Comme son nom l'indique, cet appareil tient dans une seule main.

Mélangeur de table
Appareil électroménager servant à mélanger et à broyer les aliments. Plus massif que le mélangeur à main, il est composé notamment d'un bol (muni d'un couvercle amovible) au fond duquel se trouve un couteau-hélice.

Moule à charnière
Moule rond et à hauts bords. Grâce au système de verrouillage, le cercle s'écarte et libère le fond, ce qui facilite le démoulage de certaines préparations.

Moule à cheminée
Récipient creux et rond dont la partie centrale surélevée rappelle un peu le tuyau d'une cheminée. Ce moule sert notamment à préparer des gâteaux en forme de couronne.

Napper
Recouvrir un mets d'une sauce ou d'un coulis.

Parer
Enlever les parties inutiles ou non comestibles d'un aliment (par exemple, retirer la graisse et les conduits internes des rognons avant de les cuire).

Parures
Parties inutiles ou non comestibles d'un aliment (viande, volaille, poisson, légume, etc.) que l'on prélève au cours de sa préparation.

Pétrir
Malaxer (le plus souvent avec les mains) une pâte jusqu'à ce qu'elle soit lisse et homogène.

Pilon
Ustensile composé d'un manche relié à une plaque de métal circulaire percée de petites ouvertures. On se sert du pilon pour réduire les aliments en purée.

Pincée
Très petite quantité (moins de 1 ml / ¼ c. à thé).

Plaque à pâtisserie
Ustensile de cuisson métallique plat et de forme rectangulaire utilisé pour cuire au four les pièces de pâtisserie ne nécessitant pas de moules.

Plat à rôtir
Plat servant à faire rôtir une pièce de viande au four.

Râper
Réduire un aliment en poudre grossière ou en petits morceaux au moyen d'une râpe.

Réaction anaphylactique
Réaction allergique rapide et généralisée pouvant être mortelle en l'absence de traitement.

Réserver
Mettre de côté pour utiliser ultérieurement.

Revenir (faire)
Cuire un aliment dans un corps gras très chaud pour le faire colorer en surface.

Robot culinaire
Appareil électroménager pouvant accomplir plusieurs opérations : couper, hacher, mélanger, pétrir, etc. Il est composé notamment d'un bol (muni d'un couvercle amovible) et d'un jeu de lames.

Saisir
Exposer un aliment, au début de la cuisson, à une forte chaleur en le mettant en contact avec une matière grasse brûlante ou un liquide bouillant.

Saladier
Plat dans lequel on sert la salade.

Sorbetière
Appareil servant à la préparation de sorbets et de glaces (ou crèmes glacées). Il est composé d'un récipient dans lequel est versé le mélange et de pales qui brassent celui-ci jusqu'à l'obtention de la consistance désirée.

Tajine
Mets traditionnel marocain à base de légumes, de viande, de volaille ou de poisson cuits à l'étouffée. Désigne également le plat en terre muni d'un couvercle conique dans lequel on cuit ce plat.

Tasse à mesurer graduée munie d'un bec verseur
Tasse en pyrex ou en plastique transparent portant des indications de volume et servant à mesurer les ingrédients liquides.

Tasse à mesurer sans rebord
Tasse correspondant à un volume donné et servant à mesurer les ingrédients secs (farine, flocons d'avoine, etc.), les gras solides (margarine, shortening, etc.) et les aliments à consistance épaisse (miel, beurre de soya, etc.).

Zeste
Partie externe et colorée de l'écorce des citrons et des autres agrumes.

RECETTES ET MENUS

« La gastronomie est l'art d'utiliser la nourriture pour créer le bonheur. »

Theodore Zeldin

GUACAMOLE (p. 86)

BASES

Âgé de quatre ans, **Eliott** est allergique aux produits laitiers et au bœuf. Ce n'est quand même pas si mal puisque, comme il l'explique aux autres enfants de la garderie : « Je suis allergique au lait de vache mais pas au lait de cheval ! »

Préparation : 20 min
Cuisson : 2 h 5
Repos : 2 h ou plus
Quantité : 1¼ l (5 tasses)

SANS :
œufs
lait
soya
arachides
noix
graines de sésame
blé
poisson
mollusques
crustacés
moutarde

Bouillon de bœuf

Les allergies de notre fils nous ont fait redécouvrir les bouillons maison. Pas de comparaison possible avec les produits vendus dans les supermarchés ! Il est vrai qu'il faut y mettre le temps, mais c'est si facile à préparer ! Et puis le truc, vous l'aurez certainement deviné, consiste à préparer les bouillons à l'avance et à les congeler pour les utiliser au fur et à mesure de vos besoins.

Les recettes de bouillons que nous vous proposons ici sont adaptées à notre régime alimentaire. Ils sont délicieux tels quels mais cela ne doit pas vous empêcher de les modifier à votre tour en y ajoutant ou en y retranchant des ingrédients.

1 oignon
2 clous de girofle
2 carottes
1 kg (2¼ lb) d'os à moelle de bœuf
1 gousse d'ail
2½ l (10 tasses) d'eau
2 ml (½ c. à thé) de thym séché
2 ml (½ c. à thé) d'origan séché
1 feuille de laurier
sel et poivre

1 Préchauffez le four à 200 °C (400 °F).

2 Coupez l'oignon en deux après l'avoir épluché. Piquez chaque moitié avec un clou de girofle. Coupez les carottes en rondelles. Faites colorer les morceaux d'oignon et les rondelles de carottes en les déposant sur une plaque à revêtement antiadhésif (sans aucun corps gras) puis en mettant le tout au four pendant 5 minutes.

3 Dans une grande casserole, mettez les os ainsi que les morceaux d'oignon et de carottes. Incorporez la gousse d'ail après l'avoir épluchée et écrasée. Versez l'eau. Ajoutez le thym, l'origan, la feuille de laurier, le sel et le poivre. Assurez-vous que les ingrédients soient complètement immergés (rajoutez de l'eau au besoin).

4 Portez à ébullition. Réduisez le feu et laissez mijoter doucement pendant 2 heures, sans couvrir, en écumant de temps à autre.

5 Filtrez le bouillon à l'aide d'une passoire fine (chinois) afin de ne conserver que le liquide. Faites refroidir le bouillon au réfrigérateur pendant quelques heures puis dégraissez-le.

Préparation : 10 min
Cuisson : 2 h 35
Repos : 2 h ou plus
Quantité : 6 l (24 tasses)

SANS :
œufs
lait
soya
arachides
noix
graines de sésame
blé
poisson
mollusques
crustacés
moutarde

Bouillon de bœuf du paresseux

Une recette simplifiée et efficace. De quoi renouveler vos provisions de bouillon pour les soupes et potages à venir !

2 oignons
4 clous de girofle
30 ml (2 c. à soupe) d'huile d'olive
1,8 kg (4 lb) d'os à moelle de bœuf
7½ l (30 tasses) d'eau
10 ml (2 c. à thé) de sel
poivre

1 Épluchez les deux oignons. Hachez-en un. Piquez l'autre avec les clous de girofle.

2 Dans une grande casserole, faites chauffer l'huile d'olive à feu moyen-élevé. Faites-y revenir l'oignon haché jusqu'à ce que les morceaux soient translucides (environ 3 minutes).

3 Incorporez les os, l'oignon piqué de clous de girofle, l'eau, le sel et le poivre. Portez à ébullition. Réduisez le feu et laissez mijoter doucement, sans couvrir, pendant 2 heures 30.

4 Filtrez le bouillon à l'aide d'une passoire fine (chinois) afin de ne conserver que le liquide. Faites refroidir le bouillon au réfrigérateur pendant quelques heures puis dégraissez-le.

Préparation : 20 min
Cuisson : 2 h
Repos : 2 h ou plus
Quantité : 1¼ l (5 tasses)

SANS :
œufs
lait
soya
arachides
noix
graines de sésame
blé
poisson
mollusques
crustacés
moutarde

Bouillon de poulet

Si utile que vous voudrez toujours en avoir en réserve !

1 oignon
1 poireau
1 carotte
1 kg (2¼ lb) de carcasse de poulet ou 3 cuisses de poulet sans la peau
2½ l (10 tasses) d'eau
5 ml (1 c. à thé) de thym séché
15 ml (1 c. à soupe) de persil frais haché
5 ml (1 c. à thé) de sarriette séchée
sel et poivre

1 Épluchez et hachez l'oignon. Coupez le poireau (parties blanche et vert pâle seulement) et la carotte en rondelles. Réservez.

2 Déposez les carcasses ou les cuisses de poulet dans une grande casserole. Si vous utilisez des carcasses, concassez au préalable les os. S'il s'agit de cuisses, défaites d'abord les articulations.

3 Incorporez les morceaux d'oignon, de poireau et de carotte. Versez l'eau sur le tout. Assurez-vous que les ingrédients soient complètement immergés (rajoutez de l'eau au besoin). Ajoutez le thym, le persil, la sarriette, le sel et le poivre.

4 Portez à ébullition. Réduisez le feu et laissez mijoter doucement pendant 2 heures, sans couvrir, en écumant de temps à autre.

5 Filtrez le bouillon à l'aide d'une passoire fine (chinois) afin de ne conserver que le liquide. Faites refroidir le bouillon au réfrigérateur pendant quelques heures puis dégraissez-le.

Préparation : 10 min
Cuisson : 2 h
Repos : 2 h ou plus
Quantité : 1¼ l (5 tasses)

SANS :
œufs
lait
soya
arachides
noix
graines de sésame
blé
poisson
mollusques
crustacés
moutarde

Bouillon de porc

Voici une solution de rechange tout à fait convenable si vous devez proscrire bœuf et poulet.

1 oignon
1 poireau
1 kg (2¼ lb) d'os à moelle de porc
2½ l (10 tasses) d'eau
2 ml (½ c. à thé) de thym séché
1 ml (¼ c. à thé) de marjolaine moulue
1 feuille de laurier
sel et poivre

1   Épluchez et hachez l'oignon. Coupez le poireau (parties blanche et vert pâle seulement) en rondelles. Réservez.

2   Mettez, dans une grande casserole, les os et les morceaux de légumes. Versez l'eau (en en rajoutant, au besoin, de façon à ce qu'elle recouvre complètement les autres ingrédients). Ajoutez le thym, la marjolaine, la feuille de laurier, le sel et le poivre.

3   Portez à ébullition. Réduisez le feu et laissez mijoter doucement pendant 2 heures, sans couvrir, en écumant de temps à autre.

4   Filtrez le bouillon à l'aide d'une passoire fine (chinois) afin de ne conserver que le liquide. Faites refroidir le bouillon au réfrigérateur pendant quelques heures puis dégraissez-le.

Préparation : 15 min
Cuisson : 2 h 5
Repos : 2 h ou plus
Quantité : 1½ l (6 tasses)

SANS :
œufs
lait
soya
arachides
noix
graines de sésame
blé
poisson
mollusques
crustacés
moutarde

Bouillon d'agneau

Un autre bouillon sans bœuf ni poulet.

1 kg (2¼ lb) d'os et de parures d'agneau
1 oignon
1 carotte
1 gousse d'ail
2½ l (10 tasses) d'eau
5 ml (1 c. à thé) de romarin séché
sel et poivre

1   Préchauffez le four à 200 °C (400 °F).

2   Faites colorer les os et les parures en les déposant sur une plaque à revêtement antiadhésif (sans aucun corps gras) puis en mettant le tout au four pendant une trentaine de minutes.

3   Épluchez et hachez l'oignon. Coupez la carotte en rondelles. Réservez.

4   Retirez la plaque du four pour y déposer les morceaux d'oignon et de carotte. Remettez la plaque au four pour une période additionnelle de 5 minutes.

5   Transférez les morceaux de légumes, les os et les parures (avec le moins de graisse possible) dans une grande casserole. Incorporez la gousse d'ail après l'avoir épluchée et écrasée. Versez l'eau. Ajoutez le romarin, le sel et le poivre. Assurez-vous que les ingrédients soient complètement immergés (rajoutez de l'eau au besoin).

6   Portez à ébullition. Réduisez le feu et laissez mijoter doucement, sans couvrir, pendant 1 heure 30.

7   Filtrez le bouillon à l'aide d'une passoire fine (chinois) afin de ne conserver que le liquide. Faites refroidir le bouillon au réfrigérateur pendant quelques heures puis dégraissez-le.

Préparation : 15 min
Cuisson : 45 min
Quantité : 750 ml (3 tasses)

SANS :
œufs
lait
soya
arachides
noix
graines de sésame
blé
poisson
mollusques
crustacés
moutarde

Bouillon de légumes

Si vous le souhaitez, vous pouvez ajouter à cette préparation les légumes suivants : navet, céleri, panais, tomate, etc.

2 oignons
2 poireaux
2 carottes
30 ml (2 c. à soupe) de persil frais haché
1½ l (6 tasses) d'eau
sel et poivre

1 Épluchez et hachez les oignons. Coupez en rondelles les poireaux (parties blanche et vert pâle seulement) et les carottes. Mettez les morceaux de légumes dans une grande casserole et ajoutez le persil. Versez l'eau. Salez et poivrez.

2 Portez à ébullition. Laissez mijoter à feu doux, sans couvrir, pendant 45 minutes.

3 Filtrez le bouillon à l'aide d'une passoire fine (chinois) sans écraser les légumes.

Préparation : 20 min
Cuisson : 2 h 35
Repos : 2 h ou plus
Quantité : 1¼ l (5 tasses)

SANS :
œufs
lait
soya
arachides
noix
graines de sésame
blé
poisson
mollusques
crustacés
moutarde

Fond de veau

Ce fond peut servir de base à une multitude de délicieuses préparations. Voyez, à titre d'exemple, la recette de bouillon à fondue chinoise (p. 134).

1 kg (2¼ lb) d'os et de parures de veau
1 poireau
2 carottes
2 oignons
2 tomates
45 ml (3 c. à soupe) de pâte de tomates (sans assaisonnements)
2½ l (10 tasses) d'eau
5 ml (1 c. à thé) de thym séché
5 ml (1 c. à thé) d'origan séché
2 feuilles de laurier
sel et poivre

1 Préchauffez le four à 200 °C (400 °F).

2 Faites colorer les os et les parures en les déposant sur une plaque à revêtement antiadhésif (sans aucun corps gras) puis en mettant le tout au four pendant environ 30 minutes.

3 Tranchez le poireau (parties blanche et vert pâle seulement) et les carottes en rondelles. Épluchez puis coupez les oignons en dés. Réservez.

4 Retirez la plaque du four pour y déposer les rondelles de poireau et de carottes ainsi que les morceaux d'oignons. Remettez la plaque au four pour une période additionnelle de 5 minutes.

5 Transférez les morceaux de légumes, les parures et les os (avec le moins de graisse possible) dans une grande casserole. Incorporez les tomates (préalablement coupées en dés) et la pâte de tomates. Versez l'eau. Ajoutez le thym, l'origan, les feuilles de laurier, le sel et le poivre. Assurez-vous que les ingrédients soient complètement immergés (rajoutez de l'eau au besoin).

6 Portez à ébullition. Réduisez le feu et laissez mijoter doucement pendant 2 heures, sans couvrir, en écumant de temps à autre.

7 Filtrez le fond à l'aide d'une passoire fine (chinois) afin de ne conserver que le liquide. Faites refroidir le fond au réfrigérateur pendant quelques heures puis dégraissez-le.

SAUCE BÉCHAMEL AU SOYA

Sauce béchamel au soya

Préparation : 10 min
Cuisson : 20 min
Quantité : 1 l (4 tasses)

SANS :
œufs
lait
arachides
noix
graines de sésame
poisson
mollusques
crustacés
moutarde

Nous utilisons notamment cette sauce dans les lasagnes sans fromage (p. 168) et les farfalles au jambon (p. 170).

125 ml (½ tasse) d'huile de canola
125 ml (½ tasse) de farine de blé
500 ml (2 tasses) de boisson de soya non sucrée
500 ml (2 tasses) d'eau

1 Dans une casserole, faites chauffer l'huile de canola à feu vif (1 minute devrait suffire). Retirez du feu et incorporez la farine. Mélangez bien avec un fouet.

2 Versez le mélange de boisson de soya et d'eau en une seule fois puis faites cuire à feu moyen en remuant presque continuellement jusqu'à l'obtention de la consistance souhaitée (environ 15 minutes).

Variante sans soya : nous remplaçons parfois la boisson de soya par un volume équivalent de boisson de riz.

Sauce tomate

Préparation : 10 min
Cuisson : 25 min
Quantité : 2 l (8 tasses)

SANS :
œufs
lait
soya
arachides
noix
graines de sésame
blé
poisson
mollusques
crustacés
moutarde

Une petite sauce assez simple qui peut servir de base pour une préparation plus élaborée.

1 gousse d'ail
1 oignon
30 ml (2 c. à soupe) d'huile d'olive
1 625 ml (6½ tasses) de tomates en conserve coupées en dés (sans assaisonnements)
60 ml (4 c. à soupe) de pâte de tomates (sans assaisonnements)
500 ml (2 tasses) de bouillon de légumes (p. 67)
5 ml (1 c. à thé) d'origan séché
2 ml (½ c. à thé) de basilic séché
1 feuille de laurier
sel et poivre

1 Épluchez et hachez la gousse d'ail et l'oignon.

2 Faites chauffer l'huile d'olive dans une casserole à feu moyen-vif. Faites-y revenir les morceaux d'ail et d'oignon jusqu'à ce qu'ils soient translucides (environ 3 minutes).

3 Incorporez les tomates coupées en dés, la pâte de tomates, le bouillon de légumes, l'origan, le basilic, la feuille de laurier, le sel et le poivre. Mélangez. Portez à ébullition. Réduisez le feu puis laissez mijoter, sans couvrir, pendant 20 minutes.

4 Retirez la feuille de laurier. Passez la sauce au mélangeur de table (ou au robot culinaire) jusqu'à ce qu'elle soit homogène.

Préparation : 5 min
Cuisson : 25 min
Quantité : 15 cubes

SANS :
œufs
lait
soya
arachides
noix
graines de sésame
blé
poisson
mollusques
crustacés
moutarde

Filtrat de graines de lin

Allergique aux œufs ? Voici un substitut naturel bien pratique que vous retrouverez dans quelques-unes des recettes du présent livre. On y a recours lorsque la fonction de l'œuf, dans la recette originale, est de lier ou d'humidifier les ingrédients (c'est le cas pour les gâteaux, par exemple). Un cube de cette préparation équivaut, grosso modo, à un œuf.

750 ml (3 tasses) d'eau
80 ml (⅓ tasse) de graines de lin

1 Mettez l'eau et les graines de lin dans une casserole. Portez à ébullition. Réduisez le feu puis laissez mijoter, sans couvrir, pendant 20 à 25 minutes (jusqu'à consistance d'un blanc d'œuf cru).

2 Filtrez le liquide obtenu à l'aide d'une passoire fine (chinois) puis versez-le (si possible à l'aide d'un entonnoir pour éviter les dégâts) dans un bac à glaçons. Congelez.

HORS-D'ŒUVRE ET ENTRÉES

Arnaud, quatre ans, déclare à sa tante qui vient de recevoir une contravention :

« Moi, la police ne peut pas me donner une amende.

— Ah non ? Et pourquoi ?

— Parce que je suis AL-LER-GI-QUE ! »

Bouchées aux dattes et au bacon

Préparation : 10 min
Cuisson : 10 min
Quantité : 24 bouchées

SANS :
œufs
lait
soya
arachides
noix
graines de sésame
blé
poisson
mollusques
crustacés
moutarde

Ces petites bouchées salées sucrées sont vraiment faciles à préparer, sans compter qu'elles sont prêtes en un instant. Assurez-vous, toutefois, de bien lire la liste (souvent longue) des ingrédients utilisés pour le bacon. C'est fou tout ce que certains fabricants peuvent ajouter au porc salé !

12 tranches de bacon
24 dattes dénoyautées

1 Coupez les tranches de bacon en deux.

2 Enroulez chaque datte dans une demi-tranche de bacon. Maintenez en place à l'aide d'un cure-dent.

3 Faites cuire les bouchées dans une poêle à feu moyen-doux durant 3 à 4 minutes sur chaque face.

4 Déposez les bouchées sur du papier absorbant afin de les faire égoutter. Servez.

Bouchées de Jean D.

Préparation : 10 min
Cuisson : aucune
Quantité : 20 bouchées

SANS :
œufs
lait
arachides
noix
graines de sésame
mollusques
crustacés
moutarde

C'est un ami qui nous a fait découvrir ces bouchées toutes simples mais qui font invariablement sensation les jours de fête. Pour un effet visuel particulièrement réussi, garnissez la moitié des canapés de caviar noir et l'autre moitié de caviar rouge. Vous pouvez remplacer les toasts mentionnés dans la recette par des blinis (p. 194) ou par vos biscottes préférées.

Si vous êtes allergique au poisson, il est bien possible que vous ne tolériez pas le caviar. Qu'à cela ne tienne ! Notre variante à base d'huîtres fumées est tout aussi délectable !

2 ciboules
20 toasts de Christophe (p. 185) **taillés en carrés**
125 ml (½ tasse) de crème aigre au tofu (p. 260)
caviar

1 Hachez la ciboule.

2 Déposez un peu de crème aigre au tofu sur chaque toast. Garnissez de caviar. Parsemez chaque canapé de petits morceaux de ciboules.

Variante sans poisson : plutôt que de garnir les toasts de caviar, couronnez chaque canapé d'une huître fumée.

BOUCHÉES DE JEAN D.

PANIERS DE PROSCIUTTO ET POIRES

Préparation : 20 min
Cuisson : 15 min
Quantité : 24 paniers

SANS :
œufs
lait
soya
arachides
noix
graines de sésame
blé
poisson
mollusques
crustacés
moutarde

Paniers de prosciutto et poires

Jolis, jolis ces petits paniers ! Et délicieux en plus !

24 tranches minces de prosciutto
1 poire mûrie à point
10 ml (2 c. à thé) de jus de citron

1 Préchauffez le four à 180 °C (350 °F).

2 Coupez chaque tranche de prosciutto en segments d'une longueur approximative de 7,5 cm (3 po). Tapissez ensuite chacune des cavités d'un moule à petits muffins en superposant deux segments de prosciutto de façon à former un petit panier.

3 Mettez au four pendant 15 minutes. Surveillez la cuisson afin d'éviter de faire brûler le prosciutto.

4 Retirez délicatement les paniers de prosciutto du moule et déposez-les sur du papier absorbant.

5 Pelez et coupez la poire en très petits morceaux. Arrosez de jus de citron et mélangez.

6 Remplissez les paniers de prosciutto refroidis avec la préparation de poire. Servez.

Lait : plusieurs charcuteries contiennent des substances laitières. Ce n'est pas le cas du prosciutto mais il peut y avoir contamination si la trancheuse utilisée a également servi pour d'autres charcuteries (voir à la page 29 notre conseil pour réduire les risques de contamination dans le cas du prosciutto).

Préparation : 15 min
Cuisson : 25 min
Repos : 1 h
Quantité : 1¼ l (5 tasses)

SANS :
œufs
lait
soya
arachides
noix
graines de sésame
blé
poisson
mollusques
crustacés
moutarde

Douce salsa

Pour servir avec des croustilles (de pommes de terre ou de maïs), des galettes de riz, des toasts (p. 185), etc.

1 petit oignon
1 gousse d'ail
1 poivron vert
1 petit piment jalapeño
1 ciboule
15 ml (1 c. à soupe) d'huile d'olive
810 ml (3¼ tasses) de tomates en conserve coupées en dés (sans assaisonnements)
160 ml (⅔ tasse) de pâte de tomates (sans assaisonnements)
30 ml (2 c. à soupe) de vinaigre de vin à l'estragon
5 ml (1 c. à thé) de coriandre fraîche hachée
5 ml (1 c. à thé) d'estragon séché
sel et poivre

1 Épluchez et hachez l'oignon et la gousse d'ail. Coupez le poivron vert et le piment jalapeño en dés. Tranchez la ciboule.

2 Faites chauffer l'huile d'olive dans une casserole à feu moyen-vif. Faites-y revenir les morceaux d'ail et d'oignon jusqu'à ce qu'ils soient translucides (environ 3 minutes).

3 Incorporez les autres ingrédients dans la casserole. Mélangez. Portez à ébullition. Réduisez le feu et laissez mijoter pendant environ 20 minutes, sans couvrir.

4 Laissez refroidir la préparation pendant au moins 1 heure puis rectifiez l'assaisonnement.

Truc : couper des oignons ou des piments jalapeño peut faire pleurer en plus de causer des démangeaisons désagréables aux mains. Pour éviter ces inconvénients, un truc efficace : enduisez vos mains d'huile végétale avant de manier le couteau.

Variante piquante : vous préférez votre salsa plus piquante que douce ? Rajoutez 1 ou 2 piments jalapeño !

Préparation : 15 min
Cuisson : 5 min
Quantité : 875 ml (3½ tasses)

SANS :
œufs
lait
arachides
noix
graines de sésame
blé
poisson
mollusques
crustacés
moutarde

Houmous aux haricots de soya

Dans notre autre vie (celle d'avant les allergies), nous étions friands d'houmous, cette purée de pois chiches qu'on sert habituellement avec des crudités. Et puis, pour les raisons que vous connaissez, il nous a fallu bannir de notre cuisine deux ingrédients clés de ce plat libanais, à savoir les pois chiches et la pâte de sésame. Exit l'houmous !

Nous nous sommes lancé le défi de réinventer cette trempette pour la faire découvrir à notre fils. Le remplacement des pois chiches, toutefois, posait problème. Jusqu'à ce que nous ayons une illumination : pourquoi ne pas utiliser des haricots de soya ? Il s'agit, après tout, de légumineuses, tout comme les pois chiches. Aussitôt pensé, aussitôt fait. Le résultat a dépassé nos attentes ; cet houmous nouveau genre est franchement délicieux. Et sa couleur, d'un vert pétant, est pas mal plus attrayante que le beige brun de la recette originale !

Nous achetons nos haricots de soya (déjà écossés, merci beaucoup) au supermarché, dans la section des produits congelés.

450 g (1 lb) de haricots de soya frais ou décongelés
2 ciboules
60 ml (4 c. à soupe) de coriandre fraîche hachée
125 ml (½ tasse) de beurre de soya (p. 250)
125 ml (½ tasse) d'eau
90 ml (6 c. à soupe) de jus de citron
5 ml (1 c. à thé) de zeste de citron
5 ml (1 c. à thé) de sel
90 ml (6 c. à soupe) d'huile d'olive
persil frais

1 **Haricots de soya frais** : après avoir écossé les haricots de soya, mettez ceux-ci dans une casserole d'eau bouillante légèrement salée. Faites cuire pendant 5 minutes. Égouttez puis rincez à l'eau froide. **Haricots de soya précuits congelés** : suivez les instructions du fabricant pour la décongélation.

2 Mettez les haricots de soya dans le bol d'un robot culinaire.

3 Hachez les ciboules et la coriandre. Ajoutez ces ingrédients de même que le beurre de soya, l'eau, le jus de citron, le zeste de citron et le sel dans le bol du robot culinaire.

4 Mélangez. Pendant que le moteur du robot tourne, versez lentement l'huile d'olive dans l'entonnoir de l'appareil. Mixez jusqu'à l'obtention d'une purée assez homogène. Rectifiez l'assaisonnement.

5 Servez l'houmous dans un bol. Garnissez de persil frais (haché ou non).

HOUMOUS AUX HARICOTS DE SOYA

TZATZIKI AU TOFU

Préparation : 10 min
Cuisson : aucune
Repos : 1 h
Quantité : 625 ml (2½ tasses)

SANS :
œufs
lait
arachides
noix
graines de sésame
blé
poisson
mollusques
crustacés
moutarde

Tzatziki au tofu

Tout indiqué pour la saison estivale, le tzatziki au tofu peut être servi en trempette avec des crudités ou versé sur des asperges refroidies en guise d'entrée. D'autres suggestions ? Utilisez-le pour assaisonner vos salades ou pour garnir vos souvlakis pitas. Si votre régime vous le permet, vous pouvez même napper de tzatziki un pavé de saumon froid reposant sur un lit de laitue. Franchement délectable !

2 gousses d'ail
1 concombre
375 ml (1½ tasse) de tofu ferme à texture fine
45 ml (3 c. à soupe) de jus de citron
30 ml (2 c. à soupe) de ciboulette fraîche hachée
15 ml (1 c. à soupe) de menthe fraîche hachée
sel et poivre

1 Épluchez et hachez les gousses d'ail. Tranchez le concombre en deux dans le sens de la longueur, épépinez puis coupez grossièrement. Il n'est pas nécessaire de peler le concombre (à moins qu'il ne soit enduit de cire).

2 Mélangez au robot culinaire tous les ingrédients jusqu'à ce que la sauce prenne une consistance crémeuse. Vous en aurez pour 15 à 30 secondes tout au plus. Idéalement, le mélange devrait être parsemé de petits morceaux de concombre bien croquants.

3 Rectifiez l'assaisonnement. Réfrigérez au moins 1 heure avant de servir.

Truc : pour un tzatziki prêt à servir, placez le tofu au réfrigérateur quelques heures avant la préparation.

Pour en savoir plus : voir à la page 30 pour obtenir plus de renseignements sur le tofu à texture fine que nous employons dans nos recettes.

Préparation : 20 min
Cuisson : 10 min
Quantité : 4 portions

SANS :
œufs
lait
soya
arachides
noix
graines de sésame
blé
poisson
mollusques
crustacés
moutarde

Mesclun aux foies de volaille tièdes

Le mesclun est un mélange de jeunes feuilles : chicorée, mâche, roquette, laitue, etc. Vous pouvez le préparer vous-même ou l'acheter, prêt à servir, au supermarché.

400 g (14 oz) de foies de poulet
15 ml (1 c. à soupe) d'huile d'olive
10 ml (2 c. à thé) de vinaigre balsamique
mesclun
30 ml (2 c. à soupe) d'huile de canola
15 ml (1 c. à soupe) de jus de citron
4 tomates cerises
sel et poivre

1 Parez les foies de poulet en retirant la partie jaunâtre qui relie les lobes.

2 Dans une poêle, faites chauffer l'huile d'olive à feu vif. Ajoutez les foies et faites cuire pendant 3 minutes en remuant de temps à autre.

3 Réduisez à feu moyen-vif puis versez le vinaigre balsamique. Poursuivez la cuisson pendant 3 à 4 minutes. Salez et poivrez. Réservez.

4 Garnissez de mesclun chacune des assiettes. Disposez les foies sur le dessus.

5 Dans un petit bol, mélangez l'huile de canola et le jus de citron. Versez cette vinaigrette sur le contenu de chacune des assiettes. Décorez le tout d'une tomate cerise. Servez immédiatement.

Préparation : 20 min
Cuisson : moins de 5 min
Quantité : 4 portions

SANS :
œufs
lait
soya
arachides
noix
graines de sésame
poisson
mollusques
crustacés
moutarde

Bruschetta

L'Italie sur un croûton de pain… Vous pouvez également servir la bruschetta sur les toasts de Christophe (p. 185) ou sur des blinis (p. 194).

4 tomates italiennes
4 tomates séchées
2 gousses d'ail
15 ml (1 c. à soupe) d'huile d'olive
10 ml (2 c. à thé) de jus de citron
15 ml (1 c. à soupe) de basilic frais haché
10 ml (2 c. à thé) de ciboulette fraîche hachée
1 ml (¼ c. à thé) de thym frais haché
3 tranches de pain de blé (p. 182)
sel et poivre
quelques feuilles de basilic pourpre frais (facultatif)

1   Épépinez les tomates (voir le truc n° 1 ci-contre) puis taillez-les en petits dés. Coupez les tomates séchées en petits morceaux après les avoir réhydratées, si nécessaire (voir le truc n° 2). Épluchez les gousses d'ail. Hachez finement l'une des gousses et réservez l'autre.

2   Mélangez dans un bol tous les ingrédients, à l'exception de la gousse d'ail entière et des feuilles de basilic pourpre. Rectifiez l'assaisonnement.

3   Faites légèrement griller (au four ou au grille-pain) les tranches de pain. Frottez chaque tranche avec la gousse d'ail entière (vous verrez, celle-ci se mettra littéralement à fondre). Coupez chacune des tranches de façon à obtenir 4 triangles.

4   Faites égoutter un peu la préparation de tomates (pour éviter d'y noyer le pain) puis garnissez-en chaque triangle.

5   Disposez artistiquement des petits morceaux de basilic pourpre sur le tout et servez immédiatement.

Truc n° 1 : pour épépiner les tomates italiennes, coupez-les en deux dans le sens de la longueur, placez une moitié de tomate dans la paume de votre main (partie bombée de la tomate contre la paume) puis pressez afin que le jus et les graines s'écoulent (en ayant pris soin de vous placer au-dessus d'un bol !). Répétez l'opération pour chaque demi-tomate.

Truc n° 2 : pour réhydrater des tomates séchées non conservées dans l'huile, il suffit de les immerger dans un bol rempli d'eau bouillante. Couvrez le bol et laissez reposer environ 20 minutes. Épongez ensuite les tomates.

BRUSCHETTA

Préparation : 35 min
Cuisson : 35 min
Repos : 2 h ou plus
Quantité : 8 portions

SANS :
œufs
lait
soya
arachides
noix
graines de sésame
blé
poisson
mollusques
crustacés
moutarde

Caponata

Servie froide en guise de hors-d'œuvre, cette caponata est toujours accueillie avec enthousiasme par nos invités, en plus d'être impossible à rater (juré !). Prévoyez simplement suffisamment de temps pour la laisser refroidir complètement au réfrigérateur avant de la déguster.

3 tomates fermes
8 cœurs d'artichaut en conserve
4 carottes
1 poivron vert
1 poivron rouge
16 champignons
60 ml (4 c. à soupe) d'huile d'olive
2 gousses d'ail
5 ml (1 c. à thé) d'origan séché
5 ml (1 c. à thé) d'estragon séché
2 ml (½ c. à thé) de basilic séché
250 ml (1 tasse) de bouillon de poulet (p. 65)
sel et poivre

1   Préchauffez le four à 180 °C (350 °F).

2   Coupez les tomates en quartiers et les cœurs d'artichaut en deux. Taillez ensuite les carottes en rondelles très épaisses puis découpez les poivrons en larges carrés. Laissez les champignons entiers.

3   Mettez, dans un grand bol, les morceaux de tomates, de carottes et de poivrons de même que les champignons. Ajoutez 30 ml (2 c. à soupe) d'huile d'olive. Mélangez délicatement de façon à bien enrober d'huile les légumes.

4   Faites chauffer l'huile restante dans une casserole. Ajoutez les gousses d'ail (après les avoir épluchées et hachées). Faites saisir à feu moyen pendant environ 2 minutes. Versez ensuite le bouillon de poulet et poursuivez la cuisson environ 3 minutes. Réservez.

5   Disposez les légumes (y compris les cœurs d'artichaut) en rangées successives dans un grand plat à rôtir. Versez sur les légumes le liquide encore chaud. Salez, poivrez puis saupoudrez d'origan, d'estragon et de basilic. Utilisez une feuille de papier d'aluminium pour couvrir le plat puis mettez-le au four pendant 30 minutes.

6   Retirez du four. Après avoir soulevé un coin de la feuille de papier d'aluminium pour permettre à la vapeur de s'échapper, placez le plat au réfrigérateur. Laissez refroidir pendant au moins 2 heures.

7   Au moment de servir, disposez les légumes dans un plat de service en alternant les couleurs et les textures pour créer un effet intéressant. Rectifiez l'assaisonnement.

Variante sans poulet : remplacez le bouillon de poulet par un bouillon de légumes (p. 67).

Préparation : 10 min
Cuisson : 10 min
Repos : 10 min
Quantité : 6 portions

SANS :
œufs
lait
soya
arachides
noix
graines de sésame
blé
poisson
mollusques
crustacés
moutarde

Poireaux vinaigrette de grand-maman Pierrette

L'une des spécialités de grand-maman !

3 poireaux
30 ml (2 c. à soupe) d'huile d'olive
15 ml (1 c. à soupe) de vinaigre de vin
15 ml (1 c. à soupe) de jus de citron
quelques feuilles de laitue
6 tomates cerises
sel et poivre

1 Émincez les poireaux (partie blanche seulement) dans le sens de la longueur.

2 Faites cuire les lanières de poireaux dans une casserole d'eau bouillante légèrement salée pendant 8 minutes. Retirez les lanières de l'eau, égouttez-les puis épongez-les légèrement avec un linge propre. Réfrigérez jusqu'à ce que les poireaux soient à la température de la pièce (environ 10 minutes).

3 Mettez dans un petit bol l'huile d'olive, le vinaigre de vin, le jus de citron, le sel et le poivre et mélangez.

4 Disposez une grande feuille de laitue dans chacune des assiettes. Déposez-y quelques lanières de poireaux et une tomate cerise coupée en deux. Versez la vinaigrette sur le tout et servez immédiatement.

Préparation : 15 min
Cuisson : aucune
Quantité : 6 portions

SANS :
œufs
lait
arachides
noix
graines de sésame
blé
poisson
mollusques
crustacés
moutarde

Bouquet de cresson et de clémentines

Si vous en avez sous la main, utilisez, pour cette recette, de l'huile de canola biologique, première pression à froid. Celle-ci est plus dense que l'huile de canola ordinaire et sa couleur est plus prononcée. Son goût floral fait vraiment une différence !

2 bottes de cresson
4 clémentines
30 ml (2 c. à soupe) de haricots de soya rôtis
45 ml (3 c. à soupe) d'huile de canola
45 ml (3 c. à soupe) de jus de citron
15 ml (1 c. à soupe) de vinaigre de vin
15 ml (1 c. à soupe) de jus d'orange
sel et poivre

1 Mettez le cresson dans un récipient rempli d'eau fraîche. Secouez-le doucement pour éliminer toute trace de terre. Essorez le cresson quelques secondes puis répartissez-le dans les assiettes.

2 Pelez les clémentines puis défaites-les en quartiers. Coupez chaque quartier en deux ou trois morceaux. Répartissez les morceaux de clémentines dans les assiettes en les disposant sur le cresson. Parsemez ensuite de haricots de soya rôtis.

3 Dans un petit bol, mélangez l'huile de canola, le jus de citron, le vinaigre de vin, le jus d'orange, le sel et le poivre. Versez cette vinaigrette sur le contenu de chacune des assiettes et servez.

Variante aux oranges : remplacez les 4 clémentines par 2 oranges.

Pour en savoir plus : voir à la page 30 pour obtenir plus de renseignements sur les haricots de soya rôtis que nous employons dans nos recettes.

AVOCATS PAMPLEMOUSSES

Avocats pamplemousses

Préparation : 30 min
Cuisson : aucune
Quantité : 6 portions

SANS :
œufs
lait
soya
arachides
noix
graines de sésame
blé
poisson
mollusques
crustacés
moutarde

Le basilic et les framboises ne sont pas absolument essentiels. Mais c'est tellement plus joli avec !

2 pamplemousses roses
3 avocats bien mûrs
15 ml (1 c. à soupe) de jus de citron
quelques feuilles de laitue
30 ml (2 c. à soupe) d'huile d'olive
30 ml (2 c. à soupe) de vinaigre de vin à la framboise
quelques feuilles de basilic frais
quelques framboises fraîches ou décongelées
sel et poivre

1 Prélevez les segments des pamplemousses. Pour ce faire, pelez les pamplemousses à vif en retirant à la fois la pelure et la membrane blanche et en exposant la chair des fruits. Glissez la lame d'un petit couteau tranchant le long des fines membranes séparant les segments puis dégagez délicatement les segments un à un.

2 Coupez les avocats en deux dans le sens de la longueur. Retirez les noyaux puis enlevez l'écorce. Tranchez chaque demi-avocat en 3 ou 4. Mettez les tranches d'avocats dans un bol et arrosez-les de jus de citron pour éviter qu'elles noircissent.

3 Tapissez chaque assiette d'une feuille de laitue. Disposez, en alternance, les tranches d'avocats et les quartiers de pamplemousses de façon à former un cercle.

4 Mélangez, dans un petit bol, l'huile d'olive, le vinaigre de vin, le sel et le poivre. Versez cette vinaigrette sur le contenu de chacune des assiettes.

5 Déposez, au centre de chaque assiette, 1 ou 2 feuilles de basilic et quelques framboises. Servez immédiatement.

Truc : plutôt que de préparer les pamplemousses de la façon décrite à l'étape 1, coupez ces derniers en deux puis détachez les quartiers avec un couteau. Il ne vous reste plus qu'à extraire les quartiers avec une cuillère. Sans doute un peu moins esthétique mais beaucoup plus rapide !

Champignons de tante Alice

Préparation : 15 min
Cuisson : aucune
Quantité : 6 portions

SANS :
œufs
lait
soya
arachides
noix
graines de sésame
blé
poisson
mollusques
crustacés
moutarde

Une petite entrée sans prétention, délicieuse et vite préparée !

2 ciboules
12 tiges de ciboulette fraîche
24 champignons blancs
60 ml (4 c. à soupe) d'huile d'olive
75 ml (5 c. à soupe) de jus de citron
jeunes feuilles d'épinards
1 tomate
quelques olives kalamata
sel et poivre

1 Hachez les ciboules et les tiges de ciboulette. Tranchez les champignons en fines lamelles. Déposez le tout dans un grand bol.

2 Mettez l'huile d'olive, le jus de citron, le sel et le poivre dans un petit bol et mélangez.

3 Versez la vinaigrette sur le mélange de champignons. Mélangez délicatement jusqu'à ce que les légumes soient complètement enrobés de vinaigrette. Rectifiez l'assaisonnement.

4 Déposez les champignons de tante Alice sur un lit de feuilles d'épinards, ajoutez un quartier de tomate et quelques olives kalamata. Servez immédiatement.

Préparation : 20 min
Cuisson : aucune
Quantité : 6 portions

SANS :
œufs
lait
soya
arachides
noix
graines de sésame
blé
poisson
mollusques
crustacés
moutarde

Guacamole

D'origine mexicaine, ce plat est habituellement préparé avec de la crème fraîche. La version que nous vous proposons, bien sûr, n'en contient pas. Le guacamole est délicieux accompagné de crudités ou de croustilles de maïs.

¼ de poivron rouge
2 ciboules
3 avocats bien mûrs
60 ml (4 c. à soupe) de jus de citron
15 ml (1 c. à soupe) d'huile d'olive
15 ml (1 c. à soupe) de coriandre fraîche hachée
sel et poivre

1 Coupez le poivron rouge en petits dés. Taillez les ciboules en rondelles très minces.

2 Coupez les avocats en deux, dans le sens de la longueur. Retirez les noyaux puis prélevez la pulpe avec une cuillère. Dans un bol, réduisez la pulpe en purée à l'aide d'une fourchette.

3 Incorporez les autres ingrédients. Mélangez soigneusement à l'aide d'une fourchette. Rectifiez l'assaisonnement.

4 Placez au réfrigérateur dans un contenant scellé hermétiquement (afin d'éviter que le guacamole ne noircisse) jusqu'au moment de servir.

Voir la photographie de la page 61.

Préparation : 15 min
Cuisson : aucune
Quantité : 12 bouchées

SANS :
œufs
lait
soya
arachides
noix
graines de sésame
blé
poisson
mollusques
crustacés
moutarde

Cœurs de palmier au guacamole

Il y a quelque chose de festif dans ces petites bouchées blanches, vertes et rouges !

¼ de poivron rouge
4 cœurs de palmier entiers en conserve
guacamole (ci-contre)

1 Coupez le poivron rouge en petits dés.

2 Couper les cœurs de palmier pour obtenir une douzaine de petits tronçons d'environ 3 cm (1 po). Retirez la partie centrale de chaque tronçon (vous pouvez récupérer ces morceaux et les utiliser dans une salade). Fourrer ensuite les tronçons avec le guacamole.

3 Disposez les tronçons à la verticale, sur une assiette de service. Garnissez avec les petits morceaux de poivron rouge. Servez.

CŒURS DE PALMIER AU GUACAMOLE

SOUPES ET POTAGES

Donovan, trois ans, allergique à plusieurs aliments, est en voiture avec sa mère. C'est l'hiver et la visibilité est réduite. Donovan, le nez collé contre la vitre, s'exclame : « C'est une trempette de neige ! »

Préparation : 20 min
Cuisson : 40 min
Quantité : 2¼ l (9 tasses)

SANS :

œufs
lait
soya
arachides
noix
graines de sésame
poisson
mollusques
crustacés
moutarde

Soupe aux légumes

Elle vous réchauffera aussi le cœur…

1 oignon
3 carottes
2 pommes de terre
1 poireau
15 ml (1 c. à soupe) d'huile d'olive
750 ml (3 tasses) de bouillon de bœuf (p. 64 ou 65)
810 ml (3¼ tasses) de tomates en conserve coupées en dés
   (sans assaisonnements)
500 ml (2 tasses) d'eau
185 ml (¾ tasse) de maïs en grains
125 ml (½ tasse) de pâtes de blé à soupe (coquilles ou autres)
15 ml (1 c. à soupe) de persil frais haché
2 ml (½ c. à thé) de thym séché
sel et poivre

1 Épluchez l'oignon, les carottes et les pommes de terre. Hachez l'oignon. Coupez les pommes de terre en dés. Coupez les carottes et le poireau (parties blanche et vert pâle seulement) en rondelles.

2 Faites chauffer l'huile d'olive dans une grande casserole à feu moyen-vif. Faites-y revenir, pendant environ 3 minutes, les morceaux d'oignon et de poireau. Incorporez les morceaux de carottes et de pommes de terre. Poursuivez la cuisson pendant 3 minutes.

3 Ajoutez le bouillon, les tomates et l'eau. Salez et poivrez. Portez à ébullition. Réduisez le feu et laissez mijoter, en couvrant à moitié, pendant 20 minutes.

4 Ajoutez le maïs, les pâtes, le persil et le thym. Poursuivez la cuisson jusqu'à ce que les pâtes soient cuites (environ 10 minutes). Rectifiez l'assaisonnement.

Œufs : les pâtes de blé fraîches, tout comme certaines pâtes de blé sèches, peuvent contenir des œufs. Comme toujours, une lecture attentive de la liste des ingrédients s'impose !

Variante sans blé : vous pouvez éliminer les pâtes ou les remplacer par du riz en incorporant celui-ci en même temps que le liquide (étape 3 de la recette).

Variante carnée : ajoutez 350 g (¾ lb) de bœuf ou d'agneau haché avant d'ajouter les carottes (étape 2 de la recette) et faites revenir pendant environ 3 minutes.

Préparation : 10 min
Cuisson : 20 min
Quantité : 1 l (4 tasses)

SANS :
œufs
lait
soya
arachides
noix
graines de sésame
blé
poisson
mollusques
crustacés
moutarde

Préparation : 5 min
Cuisson : 10 min
Quantité : 2 l (8 tasses)

SANS :
œufs
lait
soya
arachides
noix
graines de sésame
blé
poisson
mollusques
crustacés
moutarde

Crème de tomate

Ce sont les champignons qui donnent à cette crème tout son velouté.

1 oignon
12 champignons
persil frais
15 ml (1 c. à soupe) d'huile d'olive
810 ml (3¼ tasses) de tomates en conserve coupées en dés
   (sans assaisonnements)
2 ml (½ c. à thé) de basilic séché
1 ml (¼ c. à thé) d'origan séché
sel et poivre

1 Épluchez et hachez l'oignon. Émincez les champignons. Hachez le persil.

2 Faites chauffer l'huile d'olive dans une casserole à feu moyen-vif. Faites-y revenir les morceaux d'oignon jusqu'à ce qu'ils soient translucides (environ 3 minutes).

3 Ajoutez les morceaux de champignons et de tomates de même que le basilic et l'origan. Salez et poivrez. Portez à ébullition. Réduisez le feu et laissez mijoter pendant 15 minutes en couvrant à moitié.

4 Passez la préparation au mélangeur de table ou au robot culinaire jusqu'à ce qu'elle soit homogène. Rectifiez l'assaisonnement. Saupoudrez de persil haché juste avant de servir.

Variante avec soya : pour obtenir une crème de tomate onctueuse sans champignons, remplacez ceux-ci par 185 ml (¾ tasse) de tofu mou à texture fine (p. 30). Il s'agit d'incorporer le tofu au moment de passer la préparation au mélangeur ou au robot (étape 4 de la recette) puis de réchauffer la crème (sans toutefois la faire bouillir) avant de servir.

Potage de tomate express

Quinze minutes pour préparer un potage de tomate du début à la fin… À votre chrono, prêt, partez !

500 ml (2 tasses) de bouillon de bœuf (p. 64 ou 65)
1 625 ml (6 ½ tasses) de tomates en conserve coupées en dés
5 ml (1 c. à thé) de basilic séché
2 ml (½ c. à thé) d'origan séché
sel et poivre

1 Mettez tous les ingrédients dans une casserole. Portez à ébullition. Réduisez le feu et laissez mijoter pendant 5 minutes en couvrant à moitié.

2 Passez la préparation au mélangeur de table ou au robot culinaire jusqu'à ce qu'elle soit homogène. Rectifiez l'assaisonnement.

Préparation : 15 min
Cuisson : 25 min
Quantité : 1½ l (6 tasses)

SANS :
œufs
lait
soya
arachides
noix
graines de sésame
blé
poisson
mollusques
crustacés
moutarde

Crème d'asperge

Un potage fait avec un vrai bouillon, c'est tout simplement imbattable !

450 g (1 lb) d'asperges
1 pomme de terre
1 oignon
30 ml (2 c. à soupe) d'huile d'olive
1 l (4 tasses) de bouillon de bœuf (p. 64 ou 65)
sel et poivre

1 Coupez les asperges en tronçons de 2,5 cm (1 po). Épluchez et coupez la pomme de terre en gros morceaux. Épluchez et hachez l'oignon.

2 Faites chauffer l'huile d'olive dans une casserole à feu moyen. Faites-y revenir, pendant 3 minutes, les morceaux d'oignon.

3 Ajoutez le bouillon et les morceaux de pomme de terre. Portez à ébullition. Réduisez le feu et laissez mijoter pendant 10 minutes, sans couvrir. Ajoutez les asperges et laissez mijoter pendant 10 minutes de plus. Brassez de temps à autre.

4 Salez et poivrez. Passez la préparation au mélangeur de table ou au robot culinaire. Mixez jusqu'à ce que la préparation soit homogène. Rectifiez l'assaisonnement.

Préparation : 15 min
Cuisson : 20 min
Quantité : 1¼ l (5 tasses)

SANS :
œufs
lait
soya
arachides
noix
graines de sésame
blé
poisson
mollusques
crustacés
moutarde

Chaudrée de maïs

Un savoureux potage rebaptisé « chaudron de maïs » par notre fils alors qu'il n'était encore qu'un tout petit bonhomme.

50 g (1¾ oz) de lard salé
1 oignon
1 patate douce
375 ml (1½ tasse) de bouillon de porc (p. 66)
125 ml (½ tasse) d'eau
750 ml (3 tasses) de maïs en grains
1 ml (¼ c. à thé) de sarriette séchée
1 ml (¼ c. à thé) de curcuma moulu
poivre

1 Après avoir enlevé la couenne du lard salé, coupez ce dernier en petits dés. Épluchez et hachez l'oignon. Épluchez et coupez en dés la patate douce.

2 Dans une casserole, faites fondre les dés de lard à feu moyen pendant environ 3 minutes. Ajoutez les morceaux d'oignon et faites cuire pendant encore 3 minutes.

3 Incorporez le bouillon, l'eau, les morceaux de patate douce, le maïs en grains, la sarriette, le curcuma et le poivre. Le lard étant salé, il est inutile d'ajouter du sel à cette étape.

4 Portez à ébullition. Réduisez le feu et laissez mijoter pendant 10 minutes en couvrant à moitié. Brassez de temps à autre.

5 Assurez-vous que les morceaux de patate douce sont cuits en les piquant avec une fourchette (s'ils ne sont pas cuits, poursuivez la cuisson quelques minutes). Passez la préparation au mélangeur de table ou au robot culinaire pendant environ 1 minute. Rectifiez l'assaisonnement.

Variante sans lard : remplacez le lard salé par 15 ml (1 c. à soupe) d'huile d'olive.

CHAUDRÉE DE MAÏS

POTAGE AUX CAROTTES

Potage aux carottes

Quelle onctuosité !

Préparation : 15 min
Cuisson : 50 min
Quantité : 2½ l (10 tasses)

SANS :
œufs
lait
soya
arachides
noix
graines de sésame
blé
poisson
mollusques
crustacés
moutarde

900 g (2 lb) de carottes
1 patate douce moyenne
105 ml (7 c. à soupe) d'huile d'olive
1½ l (6 tasses) de bouillon de bœuf (p. 64 ou 65)

1 Épluchez les carottes et la patate douce. Coupez ensuite ces légumes en gros morceaux.

2 Faites chauffer 25 ml (5 c. à thé) d'huile d'olive dans une casserole. Ajoutez les rondelles de carottes et faites suer à feu doux pendant 5 à 6 minutes, sans couvrir.

3 Incorporez le bouillon et les morceaux de patate douce. Portez à ébullition. Réduisez le feu et laissez mijoter pendant 40 minutes, sans couvrir. Brassez de temps à autre.

4 Salez et poivrez. Passez la préparation au mélangeur de table ou au robot culinaire après y avoir incorporé l'huile d'olive restante. Mixez jusqu'à ce que la préparation soit homogène. Rectifiez l'assaisonnement.

Potage à la courge musquée

Un autre potage riche en bêtacarotène.

Préparation : 20 min
Cuisson : 35 min
Quantité : 1½ l (6 tasses)

SANS :
œufs
lait
soya
arachides
noix
graines de sésame
blé
poisson
mollusques
crustacés
moutarde

1 gousse d'ail
2 oignons
2 carottes
1 courge musquée (butternut) d'environ 1 kg (2¼ lb)
1 petite patate douce
45 ml (3 c. à soupe) d'huile d'olive
1 l (4 tasses) de bouillon de légumes (p. 67) **ou de poulet** (p. 65)
5 ml (1 c. à thé) de curcuma moulu
2 ml (½ c. à thé) d'origan séché
2 ml (½ c. à thé) de basilic séché
2 ml (½ c. à thé) de thym séché
lait de coco (facultatif)
feuilles de basilic frais (facultatif)
sel et poivre

1 Épluchez et hachez la gousse d'ail et les oignons. Coupez les carottes en rondelles. Pelez, épépinez et coupez en cubes la courge. Pelez et coupez en cubes la patate douce.

2 Faites chauffer l'huile d'olive dans une grande casserole à feu moyen-vif. Faites-y revenir les morceaux d'oignons jusqu'à ce qu'ils soient translucides (environ 3 minutes).

3 Ajoutez les morceaux d'ail, de carottes, de courge musquée et de patate douce. Incorporez le bouillon, le curcuma et les fines herbes. Salez et poivrez. Portez à ébullition. Réduisez le feu et laissez mijoter pendant 30 minutes en couvrant à moitié.

4 Passez la préparation au mélangeur de table ou au robot culinaire jusqu'à ce qu'elle soit homogène. Rectifiez l'assaisonnement. Au moment de servir, vous pouvez décorer chaque bol d'un filet de lait de coco et de feuilles de basilic frais.

Noix : les risques d'allergies croisées étant assez faibles, on ne recommande habituellement pas aux personnes allergiques aux autres noix d'éviter, à titre préventif, la noix de coco.

Variante au lait de coco : ajoutez à la préparation 125 ml (½ tasse) de lait de coco à l'étape 4 de la recette et mixez.

Préparation : 15 min
Cuisson : 20 min
Quantité : 1½ l (6 tasses)

SANS :
œufs
lait
soya
arachides
noix
graines de sésame
poisson
mollusques
crustacés
moutarde

Potage à la citrouille

Notre potage à la citrouille est un proche parent du « potage de courge » de l'arrière-grand-maman Irma. Très velouté, il ne contient pourtant ni produit laitier ni tofu. Sans contredit, l'un de nos potages préférés !

1 oignon
3 poireaux
60 ml (4 c. à soupe) d'huile d'olive
30 ml (2 c. à soupe) de farine de blé
750 ml (3 tasses) de bouillon de bœuf (p. 64 ou 65)
500 ml (2 tasses) de purée de citrouille
3 ml (¾ c. à thé) de curcuma moulu
sel et poivre

1 Épluchez et hachez l'oignon. Coupez les poireaux en rondelles (parties blanche et vert pâle seulement). Faites chauffer l'huile d'olive dans une grande casserole à feu moyen. Faites-y revenir, pendant 5 minutes, les morceaux d'oignon et de poireaux.

2 Retirez du feu, le temps d'ajouter la farine et de bien mélanger.

3 Ajoutez le bouillon, la purée de citrouille, le curcuma, le sel et le poivre. Portez à ébullition. Réduisez le feu et laissez mijoter pendant 15 minutes.

4 Passez la préparation au mélangeur de table ou au robot culinaire jusqu'à ce qu'elle soit homogène. Rectifiez l'assaisonnement.

Truc n° 1 : votre réserve de bouillon est à sec ? Remplacez celui-ci par 2 os à moelle de bœuf et 1 l (4 tasses) d'eau, laissez mijoter à feu doux pendant 1 heure environ (plutôt que 15 minutes) puis retirez les os.

Truc n° 2 : il est possible de se procurer de la purée de citrouille au supermarché, dans le rayon des boîtes de conserve. Nous préférons, pour notre part, préparer notre propre purée en saison et la congeler. Cela n'a rien de bien sorcier ! Préchauffez d'abord le four à 180 °C (350 °F). Nettoyez l'extérieur de la citrouille puis, avec un couteau bien coupant, faites-y quelques entailles. Mettez la citrouille au four après l'avoir déposée sur une plaque à pâtisserie. Faites cuire entre 45 minutes et 1 heure (selon la grosseur de la citrouille). Laissez ensuite refroidir à la température de la pièce. À l'aide d'un couteau, retirez le dessus de la citrouille (calotte), enlevez les graines puis coupez la citrouille en quartiers. Prélevez alors la chair avec une grosse cuillère de métal et passez-la au robot culinaire pour en faire une belle purée, à congeler par portion.

Variante sans blé : vous pouvez remplacer la farine de blé par de la fécule de maïs, voire simplement l'omettre (le potage sera moins épais, voilà tout !).

Variante aux tomates : l'ajout de 375 ml (1½ tasse) de tomates en dés à la préparation donne à celle-ci un goût légèrement acidulé.

Préparation : 30 min
Cuisson : 1 h
Quantité : 1¾ l (7 tasses)

SANS :
œufs
lait
soya
arachides
noix
graines de sésame
blé
poisson
mollusques
crustacés
moutarde

Borchtch

Le borchtch est traditionnellement servi avec un filet de crème aigre. Il s'agit, au moment de servir, de déposer à la surface du potage une cuillerée de crème puis de donner à celle-ci la forme d'une spirale à l'aide d'une fourchette. Si les produits laitiers ne font pas partie de votre répertoire culinaire, vous pouvez obtenir le même effet avec notre crème aigre au tofu (p. 260).

900 g (2 lb) de betteraves
1 oignon
1 poireau
45 ml (3 c. à soupe) d'huile d'olive
2 pommes
1 poivron rouge
12 champignons
500 ml (2 tasses) de bouillon de bœuf (p. 64 ou 65)
500 ml (2 tasses) d'eau
30 ml (2 c. à soupe) de jus de citron
1 feuille de laurier
2 ml (½ c. à thé) de thym séché
persil frais haché
sel et poivre

1   Pelez puis coupez les betteraves en dés (environ 1 l / 4 tasses). Épluchez et hachez l'oignon. Coupez le poireau (parties blanche et vert pâle seulement) en rondelles.

2   Faites chauffer 30 ml (2 c. à soupe) d'huile d'olive dans une grande casserole à feu moyen. Faites-y revenir, pendant environ 10 minutes, les morceaux de betteraves, d'oignon et de poireau. Remuez de temps à autre.

3   Épluchez les pommes. Coupez les pommes et le poivron en dés. Tranchez les champignons en lamelles.

4   Versez 15 ml (1 c. à soupe) d'huile d'olive dans la casserole. Incorporez les morceaux de pommes, de poivron et de champignons. Couvrez et poursuivez la cuisson pendant 5 minutes. Brassez à l'occasion.

5   Versez le bouillon, l'eau et le jus de citron. Ajoutez la feuille de laurier et le thym. Salez et poivrez. Portez à ébullition. Réduisez le feu et laissez mijoter, en couvrant à moitié, pendant 45 minutes.

6   Retirez la feuille de laurier. Filtrez la préparation à l'aide d'une passoire fine (chinois). Réservez le liquide. Réduisez les morceaux de légumes en purée à l'aide d'un mélangeur de table ou d'un robot culinaire.

7   Dans un bol, mélangez le liquide réservé ainsi que la purée de légumes. Rectifiez l'assaisonnement puis saupoudrez de persil haché.

Potage au brocoli

Préparation: 15 min
Cuisson: 10 min
Quantité: 1¾ l (7 tasses)

SANS:
œufs
lait
soya
arachides
noix
graines de sésame
blé
poisson
mollusques
crustacés
moutarde

Le secret de son onctuosité réside dans la quantité de brocoli utilisé pour le préparer.

1 kg (2¼ lb) de brocoli
1 l (4 tasses) de bouillon de bœuf (p. 64 ou 65)
5 ml (1 c. à thé) de sarriette séchée
sel et poivre

1   Coupez le brocoli en séparant les bouquets de la tige principale et en sectionnant ceux-ci en morceaux. Épluchez puis coupez la tige.

2   Dans une grande casserole, faites chauffer le bouillon. Portez à ébullition. Réduisez le feu puis ajoutez les morceaux de brocoli, la sarriette, le sel et le poivre. Laissez mijoter pendant 5 à 10 minutes (jusqu'à ce que le brocoli soit bien cuit) en couvrant à moitié.

3   Passez la préparation au mélangeur de table ou au robot culinaire jusqu'à ce qu'elle soit homogène. Rectifiez l'assaisonnement.

Potage au chou-fleur et au poivron

Préparation: 15 min
Cuisson: 10 min
Quantité: 1½ l (6 tasses)

SANS:
œufs
lait
soya
arachides
noix
graines de sésame
blé
poisson
mollusques
crustacés
moutarde

Un mets réconfortant pour lutter contre la froidure hivernale.

1 chou-fleur
¼ de poivron jaune ou rouge
750 ml (3 tasses) de bouillon de poulet (p. 65)
2 ml (½ c. à thé) d'estragon séché
sel et poivre

1   Coupez le chou-fleur en séparant les bouquets de la tige principale et en sectionnant ceux-ci en morceaux assez petits. Coupez le poivron en lanières.

2   Faites chauffer dans une casserole le bouillon, les morceaux de chou-fleur et de poivron, l'estragon, le sel et le poivre. Portez à ébullition. Réduisez le feu et laissez mijoter pendant 10 minutes en couvrant à moitié.

3   Passez la préparation au mélangeur de table ou au robot culinaire jusqu'à ce qu'elle soit homogène. Rectifiez l'assaisonnement.

POTAGE AU CHOU-FLEUR ET AU POIVRON

GASPACHO

Préparation : 15 min
Cuisson : aucune
Repos : 1 h ou plus
Quantité : 1¾ l (7 tasses)

SANS :
œufs
lait
soya
arachides
noix
graines de sésame
blé
poisson
mollusques
crustacés
moutarde

Gaspacho

Le gaspacho est un potage froid d'origine espagnole. La tradition veut que l'on y incorpore de la mie de pain. Nous préférons le nôtre sans... ce qui, bien sûr, ne vous empêche aucunement d'en ajouter si vous le désirez !

1 concombre
1 poivron vert
1 poivron rouge
810 ml (3¼ tasses) de tomates en conserve coupées en dés
  (sans assaisonnements)
90 ml (6 c. à soupe) de jus de citron
60 ml (4 c. à soupe) d'huile d'olive
30 ml (2 c. à soupe) de vinaigre de vin
15 ml (1 c. à soupe) de ciboulette fraîche hachée
sel et poivre

1 Tranchez le concombre en deux dans le sens de la longueur puis épépinez-le. Il n'est pas nécessaire de le peler (à moins qu'il ne soit enduit de cire). Coupez le concombre et les poivrons en cubes.

2 Mélangez tous les ingrédients au robot culinaire (en séparant le mélange en deux, si nécessaire) pendant environ 10 secondes. Évitez de mélanger plus longtemps sans quoi votre gaspacho sera trop liquide. Le potage sera meilleur s'il contient des petits morceaux de légumes bien croquants.

3 Rectifiez l'assaisonnement. Réfrigérez au moins 1 heure avant de servir.

Truc : le gaspacho pourra être servi immédiatement si, quelques heures avant sa préparation, vous avez pris soin de mettre les tomates au réfrigérateur.

Variante à l'avocat : pour adoucir ce potage et le rendre plus onctueux, ajoutez-y un avocat que vous mélangerez au robot culinaire avec les autres ingrédients (étape 2 de la recette).

LÉGUMES ET PLATS D'ACCOMPAGNEMENT

Béatrice, trois ans, allergique aux arachides, repousse le brocoli qui garnit son assiette : « Je ne peux pas le manger, il contient des traces d'arachides ! »

Gratin dauphinois

Préparation : 20 min
Cuisson : 1 h 30
Repos : 10 min
Quantité : 8 à 10 portions

SANS :
œufs
lait
arachides
noix
graines de sésame
blé
poisson
mollusques
crustacés
moutarde

Le « vrai » gratin à la dauphinoise contient de la crème fraîche qu'on a ici remplacée par un substitut à base de soya. Pour un meilleur résultat, nous vous suggérons de préparer ce plat avec des pommes de terre à chair jaune : Yukon Gold (en Amérique) et Monalisa ou Charlotte (en Europe).

1 gousse d'ail
margarine
6 à 8 pommes de terre à chair jaune
750 ml (3 tasses) de crème de soya liquide
2 ml (½ c. à thé) de muscade moulue
sel et poivre

1   Préchauffez le four à 180 °C (350 °F).

2   Frottez les parois d'un grand plat en terre cuite (ou d'une cocotte en fonte) avec une gousse d'ail écrasée puis jetez cette dernière. Enduisez ensuite les parois du plat d'un peu de margarine.

3   Pelez puis tranchez en fines rondelles les pommes de terre. Disposez ces rondelles dans le plat de cuisson en couches superposées se chevauchant légèrement. Salez et poivrez chaque couche de pommes de terre. Assurez-vous de laisser un espace libre dans le haut du plat pour éviter les débordements.

4   Pratiquez une ouverture circulaire au centre du plat, sur toute la hauteur des pommes de terre. Versez la crème de soya dans cette ouverture. Saupoudrez le dessus du plat de muscade.

5   Faites cuire au four, sur la grille du centre et sans couvrir, pendant 1 heure 30 ou jusqu'à ce que le milieu soit bien cuit.

6   Laissez reposer environ 10 minutes avant de découper et de servir.

   Lait : allergique aux produits laitiers ? Plusieurs margarines en contiennent, aussi est-il important de lire attentivement la liste des ingrédients de celle que vous utilisez.

Pour en savoir plus : voir à la page 30 pour obtenir plus de renseignements sur la crème de soya liquide que nous employons dans nos recettes.

Galette de pommes de terre

Préparation : 15 min
Cuisson : 20 min
Quantité : 4 portions

SANS :
œufs
lait
soya
arachides
noix
graines de sésame
blé
poisson
mollusques
crustacés
moutarde

Une autre façon de servir les pommes de terre. Vive la variété !

4 ou 5 pommes de terre
30 ml (2 c. à soupe) d'huile d'olive
5 ml (1 c. à thé) d'origan séché
5 ml (1 c. à thé) de thym séché
sel et poivre

1   Pelez puis râpez les pommes de terre. Déposez les copeaux ainsi obtenus sur un linge à vaisselle propre.

2   Enveloppez entièrement les copeaux de pommes de terre dans le linge à vaisselle (un peu comme s'il s'agissait d'un sac). Tordez ensuite le linge au dessus d'un plat ou d'un évier afin d'extraire le plus d'eau possible des pommes de terre.

3   Faites chauffer 15 ml (1 c. à soupe) d'huile d'olive dans une grande poêle. Déposez-y les copeaux de pommes de terre puis saupoudrez-les d'origan et de thym. Aplatissez les copeaux avec une spatule pour en faire une large galette. Salez et poivrez. Poursuivez la cuisson à feu moyen pendant 8 minutes. Secouez la poêle à quelques reprises de façon à ce que la galette cuise uniformément.

4   Faites glisser la galette dans une grande assiette. Versez l'huile d'olive restante dans la poêle puis remettez-y la galette après l'avoir retournée. Poursuivez la cuisson pendant encore 8 minutes en secouant la poêle à l'occasion. La galette est prête lorsqu'elle est légèrement dorée.

5   Déposez la galette dans une grande assiette. Après avoir rectifié l'assaisonnement, taillez la galette en pointes (comme vous le feriez avec une pizza).

Truc : pour retourner la galette sans la défaire, déposez une grande assiette, face vers le bas, sur la poêle. Il vous suffit ensuite de renverser la poêle et son contenu sur l'assiette.

GALETTE DE POMMES DE TERRE

Préparation : 15 min
Cuisson : 20 à 30 min
Quantité : 4 portions

SANS :
œufs
lait
soya
arachides
noix
graines de sésame
blé
poisson
mollusques
crustacés
moutarde

Pommes de terre au romarin

Nous utilisons, pour cette recette, des pommes de terre Russet. D'autres variétés conviennent sans doute aussi bien.

4 pommes de terre
30 ml (2 c. à soupe) d'huile d'olive (en plus du volume d'huile
  nécessaire pour huiler la plaque à pâtisserie)
10 ml (2 c. à thé) de romarin frais
sel et poivre

1 Préchauffez le four à 200 °C (400 °F).

2 Pelez les pommes de terre. Taillez celles-ci en tranches aussi fines que possible. Dans un bol, mettez les lamelles de pommes de terre, l'huile d'olive, le romarin, le sel et le poivre. Mélangez le tout jusqu'à ce que les pommes de terre soient complètement enrobées d'huile.

3 Enduisez généreusement d'huile d'olive une plaque à pâtisserie. Déposez-y les tranches de pommes de terre en les faisant à peine se chevaucher.

4 Faites cuire au four, sur la grille du centre, pendant 20 à 30 minutes.

Préparation : 5 min
Cuisson : 15 min
Quantité : 6 portions

SANS :
œufs
lait
soya
arachides
noix
graines de sésame
blé
poisson
mollusques
crustacés
moutarde

Purée de patates douces et de pommes

Les pommes donnent à cette purée un petit arrière-goût aigre-doux tout à fait agréable.

2 grosses patates douces
3 pommes
sel

1 Épluchez les patates douces de même que les pommes. Coupez les patates en gros morceaux et les pommes en quartiers après en avoir retiré le cœur.

2 Mettez les morceaux de patates dans une casserole remplie d'eau bouillante légèrement salée. Faites bouillir pendant 7 minutes. Incorporez les quartiers de pommes et poursuivez la cuisson pendant encore 5 minutes ou jusqu'à ce que les patates et les pommes soient tendres (ce que vous pouvez vérifier en les piquant à l'aide d'une fourchette).

3 Retirez l'eau de cuisson puis passez la préparation au mélangeur à main ou au robot culinaire jusqu'à l'obtention d'une belle purée lisse.

Préparation : 20 min
Cuisson : 30 min
Quantité : 4 portions

SANS :
œufs
lait
soya
arachides
noix
graines de sésame
blé
poisson
mollusques
crustacés
moutarde

Préparation : 15 min
Cuisson : 10 min
Quantité : 4 portions

SANS :
œufs
lait
soya
arachides
noix
graines de sésame
blé
poisson
mollusques
crustacés
moutarde

Purée de courge et de poireau

Idéale pour accompagner un rôti de porc ou un rosbif.

1 gros poireau
1 courge musquée (butternut)
30 ml (2 c. à soupe) d'huile d'olive
250 ml (1 tasse) de bouillon de bœuf (p. 64 ou 65)
   ou de poulet (p. 65)
sel et poivre

1   Tranchez le poireau en deux dans le sens de la longueur pour ensuite le couper en demi-rondelles (partie blanche et vert pâle seulement). Pelez, épépinez et coupez la courge en cubes.

2   Faites chauffez l'huile d'olive dans une casserole à feu moyen-vif. Faites-y revenir les morceaux de poireau pendant environ 5 minutes. Ajoutez les morceaux de courge et poursuivez la cuisson à feu doux pendant 5 minutes.

3   Incorporez le bouillon. Salez et poivrez. Poursuivez la cuisson en couvrant. Laissez mijoter pendant 20 minutes.

4   À l'aide d'un robot culinaire, réduisez la préparation en une belle purée lisse.

Poêlée d'artichauts

Particulièrement délectable avec des olives kalamata.

8 cœurs d'artichaut en conserve
⅓ de poivron rouge
¼ d'oignon rouge
125 ml (½ tasse) d'olives noires
15 ml (1 c. à soupe) d'huile d'olive
2 ml (½ c. à thé) de vinaigre balsamique
1 ml (¼ c. à thé) de basilic séché
sel et poivre

1   Tranchez les cœurs d'artichaut en quartiers. Coupez en dés fins le poivron rouge. Épluchez et hachez l'oignon. Coupez les olives en rondelles après les avoir dénoyautées.

2   Dans une poêle, faites chauffer l'huile d'olive à feu moyen. Ajoutez les quartiers de cœurs d'artichaut ainsi que les morceaux de poivron et d'oignon rouge. Faites cuire pendant 5 minutes en remuant de temps à autre.

3   Incorporez les rondelles d'olives, le vinaigre balsamique, le basilic, le sel et le poivre. Poursuivez la cuisson pendant 2 à 3 minutes.

ASPERGES ET CAROTTES SAUTÉES

Asperges et carottes sautées

Préparation : 15 min
Cuisson : 15 min
Quantité : 4 portions

SANS :
œufs
lait
soya
arachides
noix
graines de sésame
blé
poisson
mollusques
crustacés
moutarde

À moins d'aimer vos asperges molles et fades, mieux vaut éviter de prolonger indûment leur cuisson. C'est un piège dans lequel vous ne risquez pas de tomber si vous respectez scrupuleusement les instructions qui suivent.

12 asperges
5 carottes
1 petit oignon rouge
15 ml (1 c. à soupe) d'huile d'olive
1 ml (¼ c. à thé) d'origan séché
5 ml (1 c. à thé) de jus de citron
sel et poivre

1. Enlevez l'extrémité dure des asperges. Épluchez les carottes. Épluchez et hachez l'oignon.

2. Faites cuire les carottes 2 minutes dans une casserole d'eau bouillante légèrement salée. Ajoutez les asperges et poursuivez la cuisson pendant 3 minutes. Retirez les légumes de l'eau et coupez-les en morceaux d'environ 5 cm (2 po). Réservez.

3. Dans une poêle, faites chauffer l'huile d'olive à feu moyen-vif. Faites-y revenir l'oignon haché jusqu'à ce qu'il soit translucide (environ 3 minutes). Réduisez à feu moyen puis ajoutez les morceaux d'asperges et de carottes de même que l'origan. Salez et poivrez. Poursuivez la cuisson pendant environ 3 minutes.

4. Versez le jus de citron sur le tout en fin de cuisson.

Duxelles

Préparation : 5 min
Cuisson : 10 min
Quantité : 4 portions

SANS :
œufs
lait
soya
arachides
noix
graines de sésame
blé
poisson
mollusques
crustacés
moutarde

À l'époque des pharaons, le champignon était considéré comme un aliment divin et il était interdit au peuple de le consommer. Dieu merci, les temps ont bien changé !

1 petit oignon
15 champignons blancs
2 champignons portobellos
15 ml (1 c. à soupe) d'huile d'olive
sel et poivre

1. Épluchez et hachez l'oignon. Émincez les champignons.

2. Faites chauffer l'huile d'olive dans une poêle à feu moyen-vif. Faites-y revenir l'oignon haché pendant environ 3 minutes. Ajoutez les champignons, le sel et le poivre. Poursuivez la cuisson jusqu'à ce que l'eau contenue dans les champignons soit presque complètement évaporée (environ 5 minutes).

Préparation : 15 min
Cuisson : 30 min
Quantité : 8 portions

SANS :
œufs
lait
soya
arachides
noix
graines de sésame
blé
poisson
mollusques
crustacés
moutarde

Ratatouille

La ratatouille est tout aussi délicieuse chaude que froide.

1 aubergine moyenne
1 oignon
2 courgettes moyennes
60 ml (4 c. à soupe) d'huile d'olive
810 ml (3¼ tasses) de tomates en conserve coupées en dés (sans assaisonnements)
45 ml (3 c. à soupe) de persil frais haché
2 ml (½ c. à thé) de thym séché
sel et poivre

1 Pelez, épépinez puis taillez l'aubergine en dés. Épluchez et hachez l'oignon. Coupez les courgettes en rondelles sans les peler.

2 Faites chauffer l'huile d'olive dans une grande casserole à feu moyen. Ajoutez les dés d'aubergine. Faites cuire pendant 5 minutes en brassant de temps à autre.

3 Incorporez l'oignon haché et les rondelles de courgettes. Poursuivez la cuisson pendant 10 minutes en couvrant à moitié. Remuez à l'occasion.

4 Ajoutez les tomates, le persil, le thym, le sel et le poivre. Mélangez bien. Couvrez à moitié. Faites cuire pendant 15 minutes à feu doux. Brassez à l'occasion.

Préparation : 15 min
Cuisson : 25 min
Quantité : 4 portions

SANS :
œufs
lait
soya
arachides
noix
graines de sésame
blé
poisson
mollusques
crustacés
moutarde

Courge spaghetti au pistou et aux tomates

La courge spaghetti se marie également très bien avec la sauce marinara (p. 164).

1 courge spaghetti moyenne
1 gousse d'ail
6 tomates italiennes
15 ml (1 c. à soupe) d'huile d'olive
2 cubes de pistou décongelés (p. 262)
sel et poivre

1 Coupez la courge spaghetti en deux dans le sens de la longueur puis enlevez les graines qui se trouvent dans la cavité centrale. Déposez les moitiés de courge, cavité vers le bas, sur une assiette allant au four à micro-ondes. Faites cuire au micro-ondes à puissance maximale jusqu'à ce que vous puissiez facilement défaire la chair en filaments à l'aide d'une fourchette (12 à 15 minutes). Retirez la chair et réservez au chaud.

2 Épluchez et hachez la gousse d'ail. Coupez les tomates en cubes.

3 Faites chauffer l'huile d'olive dans une poêle à feu moyen-vif. Faites-y revenir, pendant environ 5 minutes, les morceaux d'ail et de tomates. Ajoutez les cubes de pistou, le sel et le poivre. Mélangez. Réduisez à feu doux et poursuivez la cuisson pendant 2 minutes.

4 Versez la préparation de pistou et de tomates sur les filaments de courge après avoir réparti ceux-ci dans les assiettes.

Préparation : 10 min
Cuisson : 20 min
Repos : 5 min
Quantité : 6 portions

SANS :
œufs
lait
soya
arachides
noix
graines de sésame
blé
poisson
mollusques
crustacés
moutarde

Pilaf de basmati

Délicieusement parfumé, le riz basmati est très apprécié des connaisseurs. Le plat que nous vous proposons n'est pas bien difficile à réussir ; il s'agit seulement d'éviter les raccourcis. L'étape du rinçage, en particulier, est incontournable : elle débarrasse les grains de leur amidon, lesquels cessent dès lors d'être collants. Le résultat ? Un riz léger, presque aérien !

310 ml (1¼ tasse) de riz basmati
2 carottes
1 oignon
30 ml (2 c. à soupe) d'huile d'olive
7 ml (1½ c. à thé) de gingembre frais émincé
5 ml (1 c. à thé) de coriandre moulue
3 ml (¾ c. à thé) de curcuma moulu
3 ml (¾ c. à thé) de cardamome moulue
500 ml (2 tasses) d'eau
1 feuille de laurier
45 ml (3 c. à soupe) de coriandre ou de persil frais hachés
sel et poivre

1 Mettez le riz basmati dans un grand bol rempli d'eau froide. Rincez le riz en le brassant avec vos mains puis, lorsque l'eau devient trouble, égouttez le riz. Renouvelez l'eau, brassez de nouveau puis égouttez. Répétez l'opération encore 2 ou 3 fois (ou jusqu'à ce que l'eau demeure claire). Égouttez soigneusement le riz et réservez.

2 Épluchez et râpez les carottes. Épluchez et hachez l'oignon. Faites chauffer 15 ml (1 c. à soupe) d'huile d'olive dans une grande casserole à feu moyen-vif. Ajoutez le gingembre émincé, les carottes râpées et l'oignon haché. Faites cuire environ 3 minutes en remuant de temps à autre.

3 Ajoutez l'huile d'olive restante, le riz, la coriandre, le curcuma et la cardamome. Poursuivez la cuisson pendant 2 minutes en mélangeant bien les ingrédients.

4 Versez l'eau et ajoutez la feuille de laurier. Salez et poivrez. Portez à ébullition.

5 Couvrez puis réduisez le feu. Laissez mijoter doucement pendant 12 minutes sans remuer ni soulever le couvercle de la casserole.

6 Retirez la casserole du feu sans la découvrir. Laissez reposer 5 minutes afin de permettre au riz de bien absorber l'eau. L'apparition de petits cratères à la surface du riz indique que celui-ci est cuit.

7 Enlevez la feuille de laurier. Incorporez la coriandre fraîche (ou le persil frais). Mélangez le riz avec une fourchette.

Variante avec soya : avant que les noix de cajou ne nous soient interdites, il nous arrivait d'en ajouter quelques-unes à ce plat. Craquant ! Nous remplaçons dorénavant les noix par des haricots de soya rôtis (p. 30) et le résultat est fort intéressant. Vous avez envie d'essayer ? Il suffit d'incorporer 30 ml (2 c. à soupe) de haricots de soya rôtis en même temps que la coriandre ou le persil frais (étape 7 de la recette).

Voir la photographie de la page 12.

Préparation : moins de 5 min
Repos : 5 min
Cuisson : moins de 5 min
Quantité : 6 portions

SANS :
œufs
lait
soya
arachides
noix
graines de sésame
poisson
mollusques
crustacés
moutarde

Préparation : moins de 5 min
Cuisson : moins de 5 min
Quantité : 6 portions

SANS :
œufs
lait
arachides
noix
graines de sésame
blé
poisson
mollusques
crustacés
moutarde

Couscous

Vous ne possédez pas de couscoussier, cette marmite double spécialement conçue pour la cuisson du couscous ? Nous non plus ! Nous nous contentons du four à micro-ondes. Pas exactement orthodoxe mais très efficace !

375 ml (1½ tasse) de couscous à grains moyens
375 ml (1½ tasse) d'eau bouillante
60 ml (4 c. à soupe) d'huile d'olive
mélange d'épices à couscous (paprika, cumin, coriandre,
    ail, gingembre, poivre, etc.)
sel

1   Mettez le couscous dans un bol pouvant aller au four à micro-ondes. Ajoutez l'eau bouillante et l'huile d'olive. Mélangez le tout avec une fourchette.

2   Couvrez le bol et laissez reposer 5 minutes. Brassez après 2 ou 3 minutes pour bien séparer les grains de couscous.

3   Mélangez de nouveau puis placez le bol au micro-ondes. Faites réchauffer (puissance 8 sur notre micro-ondes) pendant 2 minutes. Ajoutez les épices à couscous et le sel puis brassez une dernière fois.

Lait, soya, arachides, noix, graines de sésame et blé : certains mélanges d'épices peuvent contenir des traces de ces aliments (il est possible que l'on y trouve également d'autres allergènes). N'hésitez pas à communiquer avec le fabricant pour obtenir des précisions à cet égard.

Polenta

Tout comme le couscous, le riz ou les pâtes, la polenta accompagne en beauté nombre de plats. Nous l'aimons tout particulièrement nappée de sauce marinara (p. 164).

625 ml (2½ tasses) de boisson de soya non sucrée
410 ml (1²/₃ tasse) d'eau
20 ml (4 c. à thé) de ciboulette fraîche hachée
10 ml (2 c. à thé) de basilic frais haché
250 ml (1 tasse) de semoule de maïs précuite (polenta instantanée)
sel et poivre

1   Versez la boisson de soya et l'eau dans une casserole moyenne. Salez, poivrez et portez à ébullition à feu vif en brassant de temps à autre.

2   Une fois à ébullition, ajoutez la ciboulette et le basilic. Versez ensuite lentement la semoule de maïs dans la casserole en remuant sans arrêt. Réduisez à feu moyen-vif et faites cuire jusqu'à ce que la semoule épaississe (environ 3 minutes). Poursuivez la cuisson pendant 1 minute en remuant sans cesse.

3   Retirez du feu. Brassez de nouveau.

Variante frite : la polenta peut également être frite. Il s'agit de la préparer de la façon indiquée plus haut puis de la mettre au réfrigérateur pendant plusieurs heures pour la faire prendre. La polenta solidifiée peut alors être découpée en tranches. Pour faire frire celles-ci, faites chauffer de l'huile d'olive dans une poêle à feu moyen. Déposez les tranches dans la poêle et faites-les cuire des deux côtés pendant 10 minutes au total. La polenta frite peut être servie avec des légumes, être recouverte d'une sauce, etc.

POLENTA FRITE

SALADES, LÉGUMINEUSES ET METS VÉGÉTARIENS

Cri du cœur de **Jacob**, trois ans : « Maman, j'aimerais ça être allergique à la salade ! »

Salade de tomates et de champignons

Préparation : 10 min
Cuisson : aucune
Quantité : 4 portions

SANS :
œufs
lait
soya
arachides
noix
graines de sésame
blé
poisson
mollusques
crustacés
moutarde

Un plat frais, simple et prêt en un rien de temps !

2 tomates bien mûres
12 champignons blancs
30 ml (2 c. à soupe) de persil plat frais haché
15 ml (1 c. à soupe) d'origan frais haché
30 ml (2 c. à soupe) d'huile d'olive
15 ml (1 c. à soupe) de vinaigre balsamique
sel et poivre

1   Coupez les tomates en dés et tranchez les champignons en fines lamelles. Mettez le tout dans un saladier.

2   Hachez le persil et l'origan. Mélangez, dans un petit bol, l'huile d'olive, le vinaigre balsamique, le persil, l'origan, le sel et le poivre.

3   Versez la vinaigrette sur les légumes. Mélangez délicatement jusqu'à ce que ceux-ci soient complètement enrobés de vinaigrette. Rectifiez l'assaisonnement.

Salade de pommes de terre

Préparation : 15 min
Cuisson : 10 min
Quantité : 8 portions

SANS :
œufs
lait
arachides
noix
graines de sésame
poisson
mollusques
crustacés
moutarde

Ce qui fait l'originalité de cette salade, c'est sa mayonnaise à base de tofu qui ne contient pas d'œufs.

8 pommes de terre
2 branches de céleri
3 ciboules
½ poivron rouge
75 ml (5 c. à soupe) de mayonnaise sans œufs (p. 258)
sel et poivre

1   Pelez les pommes de terre. Mettez celles-ci dans une casserole remplie d'eau bouillante légèrement salée. Faites cuire jusqu'à ce que les pommes de terre soient tendres. Laissez refroidir puis coupez en cubes.

2   Hachez les branches de céleri et les ciboules. Coupez le poivron en dés.

3   Mettez les légumes dans un saladier. Ajoutez la mayonnaise sans œuf. Salez et poivrez. Mélangez soigneusement tous les ingrédients. Rectifiez l'assaisonnement.

Variante sans soya ni blé : remplacez la mayonnaise proposée par une autre version à base de pommes de terre (p. 258)

Préparation : 20 min
Cuisson : 10 min
Quantité : 4 portions

SANS :
œufs
lait
arachides
noix
graines de sésame
poisson
mollusques
crustacés
moutarde

Salade César

Nous utilisons, en guise de croûtons, les toasts de Christophe (p. 185) que nous taillons en petits carrés.

8 tranches de bacon
laitue romaine
1 branche de céleri
2 ciboules
6 tomates séchées
30 ml (2 c. à soupe) de persil frais haché
½ concombre anglais
1 avocat
croûtons
75 ml (5 c. à soupe) de crème aigre au tofu (p. 260)
sel et poivre

1   Mettez une double épaisseur de papier absorbant sur une grande assiette allant au four à micro-ondes et déposez-y 4 tranches de bacon. Recouvrez le bacon d'une autre feuille de papier absorbant. Faites cuire au micro-ondes, à force maximale, pendant 3 minutes 30. Répétez l'opération avec les autres tranches de bacon. Réservez.

2   Déchiquetez la laitue et déposez-la dans un saladier.

3   Hachez finement le céleri, les ciboules, les tomates séchées et le persil. Taillez en dés le concombre. Coupez l'avocat en deux, dans le sens de la longueur. Retirez le noyau puis coupez la pulpe en petits morceaux. Mettez ces ingrédients dans le saladier.

4   Coupez les tranches de bacon en petits morceaux. Ajoutez les morceaux de bacon et les croûtons au contenu du saladier. Incorporez enfin la crème aigre au tofu. Salez et poivrez. Mélangez le tout. Rectifiez l'assaisonnement.

Préparation : 20 min
Cuisson : aucune
Quantité : 4 portions

SANS :
œufs
lait
soya
arachides
noix
graines de sésame
blé
poisson
mollusques
crustacés
moutarde

Salade de porc et de tomates séchées

Vraiment délectable, cette petite salade froide !

1 rôti de porc cuit d'environ 600 g (1⅓ lb) (p. 141)
20 tomates séchées
45 ml (3 c. à soupe) d'huile d'olive
30 ml (2 c. à soupe) de vinaigre balsamique
6 feuilles de basilic frais
sel et poivre

1   Découpez le rôti de porc refroidi en tranches minces puis taillez chaque tranche en lanières courtes et étroites.

2   Coupez les tomates séchées en petits morceaux après les avoir réhydratées, si nécessaire (voir, à cet égard, le truc n° 2, p. 80). Mettez les morceaux de tomates et les lanières de porc dans un saladier.

3   Mélangez, dans un petit bol, l'huile d'olive, le vinaigre balsamique, les feuilles de basilic (préalablement hachées), le sel et le poivre.

4   Versez la vinaigrette sur le contenu du saladier et mélangez. Rectifiez l'assaisonnement.

Variante à tartiner : pour transformer cette salade en tartinade savoureuse, mettez tous les ingrédients ainsi que 125 ml (½ tasse) d'huile d'olive dans le bol d'un robot culinaire. Mixez jusqu'à l'obtention d'une pâte assez homogène. Cette tartinade peut être servie en apéro ou à l'heure de la collation sur des toasts (p. 185), des biscottes, des galettes de riz ou des tranches de concombre. Elle est également délicieuse comme garniture dans les sandwiches.

SALADE DE PORC ET DE TOMATES SÉCHÉES

SALADE D'ÉPINARDS À L'ÉRABLE

Salade d'épinards à l'érable

Préparation : 10 min
Cuisson : aucune
Quantité : 4 portions

SANS :

œufs
lait
soya
arachides
noix
graines de sésame
blé
poisson
mollusques
crustacés
moutarde

Si vous pouvez vous le permettre, parsemez cette salade de morceaux de bacon ou de lardons. Succulent !

jeunes feuilles d'épinards
6 champignons blancs
15 ml (1 c. à soupe) de jus de citron
45 ml (3 c. à soupe) d'huile de tournesol
45 ml (3 c. à soupe) de sirop d'érable
30 ml (2 c. à soupe) de vinaigre de cidre
sel et poivre

1 Déposez les feuilles d'épinards dans un saladier. Ajoutez les champignons après les avoir tranchés en fines lamelles. Versez le jus de citron. Salez et poivrez.

2 Mélangez l'huile de tournesol, le sirop d'érable et le vinaigre de cidre dans un petit bol. Versez cette vinaigrette sur le contenu du saladier. Mélangez soigneusement tous les ingrédients. Rectifiez l'assaisonnement.

Œufs et lait : attention au sirop d'érable utilisé si vous devez proscrire les œufs ou le lait. Certains sirops peuvent, en effet, contenir des traces de ces aliments.

Salade de couscous aux raisins secs

Préparation : 10 min
Cuisson : aucune
Quantité : 6 portions

SANS :

œufs
lait
soya
arachides
noix
graines de sésame
poisson
mollusques
crustacés
moutarde

Les indications relatives à la cuisson du couscous sont reproduites à la page 112 (il vaut cependant mieux omettre les épices).

3 ciboules
quelques feuilles de menthe fraîche
½ poivron vert
½ poivron rouge
1 l (4 tasses) de coucous cuit refroidi
185 ml (¾ tasse) de raisins secs
15 ml (1 c. à soupe) de jus de citron
15 ml (1 c. à soupe) d'huile d'olive
15 ml (1 c. à soupe) d'huile de canola
30 ml (2 c. à soupe) de vinaigre de vin à la framboise
sel et poivre

1 Hachez les ciboules et les feuilles de menthe. Coupez les poivrons en petits dés.

2 Dans un saladier, mélangez le couscous, les ciboules, la menthe, les poivrons et les raisins secs.

3 Mélangez dans un petit bol le jus de citron, l'huile d'olive, l'huile de canola, le vinaigre de vin, le sel et le poivre. Versez cette vinaigrette sur le contenu du saladier. Mélangez soigneusement tous les ingrédients. Rectifiez l'assaisonnement.

Soya : allergique au soya ? Assurez-vous que les raisins secs utilisés ne contiennent pas d'huile végétale hydrogénée provenant du soya.

Salade de vermicelles de riz

Préparation : 15 min
Cuisson : moins de 5 min
Quantité : 4 à 6 portions

SANS :
œufs
lait
soya
arachides
noix
graines de sésame
blé
poisson
mollusques
crustacés
moutarde

La coriandre parfume agréablement cette salade d'accompagnement.

225 g (½ lb) de vermicelles de riz
1 poivron rouge
1 poivron jaune
2 carottes
2 ciboules
45 ml (3 c. à soupe) de coriandre fraîche hachée
75 ml (5 c. à soupe) d'huile de tournesol
45 ml (3 c. à soupe) de vinaigre de vin blanc (ou de vinaigre de cidre)
sel et poivre

1 Dans une casserole, amenez l'eau à ébullition. Ajoutez les vermicelles de riz et faites cuire pendant 1 minute 30. Égouttez puis rincez à l'eau froide. Réservez dans un bol rempli d'eau froide.

2 Coupez les poivrons en dés. Râpez les carottes à l'aide d'une râpe à gros trous. Hachez les ciboules et la coriandre. Mettez ces ingrédients dans un saladier.

3 Après avoir égoutté les vermicelles de riz, coupez ceux-ci grossièrement puis déposez-les dans le saladier.

4 Mélangez l'huile de tournesol et le vinaigre dans un petit bol. Versez cette vinaigrette sur le contenu du saladier. Salez et poivrez. Mélangez le tout. Rectifiez l'assaisonnement.

Salade de céleri-rave

Préparation : 10 min
Cuisson : aucune
Quantité : 4 portions

SANS :
œufs
lait
arachides
noix
graines de sésame
poisson
mollusques
crustacés
moutarde

Cette recette est inspirée du traditionnel « céleri rémoulade » français.

1 carotte
45 ml (3 c. à soupe) de persil frais haché
400 g (14 oz) de céleri-rave
15 ml (1 c. à soupe) de jus de citron
75 ml (5 c. à soupe) de mayonnaise sans œufs (p. 258)
sel et poivre

1 Râpez la carotte et hachez le persil. Mettez ces ingrédients dans un saladier.

2 Pelez le céleri-rave. Pour éviter que la chair du céleri-rave noircisse (ce qui se produit rapidement au contact de l'air), râpez celle-ci sans attendre à l'aide d'une râpe à gros trous ou d'un robot culinaire puis mettez-la dans le saladier. Ajoutez immédiatement le jus de citron et la mayonnaise sans œufs. Salez et poivrez.

3 Mélangez le tout. Rectifiez l'assaisonnement.

Variante sans soya ni blé : remplacez la mayonnaise proposée par une autre version à base de pommes de terre (p. 258).

Préparation : 25 min
Cuisson : aucune
Quantité : 8 portions

SANS :
œufs
lait
soya
arachides
noix
graines de sésame
blé
poisson
mollusques
crustacés
moutarde

Préparation : 10 min
Cuisson : 10 min
Quantité : 4 portions

SANS :
œufs
lait
soya
arachides
noix
graines de sésame
blé
poisson
mollusques
crustacés
moutarde

Salade de légumineuses

Riches en protéines, les légumineuses constituent en outre une excellente source de fibres alimentaires.

½ poivron rouge
30 haricots verts frais
2 branches de céleri
2 ciboules
500 ml (2 tasses) de haricots rouges
500 ml (2 tasses) de haricots romains
500 ml (2 tasses) de pois chiches
30 ml (2 c. à soupe) de persil frais haché
45 ml (3 c. à soupe) de jus de citron
60 ml (4 c. à soupe) d'huile d'olive
30 ml (2 c. à soupe) de vinaigre de vin
sel et poivre

1   Coupez le poivron en dés et les haricots verts en petits tronçons. Hachez les branches de céleri et les ciboules. Rincez et égouttez les haricots rouges, les haricots romains et les pois chiches. Mettez le tout dans un saladier. Ajoutez le persil. Salez et poivrez.

2   Mélangez le jus de citron, l'huile d'olive et le vinaigre de vin dans un petit bol. Versez cette vinaigrette sur le contenu du saladier. Mélangez soigneusement tous les ingrédients. Rectifiez l'assaisonnement.

Purée de légumineuses

Un plat savoureux et facile à préparer.

1 petit oignon
30 ml (2 c. à soupe) d'huile d'olive
250 ml (1 tasse) de haricots rouges
250 ml (1 tasse) de pois chiches
45 ml (3 c. à soupe) de pâte de tomates (sans assaisonnements)
45 ml (3 c. à soupe) d'eau
125 ml (½ tasse) de maïs en grains
sel et poivre

1   Épluchez et hachez l'oignon. Faites chauffer 15 ml (1 c. à soupe) d'huile d'olive dans une poêle à feu moyen-vif. Faites-y revenir les morceaux d'oignon jusqu'à ce qu'ils soient translucides (environ 3 minutes).

2   Rincez et égouttez les haricots rouges et les pois chiches. Mettez ceux-ci de même que l'oignon cuit, la pâte de tomates et l'eau dans le bol d'un robot culinaire. Mélangez le tout jusqu'à l'obtention d'une purée homogène.

3   Faites de nouveau chauffer 15 ml (1 c. à soupe) d'huile d'olive dans la poêle à feu moyen. Incorporez la purée de légumineuses et le maïs en grains. Salez et poivrez. Réduisez à feu moyen-doux. Poursuivez la cuisson pendant environ 5 minutes (ou jusqu'à ce que la purée soit uniformément chaude). Rectifiez l'assaisonnement.

Truc : si vous destinez cette purée à un bébé, mieux vaut passer le maïs en grains au robot culinaire en l'y incorporant en même temps que les autres ingrédients (étape 2 de la recette).

Fèves au lard

Préparation: 30 min
Repos: 8 h ou plus
Cuisson: 5 h 35
Quantité: 4 à 6 portions

SANS:
œufs
lait
soya
arachides
noix
graines de sésame
blé
poisson
mollusques
crustacés
moutarde

Un mets traditionnel bien adapté aux longs hivers québécois…

500 ml (2 tasses) de haricots blancs secs
1 ¼ l (5 tasses) d'eau
1 oignon
220 g (8 oz) de lard salé
30 ml (2 c. à soupe) d'huile d'olive
160 ml (⅔ tasse) de sirop d'érable
80 ml (⅓ tasse) de pâte de tomates
10 ml (2 c. à thé) de vinaigre de cidre
5 ml (1 c. à thé) de curcuma moulu
5 ml (1 c. à thé) de sel
2 ml (½ c. à thé) de poivre
1 l (4 tasses) d'eau

1   Faites tremper les haricots dans un bol rempli d'eau froide pendant 8 heures ou plus.

2   Égouttez et rincez les haricots. Mettez les haricots dans une grande casserole allant sur le feu et au four. Ajoutez 1 ¼ l (5 tasses) d'eau. Portez à ébullition à feu moyen-vif. Réduisez le feu et laissez mijoter pendant 30 minutes. Égouttez les haricots et réservez.

3   Préchauffez le four à 135 °C (275 °F).

4   Épluchez et hachez l'oignon. Après avoir enlevé la couenne du lard salé, coupez ce dernier en petits dés.

5   Faites chauffer l'huile d'olive dans la grande casserole à feu moyen-vif. Faites-y revenir les morceaux d'oignon et de lard salé pendant environ 5 minutes.

6   Ajoutez les haricots, le sirop d'érable, la pâte de tomates, le vinaigre, le curcuma, le sel et le poivre. Versez 1 l (4 tasses) d'eau. Portez à ébullition, toujours à feu moyen-vif. Aussitôt l'ébullition atteinte, retirez la casserole du feu pour la mettre au four. Faites cuire avec un couvercle pendant 4 heures. Poursuivez la cuisson pendant encore 1 heure, sans couvrir.

Tarte ouverte aux poireaux

Préparation: 20 min
Cuisson: 50 min
Quantité: 2 tartes

SANS:
œufs
lait
arachides
noix
graines de sésame
poisson
mollusques
crustacés
moutarde

Cette tarte peut fort bien remplacer une quiche dans un brunch. Par ailleurs, la préparation de poireaux et de tomates peut être servie séparément, comme plat d'accompagnement. La tarte ouverte aux poireaux se congèle très bien.

4 poireaux
2 gousses d'ail
30 ml (2 c. à soupe) d'huile d'olive
810 ml (3 ¼ tasses) de tomates en conserve coupées en dés
   (sans assaisonnements)
30 ml (2 c. à soupe) de farine de blé
5 ml (1 c. à thé) d'origan séché
sel et poivre
2 abaisses de pâte à tarte (p. 199)

1   Préchauffez le four à 220 °C (425 °F).

2   Tranchez les poireaux en deux dans le sens de la longueur pour ensuite les couper en demi-rondelles assez minces (parties blanche et vert pâle seulement). Épluchez et hachez les gousses d'ail.

3   Faites chauffer l'huile d'olive dans une poêle. Faites-y cuire les poireaux et l'ail à feu moyen pendant environ 5 minutes. Ajoutez les tomates (en ayant pris soin de les égoutter au préalable), la farine, l'origan, le sel et le poivre. Mélangez et poursuivez la cuisson, à feu moyen, durant 5 minutes. Réservez.

4   Déposez une abaisse non cuite dans un moule à tarte de façon à ce qu'elle en épouse parfaitement la forme. Coupez l'excédent de pâte sur les bords du moule. Versez la moitié de la préparation dans l'abaisse en l'étalant soigneusement. Procédez de la même façon pour la seconde tarte.

5   Faites cuire au four, sur la grille du bas, à 220 °C (425 °F) pendant 20 minutes. Poursuivez la cuisson pendant encore 15 à 20 minutes à 180 °C (350 °F).

TARTE OUVERTE AUX POIREAUX

TOFU BROUILLÉ

Préparation : 5 min
Cuisson : 10 min
Quantité : 4 portions

SANS :
œufs
lait
arachides
noix
graines de sésame
blé
poisson
mollusques
crustacés
moutarde

Tofu brouillé

Une solution de rechange aux œufs brouillés.

2 ciboules
4 champignons
15 ml (1 c. à soupe) d'huile de tournesol
375 ml (1½ tasse) de tofu extraferme à texture fine
15 ml (1 c. à soupe) de sauce soya
15 ml (1 c. à soupe) de persil frais haché
2 ml (½ c. à thé) d'estragon séché
1 ml (¼ c. à thé) de curcuma moulu
sel et poivre

1 Hachez les ciboules et émincez les champignons.

2 Faites chauffer l'huile de tournesol dans une poêle à feu moyen-vif. Faites-y revenir les ciboules et les champignons pendant 2 minutes.

3 Après avoir défait le tofu en petits morceaux à l'aide d'une fourchette, incorporez-le au contenu de la poêle. Ajoutez la sauce soya, le persil, l'estragon, le curcuma, le sel et le poivre. Mélangez et poursuivez la cuisson, à feu moyen, durant 5 minutes. Servez sans attendre.

Blé : le blé vous est interdit ? Prenez garde : plusieurs sauces soya en contiennent.

Pour en savoir plus : voir à la page 30 pour obtenir plus de renseignements sur le tofu à texture fine que nous employons dans nos recettes.

VIANDE, VOLAILLE ET GIBIER

Julie, sept ans, allergique au lait et aux œufs, porte un bracelet Medic Alert précisant la nature de ses allergies alimentaires. Après avoir pris connaissance de l'inscription gravée sur le bracelet, un ami de la famille demande à la fillette : « Es-tu également allergique aux chats ?

—Je ne sais pas, répond-elle, je n'en ai jamais mangé ! »

Préparation : 15 min
Repos : 35 min
Cuisson : 10 min
Quantité : 4 portions

SANS :
œufs
lait
arachides
noix
graines de sésame
blé
poisson
mollusques
crustacés
moutarde

Bavette de bœuf mariné

Cette bavette de bœuf, tendre et goûteuse à souhait, se déguste chaude ou froide. Vous pouvez la servir comme pièce de résistance, la trancher pour en faire une garniture à sandwich, la couper en morceaux pour la mettre dans une salade ou dans un plat de pâtes, etc.

600 g (1⅓ lb) de bavette de bœuf
15 ml (1 c. à soupe) d'huile d'olive

MARINADE
15 ml (1 c. à soupe) de miel
3 ml (¾ c. à thé) de gingembre moulu
3 ml (¾ c. à thé) de cumin moulu
2 ml (½ c. thé) de curcuma moulu
30 ml (2 c. à soupe) d'huile d'olive
15 ml (1 c. à soupe) de vinaigre de vin rouge
90 ml (6 c. à soupe) de sauce soya
poivre

1 Mélangez les ingrédients de la marinade dans un récipient muni d'un couvercle fermant hermétiquement.

2 Découpez la bavette de bœuf, préférablement dans le sens du muscle, en quatre morceaux. Placez ces morceaux dans le récipient avec la marinade. Agitez vigoureusement et laissez reposer à la température de la pièce pendant 30 minutes.

3 Retirez les morceaux de viande de la marinade et épongez-les avec du papier absorbant.

4 **Cuisson à la poêle** : faites chauffer l'huile d'olive dans une poêle à feu moyen-vif. **Cuisson sur le barbecue** : huilez soigneusement la grille et préchauffez l'appareil à haute température.

5 Faites cuire les morceaux de bavette environ 3 à 4 minutes de chaque coté, selon l'épaisseur et le type de cuisson désiré.

6 Enveloppez les morceaux de viande dans du papier d'aluminium. Laissez reposer 5 minutes avant de servir.

Blé : le blé vous est interdit ? Prenez garde : plusieurs sauces soya en contiennent.

Trucs : voici quelques conseils pour réussir, à tout coup, vos grillades de bœuf. Tout d'abord, laissez reposer la viande à la température de la pièce pendant environ 30 minutes avant la cuisson. Ce temps de repos est nécessaire pour permettre à la température interne de la viande de se réchauffer rapidement lors de la cuisson et pour éviter que celle-ci n'abaisse la température de votre poêle ou de votre barbecue. Pendant la cuisson, ne piquez pas la viande pour éviter de la vider de ses sucs délicieux. Faites plutôt tourner la grillade avec une pince ou une spatule (jamais avec une fourchette !). Laissez reposer la viande quelques minutes avant de la servir pour détendre les muscles qui se sont contractés lors de la cuisson. Votre grillade sera ainsi plus juteuse et plus goûteuse.

Préparation : 30 min
Repos : 1 h
Cuisson : 5 min
Quantité : 6 portions

SANS :
œufs
lait
arachides
noix
graines de sésame
blé
poisson
mollusques
crustacés
moutarde

Brochettes de veau, sauce satay

Dans cette recette, c'est le haricot de soya rôti qui remplace l'arachide, ingrédient de base de la sauce satay originale. Nous servons habituellement ces brochettes comme mets principal, en les accompagnant de riz et de quelques légumes. Elles font en outre d'incomparables hors-d'œuvre.

800 g (1¾ lb) d'escalopes de veau
½ poivron rouge
½ poivron jaune

MARINADE
1 gousse d'ail
90 ml (6 c. à soupe) d'huile de canola
60 ml (4 c. à soupe) de sauce soya
60 ml (4 c. à soupe) de jus de citron
30 ml (2 c. à soupe) de coriandre ou de persil plat frais hachés
20 ml (4 c. à thé) de gingembre frais émincé
15 ml (1 c. à soupe) de cassonade
poivre

SAUCE SATAY
½ gousse d'ail
2 ciboules
90 ml (6 c. à soupe) de haricots de soya rôtis
90 ml (6 c. à soupe) d'huile de canola
30 ml (2 c. à soupe) de sauce soya
30 ml (2 c. à soupe) de jus de citron
15 ml (1 c. à soupe) de cassonade

MARINADE

1 Épluchez et hachez la gousse d'ail. Mélangez l'ail haché ainsi que tous les autres ingrédients de la marinade dans un récipient muni d'un couvercle fermant hermétiquement.

2 Taillez les escalopes en lamelles d'environ 2,5 cm (1 po) de large sur 10 cm (4 po) de long. Immergez les lamelles de veau dans la marinade, mettez le couvercle et agitez vigoureusement. Laissez reposer au moins 1 heure au réfrigérateur.

SAUCE SATAY

3 Épluchez et hachez la demi-gousse d'ail. Hachez les ciboules. Mettez l'ail et les ciboules de même que tous les autres ingrédients de la sauce dans le bol d'un robot culinaire. Mélangez jusqu'à l'obtention d'une sauce homogène, ayant une consistance comparable à celle du beurre d'arachide. Réservez.

PRÉPARATION DES BROCHETTES

4 Allumez le gril du four.

5 Coupez les poivrons en fines lamelles. Retirez les lanières de veau de la marinade. Égouttez-les puis enfilez 2 ou 3 lanières sur chaque brochette en les repliant 2 ou 3 fois, puis en les étirant légèrement.

6 Faites griller les brochettes au four pendant environ 5 minutes en les retournant après 2 à 3 minutes.

7 Versez une portion de sauce satay dans chaque assiette. Déposez les brochettes dans les assiettes, près de la sauce. Décorez avec les lamelles de poivrons.

Blé : le blé vous est interdit ? Prenez garde : plusieurs sauces soya en contiennent.

Pour en savoir plus : voir à la page 30 pour obtenir plus de renseignements sur les haricots de soya rôtis que nous employons dans nos recettes.

Foie de veau au vinaigre de vin à la framboise

Préparation : moins de 5 min
Cuisson : 5 min
Quantité : 4 portions

SANS :
œufs
lait
soya
arachides
noix
graines de sésame
blé
poisson
mollusques
crustacés
moutarde

Le secret d'un foie de veau réussi se trouve tout entier dans sa cuisson. Encore rosé, il fond presque dans la bouche, tandis que trop cuit, il s'apparente à de la semelle de botte !

15 ml (1 c. à soupe) d'huile de canola
450 g (1 lb) de foie de veau coupé en tranches minces
15 ml (1 c. à soupe) de vinaigre de vin à la framboise
sel et poivre

1 Dans une poêle, faites chauffer l'huile de canola à feu moyen-vif. Ajoutez les tranches de foie et faites cuire pendant 2 minutes.

2 Retournez les tranches. Salez, poivrez puis versez le vinaigre. Poursuivez la cuisson pendant environ 2 minutes (le foie doit demeurer rosé au centre).

Variante au vinaigre balsamique : remplacez le vinaigre de vin à la framboise par le même volume de vinaigre balsamique.

Rognons de veau à la forestière

Préparation : 25 min
Cuisson : 15 min
Quantité : 4 portions

SANS :
œufs
lait
soya
arachides
noix
graines de sésame
blé
poisson
mollusques
crustacés
moutarde

Vos rognons seront d'autant plus « à la forestière » si vous diversifiez les champignons utilisés en incorporant, par exemple, des pleurotes et des portobellos à la recette.

1 poivron rouge
15 champignons blancs
1 petit oignon
1 gousse d'ail
450 g (1 lb) de rognons de veau
30 ml (2 c. à soupe) d'huile d'olive
3 ml (¾ c. à thé) de thym séché
2 ml (½ c. à thé) d'origan séché
45 ml (3 c. à soupe) de pâte de tomates (sans assaisonnements)
45 ml (3 c. à soupe) d'eau
sel et poivre

1 Coupez le poivron en dés et les champignons en quartiers. Épluchez et hachez l'oignon et l'ail.

2 Parez les rognons en prenant bien soin d'enlever tous les conduits internes (parties blanches), sans quoi les rognons, une fois cuits, auront une texture caoutchouteuse. Coupez les rognons en tranches minces.

3 Faites chauffer 15 ml (1 c. à soupe) d'huile d'olive dans une poêle à feu vif. Ajoutez les rognons, l'oignon et l'ail. Faites cuire 5 minutes en remuant de temps à autre. Réservez dans un autre plat.

4 Versez l'huile d'olive restante dans la poêle. Réduisez à feu moyen-vif et faites cuire le poivron pendant 3 minutes. Ajoutez ensuite les champignons, le thym, l'origan, le sel et le poivre. Poursuivez la cuisson pendant environ 2 minutes.

5 Dans un petit bol, mélangez la pâte de tomates et l'eau. Versez ce mélange dans la poêle et mélangez.

6 Remettez dans la poêle le mélange de rognons, d'oignon et d'ail de même que le liquide dans lequel il baigne. Faites mijoter 2 ou 3 minutes à feu assez doux.

7 Rectifiez l'assaisonnement et servez.

ESCALOPES DE VEAU AU GINGEMBRE ET AU CITRON

Escalopes de veau au gingembre et au citron

Préparation : 10 min
Cuisson : 5 min
Quantité : 4 portions

SANS :
œufs
lait
arachides
noix
graines de sésame
blé
poisson
mollusques
crustacés
moutarde

Un petit goût citronné dont vous nous donnerez des nouvelles !

15 ml (1 c. à soupe) de gingembre frais émincé
1 ciboule
1 citron
30 ml (2 c. à soupe) de margarine
450 g (1 lb) d'escalopes de veau
10 ml (2 c. à thé) de miel
sel et poivre

1 Pelez et émincez le gingembre. Hachez la ciboule. Pressez le citron afin d'en extraire tout le jus puis prélevez le zeste.

2 Dans une poêle, faites fondre à feu vif 15 ml (1 c. à soupe) de margarine. Ajoutez les escalopes et saisissez-les sur chaque face pendant 1 minute. Retirez les escalopes de la poêle et réservez au chaud.

3 Après avoir rajouté 15 ml (1 c. à soupe) de margarine dans la poêle, saisissez à feu moyen-vif pendant 2 minutes le zeste de citron, le gingembre et la ciboule.

4 Ajoutez le miel. Versez 45 ml (3 c. à soupe) de jus de citron et mélangez le tout. Remettez les escalopes dans la poêle. Poursuivez la cuisson pendant 1 minute. Salez et poivrez. Au moment de servir, versez le contenu de la poêle sur les escalopes.

Lait : allergique aux produits laitiers ? Plusieurs margarines en contiennent, aussi est-il important de lire attentivement la liste des ingrédients de celle que vous utilisez.

Escalopes de veau prosciutto

Préparation : 5 min
Cuisson : 5 min
Quantité : 4 portions

SANS :
œufs
lait
soya
arachides
noix
graines de sésame
blé
poisson
mollusques
crustacés
moutarde

Un classique italien simplissime.

4 escalopes de veau
8 tranches de prosciutto
4 feuilles de sauge fraîche
15 ml (1 c. à soupe) d'huile d'olive
sel et poivre

1 Déposez 2 tranches de prosciutto et une feuille de sauge sur chaque escalope. Salez et poivrez. Pliez les escalopes en deux.

2 Faites chauffer l'huile d'olive dans une poêle à feu moyen-vif. Ajoutez les escalopes et faites-les cuire sur chaque face pendant 2 minutes.

Lait : plusieurs charcuteries contiennent des substances laitières. Ce n'est pas le cas du prosciutto mais il peut y avoir contamination si la trancheuse utilisée a également servi pour d'autres charcuteries (voir à la page 29 notre conseil pour réduire les risques de contamination dans le cas du prosciutto).

Préparation : 15 min
Cuisson : 1 h 15
Quantité : 8 portions

SANS :
œufs
lait
soya
arachides
noix
graines de sésame
poisson
mollusques
crustacés
moutarde

Pain de viande à la tomate

D'après notre expérience, la plupart des enfants le dévorent sans se faire prier…

1 oignon
900 g (2 lb) de veau haché
125 ml (½ tasse) de chapelure (p. 186)
2 ml (½ c. à thé) de thym séché
2 ml (½ c. à thé) de sauge séchée
185 ml (¾ tasse) d'eau
160 ml (⅔ tasse) de pâte de tomates (sans assaisonnements)
20 ml (4 c. à thé) de cassonade
45 ml (3 c. à soupe) de vinaigre balsamique
sel et poivre

1 Préchauffez le four à 190 °C (375 °F).

2 Épluchez puis hachez l'oignon. Dans un premier bol, mettez le veau, l'oignon, la chapelure, le thym, la sauge, le sel, le poivre ainsi que 30 ml (2 c. à soupe) d'eau. Mélangez le tout avec vos mains puis donnez à la préparation la forme d'une brique ou d'un pavé (correspondant aux dimensions de votre plat à rôtir).

3 Dans un second bol, mélangez la pâte de tomates, le reste de l'eau, la cassonade et le vinaigre balsamique.

4 Versez le contenu du deuxième bol dans un plat à rôtir assez profond. Déposez le pain de viande sur le tout puis recouvrez le plat d'une feuille de papier d'aluminium.

5 Faites cuire au four pendant 1 heure 15.

6 Servez le pain de viande découpé en tranches et arrosé du liquide de cuisson.

Variante sans blé : remplacez la chapelure par des flocons d'avoine réduits en poudre à l'aide d'un mélangeur. Vous pouvez également utiliser une chapelure faite à partir d'un pain ne contenant pas de blé.

Préparation : 30 min
Cuisson : 2 h 45
Quantité : 6 portions

SANS :
œufs
lait
soya
arachides
noix
graines de sésame
blé
poisson
mollusques
crustacés
moutarde

Osso buco

Une autre spécialité italienne qui allie tendreté et onctuosité. Nous servons habituellement l'osso buco avec du riz ou des pâtes de blé (préférablement, des tagliatelles).

30 ml (2 c. à soupe) d'huile d'olive
6 jarrets de veau
1 oignon
125 ml (½ tasse) de jus de pomme
810 ml (3¼ tasses) de tomates en conserve coupées en dés
(sans assaisonnements)
45 ml (3 c. à soupe) de pâte de tomates (sans assaisonnements)
2 ml (½ c. à thé) d'origan séché
2 ml (½ c. à thé) de sauge séchée
1 ml (¼ c. à thé) de thym séché
2 feuilles de laurier
sel et poivre

1 Préchauffez le four à 160 °C (325 °F).

2 Faites chauffer l'huile d'olive dans une poêle à feu vif. Faites-y saisir les jarrets de veau pendant environ 3 minutes de chaque côté. Déposez les jarrets dans un grand plat à rôtir allant au four. Réservez.

3 Épluchez et hachez l'oignon. Dans la poêle déjà utilisée pour les jarrets (et que vous ne nettoyez surtout pas !), faites cuire l'oignon à feu moyen-vif pendant environ 3 minutes. Ajoutez le jus de pomme pour déglacer. Faites cuire à feu vif jusqu'à ce que le liquide ait réduit de moitié.

4 Versez la sauce ainsi obtenue dans un bol. Ajoutez les tomates, la pâte de tomates, l'origan, la sauge, le thym et les feuilles de laurier. Mélangez. Versez le tout sur les jarrets de veau.

5 Couvrez le plat d'une feuille de papier d'aluminium et mettez au four pendant environ 2 heures 30.

6 Au moment de servir, arrosez les jarrets avec le liquide de cuisson.

OSSO BUCO

Préparation : 30 min
Cuisson : 35 min
Quantité : 6 portions

SANS :
œufs
lait
arachides
noix
graines de sésame
blé
poisson
mollusques
crustacés
moutarde

Fondue chinoise

Rien de tel qu'une fondue chinoise pour créer une atmosphère de fête. En plus, ce n'est pas bien difficile à faire ! Préparez d'abord le bouillon et les sauces. Disposez ensuite dans une grande assiette des lanières de viande (bœuf, cheval, poulet, dinde ou porc) et, dans un autre plat, des légumes frais, tranchés ou non (champignons, poivrons, brocolis, etc.). Comme accompagnement : du riz ou des pommes de terre. Voilà ! Au tour de vos convives de travailler un peu !

BOUILLON
1 oignon
1 gousse d'ail
15 ml (1 c. à soupe) d'huile d'olive
500 ml (2 tasses) de fond de veau (p. 67)
500 ml (2 tasses) de jus de tomate
250 ml (1 tasse) d'eau
80 ml (⅓ tasse) de pâte de tomates (sans assaisonnements)
5 ml (1 c. à thé) de thym séché
1 feuille de laurier
sel et poivre

SAUCE AU CURCUMA
½ gousse d'ail
125 ml (½ tasse) de tofu mou à texture fine
15 ml (1 c. à soupe) de sauce soya
2 ml (½ c. à thé) de curcuma moulu
sel et poivre

SAUCE À LA RELISH
125 ml (½ tasse) de tofu mou à texture fine
30 ml (2 c. à soupe) de relish (p. 261)
30 ml (2 c. à soupe) de jus de citron
2 ml (½ c. à thé) d'estragon séché
sel et poivre

SAUCE AU KETCHUP
75 ml (5 c. à soupe) de ketchup (p. 257)
15 ml (1 c. à soupe) de sauce soya
sel et poivre

SAUCE AUX FINES HERBES
½ gousse d'ail
125 ml (½ tasse) de tofu mou à texture fine
15 ml (1 c. à soupe) de jus de citron
15 ml (1 c. à soupe) de ciboulette fraîche hachée
2 ml (½ c. à thé) de romarin ou d'origan frais haché
sel et poivre

BOUILLON

1 Épluchez et hachez l'oignon et la gousse d'ail.

2 Faites chauffer l'huile d'olive dans une grande casserole à feu moyen-vif. Faites-y revenir l'ail et l'oignon jusqu'à ce qu'ils soient translucides (environ 3 minutes).

3 Incorporez le fond de veau, le jus de tomate, l'eau, la pâte de tomates, le thym, la feuille de laurier, le sel et le poivre. Mélangez. Portez à ébullition. Réduisez le feu et laissez mijoter, sans couvrir, pendant environ 30 minutes.

4 Retirez la feuille de laurier. Passez le bouillon au mélangeur à main (ou au mélangeur de table).

5 Réchauffez le bouillon tout juste avant de servir et versez-le, encore frémissant, dans le caquelon à fondue.

SAUCE AU CURCUMA

6 Épluchez et hachez l'ail.

7 Mettez tous les ingrédients dans un bol et passez le tout au mélangeur à main.

8 Rectifiez l'assaisonnement. Laissez la sauce au réfrigérateur jusqu'au moment de servir.

SAUCE À LA RELISH

9 Mettez tous les ingrédients dans un bol et passez le tout au mélangeur à main.

10 Rectifiez l'assaisonnement. Laissez la sauce au réfrigérateur jusqu'au moment de servir.

Préparation : 5 min
Cuisson : 10 min
Quantité : 4 portions

SANS :
œufs
lait
soya
arachides
noix
graines de sésame
blé
poisson
mollusques
crustacés
moutarde

SAUCE AU KETCHUP

11 Mettez tous les ingrédients dans un bol et passez le tout au mélangeur à main.

12 Rectifiez l'assaisonnement. Laissez la sauce au réfrigérateur jusqu'au moment de servir.

SAUCE AUX FINES HERBES

13 Épluchez et hachez l'ail.

14 Mettez tous les ingrédients dans un bol et passez le tout au mélangeur à main.

15 Rectifiez l'assaisonnement. Laissez la sauce au réfrigérateur jusqu'au moment de servir.

Blé : le blé vous est interdit ? Prenez garde : plusieurs sauces soya en contiennent.

Truc : vous n'avez pas de fond de veau ? Un bon bouillon fera aussi bien l'affaire. À défaut, vous pouvez remplacer le fond par 3 ou 4 os à moelle et 750 ml (3 tasses) d'eau. Laissez mijoter à feu doux pendant 1 heure environ (plutôt que 30 minutes) puis retirez les os en même temps que la feuille de laurier avant de passer la préparation au mélangeur.

Variante avec œuf : à l'époque où les œufs ne nous étaient pas interdits, nous avions l'habitude d'en casser un dans le bouillon à fondue encore chaud, lorsque tous les morceaux de viande et les légumes étaient cuits. Cela faisait une soupe exquise que nous savourions sur-le-champ lorsque nous avions encore un petit creux ou que nous conservions pour un autre repas.

Pour en savoir plus : voir à la page 30 pour obtenir plus de renseignements sur le tofu à texture fine que nous employons dans nos recettes.

Escalopes de poulet au citron

Une recette d'une grande simplicité comportant un minimum d'ingrédients. Ces escalopes peuvent être servies chaudes ou froides.

4 poitrines de poulet sans peau et désossées
3 ml (¾ c. à thé) d'origan séché
30 ml (2 c. à soupe) de jus de citron
sel et poivre

1 Coupez les poitrines de poulet en deux dans le sens de l'épaisseur. Déposez les escalopes de poulet ainsi obtenues dans une poêle à revêtement antiadhésif striée (pour un effet « barbecue »). Faites cuire à feu moyen-vif pendant 4 minutes.

2 Retournez les escalopes puis saupoudrez-les d'origan. Salez et poivrez. Poursuivez la cuisson pendant encore 3 minutes.

3 Arrosez les escalopes de jus de citron. Faites cuire 1 minute de plus.

POULET AUX PÊCHES ET À LA MANGUE

Poulet aux pêches et à la mangue

Au menu : une note d'exotisme...

Préparation : 15 min
Cuisson : 35 min
Quantité : 4 portions

SANS :
œufs
lait
soya
arachides
noix
graines de sésame
blé
poisson
mollusques
crustacés
moutarde

1 mangue
410 ml (1²/₃ tasse) de pêches en conserve
1 oignon
1 ciboule
15 ml (1 c. à soupe) de miel
7 ml (1½ c. à thé) de gingembre moulu
3 ml (¾ c. à thé) de curcuma moulu
4 poitrines de poulet sans peau, désossées
sel et poivre

1 Préchauffez le four à 190 °C (375 °F).

2 Coupez la mangue en petits cubes, sans la peau (voir le truc plus bas). Égouttez les pêches. Épluchez et hachez l'oignon. Hachez la ciboule.

3 Mettez tous les ingrédients dans le bol d'un robot culinaire, à l'exception des poitrines de poulet. Mélangez jusqu'à l'obtention d'une sauce aux fruits consistante.

4 Déposez les poitrines de poulet dans un plat allant au four. Nappez celles-ci de sauce aux fruits. Utilisez une feuille de papier d'aluminium pour recouvrir le plat et faites cuire au four pendant 35 minutes.

Truc : découper une mangue en cubes est une opération fastidieuse et salissante... à moins de connaître le truc qui suit, tiré de *L'Encyclopédie visuelle des aliments*. Coupez d'abord la mangue en 3 ou 4 morceaux, sans la peler, en évitant le noyau. Avec la pointe de votre couteau, tracez un quadrillé dans la chair du fruit jusqu'à la peau. Retournez chaque morceau en poussant avec vos doigts (peau vers le haut et chair vers le bas) afin de séparer les cubes de chair. Détachez enfin ceux-ci en passant la lame de votre couteau dans la chair du fruit, le plus près possible de la peau.

Poulet, sauce au lait de coco

Crémeux à souhait !

Préparation : 20 min
Cuisson : 20 min
Quantité : 4 portions

SANS :
œufs
lait
soya
arachides
noix
graines de sésame
blé
poisson
mollusques
crustacés
moutarde

3 poitrines de poulet sans peau et désossées
4 tranches de bacon (ou l'équivalent de lard salé)
1 oignon
1 poivron rouge
225 g (½ lb) de champignons blancs
15 ml (1 c. à soupe) d'huile d'olive
410 ml (1²/₃ tasse) de lait de coco
15 ml (1 c. à soupe) d'estragon séché
15 ml (1 c. à soupe) de fécule de maïs
45 ml (3 c. à soupe) d'eau froide
sel et poivre

1 Parez les poitrines de poulet puis coupez-les en deux dans le sens de l'épaisseur.

2 Coupez le bacon en petits morceaux. Hachez l'oignon, coupez le poivron en dés et tranchez les champignons.

3 Dans une poêle, faites chauffer l'huile d'olive à feu moyen-vif. Saisissez les poitrines sur chaque face pendant 3 minutes. Salez et poivrez. Retirez les poitrines de la poêle et réservez.

4 Dans la même poêle, ajoutez les morceaux de bacon et d'oignon. Faites cuire pendant 3 minutes. Incorporez ensuite le poivron rouge et les champignons. Poursuivez la cuisson pendant environ 5 minutes en remuant à l'occasion. Retirez le mélange de la poêle et réservez.

5 Versez le lait de coco dans la poêle et amenez à ébullition. Ajoutez l'estragon ainsi que la fécule de maïs, préalablement diluée dans l'eau froide. Remuez.

6 Une fois la sauce épaissie, remettez dans la poêle les poitrines de poulet ainsi que le mélange de poivron, champignons, bacon et oignon. Faites réchauffer le tout à feu doux. Rectifiez l'assaisonnement et servez.

Noix : les risques d'allergies croisées étant assez faibles, on ne recommande habituellement pas aux personnes allergiques aux autres noix d'éviter, à titre préventif, la noix de coco.

Préparation : 20 min
Cuisson : 40 min
Quantité : 4 portions

SANS :
œufs
lait
arachides
noix
graines de sésame
blé
poisson
mollusques
crustacés
moutarde

Riz à la dinde

Il en reste ? Tant mieux ! Le riz à la dinde réchauffé, c'est presque meilleur !

250 ml (1 tasse) de riz blanc à grains longs
560 ml (2¼ tasses) d'eau
350 g (¾ lb) de poitrine de dinde, désossée
30 ml (2 c. à soupe) d'huile d'olive
1 oignon
1 gousse d'ail
2 carottes
8 champignons blancs
1 poivron vert
5 ml (1 c. à thé) d'estragon séché
10 ml (2 c. à thé) de zeste de citron
45 ml (3 c. à soupe) de sauce soya
sel et poivre

1 Mettez le riz dans un bol allant au four à micro-ondes. Ajoutez l'eau et salez. Recouvrez le bol presque entièrement avec une assiette renversée ou un couvercle. Faites cuire au micro-ondes en respectant les instructions apparaissant sur la boîte de riz (environ 20 minutes à puissance moyenne-élevée). Brassez de temps à autre. Retirez le bol du micro-ondes. Laissez-le recouvert pendant au moins 5 minutes.

2 Tranchez la poitrine de dinde en lanières assez épaisses. Faites chauffer 15 ml (1 c. à soupe) d'huile d'olive dans une poêle à feu moyen-vif. Ajoutez les lanières de dinde et faites cuire pendant environ 10 minutes. Réservez.

3 Épluchez puis hachez l'oignon et la gousse d'ail. Râpez les carottes, tranchez les champignons et coupez le poivron vert en dés.

4 Dans une deuxième poêle à larges rebords, faites chauffer 15 ml (1 c. à soupe) d'huile d'olive à feu moyen-vif. Ajoutez l'oignon et l'ail et faites cuire pendant 2 minutes. Incorporez ensuite les carottes, les champignons et le poivron. Poursuivez la cuisson pendant environ 5 minutes en remuant à l'occasion.

5 Ajoutez au contenu de la deuxième poêle les lanières de dinde, le riz, l'estragon, le zeste de citron, la sauce soya, le sel et le poivre. Mélangez. Poursuivez la cuisson quelques instants, le temps que le tout soit bien chaud.

Blé : le blé vous est interdit ? Prenez garde : plusieurs sauces soya en contiennent.

Préparation : 30 min
Cuisson : 2 h 40
Quantité : 6 portions

SANS :
œufs
lait
soya
arachides
noix
graines de sésame
blé
poisson
mollusques
crustacés
moutarde

Cuisses de canard aux pruneaux

Un plat qui évoque les saveurs exotiques du Maghreb.

2 oignons
300 g (²⁄₃ lb) de carottes
200 g (7 oz) de navet
450 g (1 lb) de pommes de terre
150 g (5 oz) d'olives vertes ou noires dénoyautées
30 ml (2 c. à soupe) d'huile d'olive
15 ml (1 c. à soupe) de miel
6 cuisses de canard
250 g (9 oz) de pruneaux dénoyautés
375 ml (1½ tasse) de bouillon de poulet (p. 65)
7 ml (1½ c. à thé) de cumin moulu
7 ml (1½ c. à thé) de gingembre moulu
5 ml (1 c. à thé) de curcuma moulu
2 ml (½ c. à thé) de cannelle moulue
7 ml (1½ c. à thé) de coriandre moulue

1 Préchauffez le four à 150 °C (300 °F).

2 Épluchez et hachez les oignons. Épluchez puis coupez en morceaux les carottes, le navet et les pommes de terre. Rincez et égouttez les olives. Réservez.

3 Dans une cocotte allant sur le feu et au four, versez l'huile d'olive et le miel. Ajoutez les oignons. Faites cuire, à feu moyen-vif, jusqu'à ce que les oignons soient translucides (environ 3 minutes). Retirez les oignons de la cocotte. Réservez.

4 Dans la même cocotte, déposez les cuisses de canard. Faites saisir, toujours à feu moyen-vif, pendant 5 minutes en tournant les cuisses à la mi-cuisson. Retirez les cuisses de canard de la cocotte. Réservez.

5 Remettez les oignons dans la cocotte. Ajoutez les morceaux de carottes, de navet, de pommes de terre ainsi que les olives et les pruneaux. Incorporez le bouillon, le cumin, le gingembre, le curcuma, la cannelle et la coriandre. Mélangez le tout.

6 Déposez les cuisses de canard sur le mélange de légumes et de pruneaux. Couvrez.

7 Mettez au four et faites cuire pendant 2 heures 30.

Variante avec lapin : remplacez les cuisses de canard par du lapin. C'est tout aussi bon !

BROCHETTES DE CANARD MARINÉ

Préparation : 30 min
Repos : 25 min
Cuisson : 5 min
Quantité : 4 portions

SANS :
œufs
lait
arachides
noix
graines de sésame
blé
poisson
mollusques
crustacés
moutarde

Préparation : 5 min
Cuisson : 1 h 15
Quantité : 4 portions

SANS :
œufs
lait
soya
arachides
noix
graines de sésame
blé
poisson
mollusques
crustacés
moutarde

Brochettes de canard mariné

Ces brochettes sont succulentes, chaudes ou froides. Nous les servons le plus souvent comme mets principal, en les accompagnant de riz et d'une salade. Elles font également d'appétissants hors-d'œuvre et relèvent le menu de n'importe quel pique-nique.

500 g (18 oz) de poitrine de canard sans la peau
15 ml (1 c. à soupe) d'huile d'olive

MARINADE
75 ml (5 c. à soupe) de sauce soya
15 ml (1 c. à soupe) de miel
15 ml (1 c. à soupe) de coriandre fraîche hachée
15 ml (1 c. à soupe) d'huile d'olive
15 ml (1 c. à soupe) de vinaigre de cidre
3 ml (¾ c. à thé) de gingembre moulu
3 ml (¾ c. à thé) de curcuma moulu
poivre

MARINADE

1 Mélangez les ingrédients de la marinade dans un récipient muni d'un couvercle fermant hermétiquement.

2 Parez les poitrines de canard. Tranchez, sur la largeur, des lanières d'environ 5 mm (moins de ¼ po) d'épaisseur. Placez ces lanières dans le récipient avec la marinade. Mettez le couvercle puis agitez vigoureusement. Laissez reposer à la température de la pièce pendant 20 minutes.

PRÉPARATION DES BROCHETTES

3 Retirez les lanières de canard de la marinade et épongez-les avec du papier absorbant. Enfilez 3 lanières sur chaque brochette de bois en les repliant 2 ou 3 fois puis en les étirant légèrement.

4 Faites chauffer l'huile d'olive dans une poêle à feu moyen-vif. Faites-y cuire les brochettes, 1 minute 30 de chaque côté.

Blé : le blé vous est interdit ? Prenez garde : plusieurs sauces soya en contiennent.

Rôti de porc

Voilà un plat tout simple mais fort pratique puisqu'on peut le déguster chaud ou froid. Nous l'utilisons parfois comme base pour préparer de délicieuses salades (voir, à titre d'exemple, la salade de porc et de tomates séchées, p. 116).

1 oignon
1 gousse d'ail
600 g (1⅓ lb) de rôti de milieu de longe de porc
1 ml (¼ c. à thé) de marjolaine moulue
sel et poivre

1 Préchauffez le four à 160 °C (325 °F).

2 Mettez l'oignon, préalablement épluché et coupé en rondelles, au fond d'un plat allant au four. Épluchez puis coupez en lamelles la gousse d'ail. Avec la pointe d'un couteau, faites des incisions dans le rôti afin d'y insérer les lamelles d'ail. Déposez le rôti sur les rondelles d'oignon. Saupoudrez de marjolaine. Salez et poivrez.

3 Faites cuire au four environ 1 heure 15 ou, si vous utilisez un thermomètre à viande, jusqu'à ce que celui-ci indique 74 °C (165 °F). Le rôti est cuit lorsqu'il est tendre et que la viande est de couleur blanchâtre (plutôt que rosée).

RÔTI DE PORC AUX DATTES

Préparation : 20 min
Cuisson : 1 h 20
Quantité : 6 portions

SANS :
œufs
lait
soya
arachides
noix
graines de sésame
blé
poisson
mollusques
crustacés
moutarde

Préparation : 20 min
Cuisson : 15 min
Quantité : 4 portions

SANS :
œufs
lait
arachides
noix
graines de sésame
blé
poisson
mollusques
crustacés
moutarde

Rôti de porc aux dattes

Un solide plat de résistance que nous servons habituellement avec du couscous (p. 112) et des asperges.

2 gousses d'ail
1 petit oignon
125 ml (½ tasse) de dattes dénoyautées
800 g (1¾ lb) de rôti de milieu de longe de porc
30 ml (2 c. à soupe) d'huile d'olive
125 ml (½ tasse) de jus de pomme
60 ml (4 c. à soupe) de vinaigre balsamique
sel et poivre

1 Préchauffez le four à 180 °C (350 °F).

2 Épluchez les gousses d'ail et l'oignon. Coupez les gousses d'ail en lamelles et l'oignon en dés. Hachez les dattes. Réservez.

3 Avec la pointe d'un couteau, faites des incisions dans le rôti afin d'y insérer les lamelles d'ail. Dans une poêle contenant un peu d'huile d'olive, saisissez quelques instants le rôti sur toutes ses faces.

4 Mettez les morceaux de dattes et d'oignon dans un plat à rôtir assez profond. Ajoutez le jus de pomme, le vinaigre balsamique et l'huile d'olive restante. Salez et poivrez. Déposez le rôti sur le tout.

5 Faites cuire au four 1 heure 15 ou, si vous utilisez un thermomètre à viande, jusqu'à ce que celui-ci indique 74 °C (165 °F).

6 Après la cuisson, récupérez le bouillon et passez-le au robot culinaire pour en faire une sauce homogène. Avant de servir, nappez de cette sauce le rôti découpé en tranches.

Mignon de porc, sauce à la florentine

On dit d'un plat qu'il est « à la florentine » lorsqu'il contient des épinards. C'est le cas de cette recette crémeuse dont nous ne nous lassons pas.

150 g (5 oz) de lardons
1 oignon rouge
½ poivron rouge
225 g (½ lb) de champignons blancs
450 g (1 lb) de filet de porc
30 ml (2 c. à soupe) d'huile d'olive
5 ml (1 c. à thé) de sauge râpée
150 g (5 oz) de feuilles d'épinards
250 ml (1 tasse) de crème de soya liquide
sel et poivre

1 Coupez les lardons en dés. Épluchez et hachez l'oignon. Coupez le poivron en dés et taillez les champignons en lamelles. Réservez séparément.

2 Coupez le filet de porc en une douzaine de tranches.

3 Faites chauffer 15 ml (1 c. à soupe) d'huile d'olive dans une grande poêle à feu moyen-vif. Faites-y cuire les tranches de porc, 3 minutes sur chaque face. Salez et poivrez. Réservez au chaud.

4 Dans la même poêle, toujours à feu moyen-vif, versez 15 ml (1 c. à soupe) d'huile d'olive puis faites-y revenir les lardons et l'oignon pendant 3 minutes. Incorporez le poivron et les champignons et poursuivez la cuisson pendant encore 3 minutes.

5 Remettez les tranches de porc dans la poêle. Ajoutez la sauge, les feuilles d'épinards et la crème de soya liquide. Réduisez à feu moyen et poursuivez la cuisson pendant 3 minutes ou jusqu'à ce que les feuilles d'épinards soient légèrement cuites et se fondent dans la crème de soya. Servez sans attendre.

Pour en savoir plus : voir à la page 30 pour obtenir plus de renseignements sur la crème de soya liquide que nous employons dans nos recettes.

Préparation : 45 min
Cuisson : 2 h 50
Repos : 8 h
Quantité : 8 portions

SANS :

œufs
lait
soya
arachides
noix
graines de sésame
poisson
mollusques
crustacés
moutarde

Préparation : 20 min
Cuisson : 50 min
Quantité : 6 portions

SANS :

œufs
lait
soya
arachides
noix
graines de sésame
blé
poisson
mollusques
crustacés
moutarde

Ragoût de pattes de porc

Un excellent antidote contre les coups de froid !

1 oignon
4 pattes de porc
1½ à 2 kg (3¼ à 4½ lb) de longe de porc avec les os
5 ml (1 c. à thé) de sauge séchée
2 feuilles de laurier
185 ml (¾ tasse) de farine de blé
450 g (1 lb) de porc haché
sel et poivre

1   Épluchez puis coupez en quartiers l'oignon.

2   Mettez, dans une grande casserole, les quartiers d'oignon, les pattes et la longe de porc, la sauge, les feuilles de laurier, le sel et le poivre. Versez de l'eau sur le tout jusqu'à ce que les morceaux de viande soient complètement immergés. Couvrez et portez à ébullition.

3   Réduisez le feu et laissez mijoter jusqu'à ce que la viande des pattes et de la longe se détache aisément des os (environ 2 heures). Réservez les morceaux de viande dans un plat à part. Laissez refroidir ceux-ci au réfrigérateur jusqu'au lendemain puis désossez. Filtrez le bouillon à l'aide d'une passoire fine (chinois) afin de ne conserver que le liquide. Mettez le bouillon au réfrigérateur jusqu'au lendemain puis dégraissez-le.

4   Préparez un roux en faisant brunir à feu doux la farine dans une poêle à revêtement antiadhésif. Remuez fréquemment à l'aide d'une cuillère de bois jusqu'à ce que la farine prenne une couleur brun roux. Versez ensuite la farine dans un bol et délayez dans 185 ml (¾ tasse) d'eau froide. Cette préparation servira à épaissir le bouillon.

5   Avec vos mains, façonnez le porc haché en lui donnant la forme de petites boulettes. Remettez le bouillon dégraissé dans la casserole et ajoutez-y les boulettes de porc haché ainsi que la viande désossée. Versez-y le roux délayé. Couvrez puis portez à ébullition. Réduisez le feu et faites mijoter pendant 45 minutes en couvrant à moitié. Rectifiez l'assaisonnement.

Filets de porc farcis

Un mets qui flatte les yeux tout autant que le palais.

900 g (2 lb) de filets de porc
2 gousses d'ail
10 asperges fines
¼ de poivron jaune
feuilles de laurier
2 ml (½ c. à thé) de marjolaine moulue
sel et poivre

1   Préchauffez le four à 180 °C (350 °F).

2   Après avoir paré les filets de porc, coupez chacun d'entre eux dans le sens de la longueur afin d'en garnir l'intérieur. Mieux vaut laisser les filets attachés à une extrémité (un peu comme un livre) ; il sera ainsi plus facile de les fourrer.

3   Épluchez les gousses d'ail. Frottez la surface intérieure des filets avec l'une des gousses. Coupez l'autre gousse en lamelles et insérez celles-ci dans les filets après y avoir pratiqué de petites incisions.

4   Disposez les asperges à l'intérieur des filets. Ajoutez le poivron après l'avoir taillé en fines lamelles. Insérez une feuille de laurier dans chaque filet.

5   Saupoudrez les filets de marjolaine. Salez et poivrez.

6   Enveloppez chaque filet dans une feuille de papier d'aluminium. Déposez dans un plat allant au four et faites cuire environ 50 minutes.

7   Retirez les filets du four. Si vous les dégustez chauds, laissez reposer environ 10 minutes avant de servir. Si vous les préférez froids, placez-les au réfrigérateur quelques heures. Au moment de servir, retirez les feuilles de laurier puis coupez les filets en tranches d'environ 3 cm (1 po) d'épaisseur.

FILETS DE PORC FARCIS

Préparation : 40 min
Cuisson : 1 h 10
Quantité : 2 tourtières

SANS :
œufs
lait
arachides
noix
graines de sésame
poisson
mollusques
crustacés
moutarde

Tourtière

L'ajout d'une patate douce à la garniture donne plus de velouté à ce plat et accroît sa valeur nutritive. La tourtière se congèle très bien.

1 grosse patate douce
2 oignons
15 ml (1 c. à soupe) d'huile d'olive
900 g (2 lb) de porc haché maigre
5 ml (1 c. à thé) de sauge séchée
2 ml (½ c. à thé) de thym séché
2 ml (½ c. à thé) de marjolaine moulue
sel et poivre
4 abaisses de pâte à tarte non cuites (p. 199)

1. Préchauffez le four à 220 °C (425 °F).

2. Pelez puis coupez en gros morceaux la patate douce. Déposez les morceaux dans une casserole. Recouvrez d'eau légèrement salée puis portez à ébullition. Couvrez et faites cuire environ 10 minutes. Retirez l'eau. Réduisez les morceaux de patate douce en purée avec un pilon. Réservez.

3. Épluchez et hachez les oignons. Faites chauffer l'huile d'olive dans une grande casserole. Faites-y cuire les oignons à feu moyen-vif jusqu'à ce qu'ils deviennent translucides (environ 3 minutes). Ajoutez le porc haché, la sauge, le thym, la marjolaine, le sel et le poivre. Poursuivez la cuisson durant 12 à 15 minutes en remuant fréquemment.

4. Incorporez la purée de patate douce à la préparation et mélangez le tout.

5. Déposez une abaisse non cuite dans un moule à tarte de façon à ce qu'elle en épouse parfaitement la forme. Coupez l'excédent de pâte sur les bords du moule. Piquez l'abaisse avec une fourchette à quelques reprises. Versez la moitié de la préparation de porc dans l'abaisse en l'étalant soigneusement. Utilisez une deuxième abaisse pour recouvrir le tout en prenant soin d'y faire au moins deux bonnes incisions. Cela permettra à la vapeur de s'échapper pendant la cuisson. Retirez l'excédent de pâte puis fermez les abaisses en en pinçant le pourtour avec vos doigts.

6. Répétez ces opérations pour préparer la deuxième tourtière.

7. Faites cuire au four, sur la grille du bas, à 220 °C (425 °F) pendant 20 minutes. Poursuivez la cuisson pendant encore 15 à 20 minutes à 180 °C (350 °F).

Variante avec bœuf : remplacez le porc par un mélange moitié porc, moitié veau.

Préparation : 15 min
Cuisson : 55 min
Quantité : 4 portions

SANS :
œufs
lait
soya
arachides
noix
graines de sésame
blé
poisson
mollusques
crustacés
moutarde

Préparation : 15 min
Cuisson : 25 min
Quantité : 4 portions

SANS :
œufs
lait
soya
arachides
noix
graines de sésame
blé
poisson
mollusques
crustacés
moutarde

Gigot d'agneau

Un bon gigot d'agneau, ça se déguste en toutes saisons, peu importe l'occasion !

1 oignon
1 gousse d'ail
zeste de ¼ de citron
1 gigot d'agneau de 900 g (2 lb)
15 ml (1 c. à soupe) de romarin séché
poivre

1   Préchauffez le four à 180 °C (350 °F).

2   Mettez l'oignon, préalablement épluché et coupé en rondelles, au fond d'un plat allant au four. Épluchez la gousse d'ail. Prélevez le zeste de citron.

3   Frottez le gigot avec la gousse d'ail puis coupez cette dernière en lamelles. Avec la pointe d'un couteau, faites des incisions dans le gigot afin d'y insérer les lamelles d'ail et le zeste de citron. Après avoir saupoudré de romarin et de poivre toutes les faces du gigot, déposez celui-ci dans le plat allant au four, sur les rondelles d'oignon.

4   Faites cuire au four environ 55 minutes ou, si vous utilisez un thermomètre à viande, jusqu'à ce que celui-ci indique 65 °C (150 °F). Le centre du gigot doit demeurer rosé.

Hachis d'agneau

Un plat simple et familial qu'on peut notamment servir avec du couscous (p. 112).

1 gousse d'ail
1 poireau
15 ml (1 c. à soupe) d'huile d'olive
450 g (1 lb) d'agneau haché
5 ml (1 c. à thé) de romarin séché
3 pommes de terre
250 ml (1 tasse) de maïs en grains
1 poivron vert
sel et poivre

1   Épluchez et hachez l'ail. Coupez le poireau en rondelles (parties blanche et vert pâle seulement).

2   Faites chauffer l'huile d'olive dans une grande poêle à feu moyen-vif. Faites-y revenir, pendant environ 3 minutes, les morceaux d'ail et de poireau.

3   Ajoutez l'agneau haché, le romarin, le sel et le poivre. Réduisez à feu moyen et poursuivez la cuisson pendant 20 minutes.

4   Pendant ce temps, pelez les pommes de terre puis piquez-les sur tous les côtés avec un petit couteau. Déposez-les ensuite dans un plat allant au four à micro-ondes et faites cuire, à puissance maximale, pendant 5 minutes. Incorporez les pommes de terre cuites au contenu de la poêle, après les avoir coupées en cubes.

5   Ajoutez le maïs en grains et le poivron, préalablement coupé en dés, 5 minutes avant la fin de la cuisson. Rectifiez l'assaisonnement.

Préparation : 35 min
Cuisson : 1 h 45
Quantité : 6 portions
(environ 25 boulettes)

SANS :
œufs
lait
soya
arachides
noix
graines de sésame
blé
poisson
mollusques
crustacés
moutarde

Tajine au kefta

Ce mets d'origine maghrébine réjouit l'œil comme les papilles, surtout si vous le présentez dans un tajine, ce merveilleux plat en terre cuite souvent coloré et muni d'un couvercle conique bien caractéristique. Nous le servons avec du couscous (p. 112) et une salade.

1 gros oignon
30 ml (2 c. à soupe) de coriandre fraîche hachée
450 g (1 lb) d'agneau haché
450 g (1 lb) de veau haché
30 ml (2 c. à soupe) de pâte de tomates (sans assaisonnements)
10 ml (2 c. à thé) de coriandre moulue
5 ml (1 c. à thé) de cumin moulu
5 ml (1 c. à thé) de sel
5 ml (1 c. à thé) de paprika moulu
5 ml (1 c. à thé) de gingembre moulu
3 ml (¾ c. à thé) de piment moulu
poivre
60 ml (4 c. à soupe) d'huile d'olive
3 tomates italiennes
2 pommes de terre
4 tiges de thym frais

1 Préchauffez le four à 135 °C (275 °F).

2 Épluchez et hachez l'oignon. Hachez la coriandre fraîche.

3 Mettez l'agneau et le veau hachés dans un grand bol. Ajoutez les morceaux d'oignon et la coriandre fraîche. Incorporez ensuite la pâte de tomates ainsi que les épices et l'huile d'olive.

4 Huilez légèrement vos mains. Avec celles-ci, mélangez puis façonnez la préparation en lui donnant la forme de boulettes un peu plus grosses que des balles de golf. Déposez ces boulettes dans un tajine ou dans une cocotte en fonte.

5 Coupez les tomates en 4 et les pommes de terre en 6, sur la longueur. Disposez joliment les morceaux de tomates et de pommes de terre dans le plat de cuisson. Déposez les tiges de thym sur le tout.

6 Mettez le couvercle et faites cuire au four pendant 1 heure 45.

TAJINE AU KEFTA

Préparation : 20 min
Repos : 30 min
Cuisson : 10 min
Quantité : 4 portions

SANS :
œufs
lait
arachides
noix
graines de sésame
blé
poisson
mollusques
crustacés
moutarde

Bison à l'orientale

Un heureux mélange de saveurs !

1 orange
450 g (1 lb) de rôti de fesse de bison
½ poivron rouge
1 bouquet de brocoli
2 ciboules
15 ml (1 c. à soupe) de sauce soya
5 ml (1 c. à thé) de fécule de maïs
30 ml (2 c. à soupe) de gingembre frais émincé
30 ml (2 c. à soupe) d'huile de canola
200 g (7 oz) de vermicelles de riz

1   Pressez l'orange afin d'en extraire tout le jus. Prélevez puis hachez finement le zeste. Taillez le rôti de bison en fines lanières. Mélangez les lanières de bison, le jus et le zeste d'orange dans un récipient muni d'un couvercle. Laissez mariner pendant 30 minutes au réfrigérateur.

2   Pendant que le bison marine, découpez le poivron en fines lanières. Détachez ensuite les têtes de brocoli et émincez les queues. Réservez.

3   Hachez les ciboules et réservez séparément.

4   Récupérez la préparation liquide utilisée pour faire mariner le bison et réservez. Dans un bol, mélangez le bison, la sauce soya, la fécule de maïs et le gingembre.

5   Faites chauffer l'huile de canola dans un wok ou une grande poêle. Saisissez les lanières de bison dans l'huile chaude jusqu'à ce qu'elles changent de couleur (environ 2 minutes). Retirez les lanières de bison et réservez.

6   Ajoutez le brocoli et le poivron rouge et poursuivez la cuisson à feu vif pendant 5 minutes. Incorporez les ciboules, la marinade et les lanières de bison. Faites cuire, en brassant constamment, jusqu'à ce que la sauce bouillonne et épaississe.

7   Faites cuire les vermicelles de riz dans une casserole d'eau bouillante pendant 2 minutes.

8   Servez le mélange de bison sur un lit de vermicelles de riz.

Blé : le blé vous est interdit ? Prenez garde : plusieurs sauces soya en contiennent.

Préparation : 15 min
Cuisson : 25 min
Quantité : 8 portions

SANS :
œufs
lait
soya
arachides
noix
graines de sésame
blé
poisson
mollusques
crustacés
moutarde

Pâté chinois

Notre interprétation d'un mets traditionnel (qui, bien sûr, n'a rien de chinois !). Ce plat se congèle très bien.

675 g (1½ lb) de patates douces
350 g (¾ lb) de pommes de terre
1 gros oignon
15 ml (1 c. à soupe) d'huile d'olive
900 g (2 lb) d'agneau haché
10 ml (2 c. à thé) de romarin séché
750 ml (3 tasses) de maïs en grains
sel et poivre

1   Pelez puis coupez en gros morceaux les patates douces et les pommes de terre. Mettez les morceaux de pommes de terre dans une casserole remplie d'eau bouillante légèrement salée. Faites bouillir pendant 3 minutes. Incorporez les morceaux de patates douces et poursuivez la cuisson pendant 10 minutes ou jusqu'à ce que les morceaux soient tendres (ce que vous pouvez vérifier en les piquant à l'aide d'une fourchette). Retirez la plus grande partie de l'eau de cuisson puis passez les morceaux de patates douces et de pommes de terre au mélangeur à main ou au robot culinaire jusqu'à l'obtention d'une belle purée lisse. Réservez.

2   Épluchez et hachez l'oignon. Faites chauffer l'huile d'olive dans une poêle à feu moyen-vif. Faites-y revenir l'oignon jusqu'à ce qu'il devienne translucide (environ 3 minutes). Ajoutez l'agneau haché, le romarin, le sel et le poivre. Réduisez à feu moyen et faites cuire pendant environ 15 minutes en brassant fréquemment.

3   Dans un bol, passez au mélangeur à main la moitié du maïs en grains pour en faire une crème et réservez.

4   Disposez le mélange d'agneau au fond d'un grand plat allant au four. Versez dessus la crème de maïs et les grains de maïs. Couvrez le tout avec la purée de patates douces et de pommes de terre.

5   Allumez le gril du four. Mettez le plat au four et faites légèrement griller la surface (environ 5 minutes).

Variante aux champignons : si le maïs vous est interdit, vous pouvez remplacer celui-ci par une duxelles (p. 109).

PÂTÉ CHINOIS

SAUCISSES À LA GISÈLE

Préparation : 45 min
Repos : 10 min
Cuisson : 40 min
Quantité : 20 saucisses

SANS :
œufs
lait
soya
arachides
noix
graines de sésame
poisson
mollusques
crustacés
moutarde

Saucisses à la Gisèle

Ah, les saucisses ! Véritables boîtes de Pandore pour quiconque souffre d'allergies alimentaires, elles sont souvent à l'origine de réactions inexplicables. La solution ? Toujours la même : les préparer vous-même ! Vous pouvez remplacer le boulgour mentionné dans la recette par du couscous.

80 ml (⅓ tasse) de boulgour
80 ml (⅓ tasse) de jus de tomate
60 ml (4 c. à soupe) d'eau
1 oignon
2 gousses d'ail
¾ de poivron vert
450 g (1 lb) d'agneau haché
350 g (¾ lb) de porc haché
2 ml (½ c. à thé) de romarin séché
2 ml (½ c. à thé) de sarriette séchée
1 ml (¼ c. à thé) de thym séché
1 ml (¼ c. à thé) de marjolaine moulue
3 clous de girofle
125 ml (½ tasse) de chapelure (p. 186)
sel et poivre

1 Mettez le boulgour dans un petit bol. Ajoutez le jus de tomate et l'eau. Mélangez. Laissez reposer 10 minutes afin de permettre au boulgour de gonfler.

2 Épluchez et hachez finement l'oignon et les gousses d'ail. Hachez tout aussi finement le poivron vert.

3 Dans un grand bol, mettez l'oignon, l'ail, le poivron vert, l'agneau, le porc ainsi que le mélange de boulgour. Incorporez le romarin, la sarriette, le thym, la marjolaine et les clous de girofle (préalablement écrasés). Salez et poivrez.

4 Mélangez tous les ingrédients avec vos mains. Façonnez ensuite la préparation en lui donnant la forme de boulettes à hamburger. Vous pouvez également lui donner la forme allongée des saucisses traditionnelles en la roulant entre les paumes de vos mains ou sur une surface de travail.

5 Préchauffez le four à 180 °C (350 °F). Versez la chapelure dans une assiette. Roulez chaque saucisse dans la chapelure afin qu'elle en soit bien enrobée. Déposez les saucisses sur une plaque à pâtisserie à revêtement antiadhésif.

6 Faites cuire au four pendant environ 40 minutes.

Variante avec œuf : tante Gisèle incorpore un œuf battu à cette préparation pour bien lier la viande. Si vous pouvez vous le permettre, allez-y ! Les saucisses n'en seront que meilleures !

Variante avec graines de lin : vous pouvez remplacer l'œuf mentionné dans la variante précédente par 1 cube de filtrat de graines de lin (p. 70), qui a le même effet liant.

Préparation : 15 min
Cuisson : 15 min
Quantité : 4 portions

SANS :

œufs
lait
soya
arachides
noix
graines de sésame
poisson
mollusques
crustacés
moutarde

Préparation : 30 min
Cuisson : 1 h 10
Quantité : 6 portions

SANS :
œufs
lait
soya
arachides
noix
graines de sésame
blé
poisson
mollusques
crustacés
moutarde

Saucisses à la Ford Coppola

Il y a plusieurs années, un magazine avait publié la recette d'un plat de saucisses élaboré par le célèbre réalisateur Francis Ford Coppola. Séduits, nous avions tout de suite adopté cette recette. Au fil des ans, nous en avons modifié la composition jusqu'à en arriver à la recette qui suit. Bien que cette dernière se distingue de plus d'une façon de l'originale, elle en a, croyons-nous, conservé l'esprit.

1 oignon
2 gousses d'ail
1 poivron rouge
½ poivron vert
15 ml (1 c. à soupe) d'huile d'olive
16 champignons blancs
1 tomate
8 à 12 saucisses à la Gisèle cuites (p. 153)
125 ml (½ tasse) d'olives noires dénoyautées
30 ml (2 c. à soupe) de persil frais haché
5 ml (1 c. à thé) d'origan séché
125 ml (½ tasse) de jus de tomate
125 ml (½ tasse) de vin rouge (facultatif)
sel et poivre

1   Épluchez et hachez l'oignon et les gousses d'ail. Coupez les poivrons en dés. Faites chauffer l'huile d'olive dans une grande poêle à feu moyen-vif. Faites-y cuire l'oignon, l'ail et les poivrons pendant 4 minutes.

2   Coupez les champignons en quartiers et la tomate en gros dés. Ajoutez-les au contenu de la poêle. Faites cuire le tout à feu vif pendant 3 minutes.

3   Mettez les saucisses dans la poêle après les avoir coupées en rondelles épaisses. Ajoutez les olives (préalablement égouttées), le persil, l'origan, le sel et le poivre. Versez enfin le jus de tomate et le vin.

4   Réduisez le feu et laissez mijoter pendant environ 5 minutes ou jusqu'à ce que la préparation soit bien chaude.

Œufs : attention au vin si vous devez éviter les œufs. Certains vins sont en effet clarifiés avec du blanc d'œuf.

Lapin aux olives

On reproche souvent au lapin d'être trop sec. Ce n'est certainement pas le cas de celui-ci, qui fond littéralement dans la bouche. Essayez pour voir !

1 lapin
225 g (½ lb) de lardons
30 ml (2 c. à soupe) d'huile d'olive
2 ml (½ c. à thé) de piment rouge séché moulu
1 oignon
3 tomates italiennes
3 ml (¾ c. à thé) de paprika moulu
250 ml (1 tasse) de bouillon de poulet (p. 65) **ou de légumes** (p. 67)
185 ml (¾ tasse) d'olives noires dénoyautées
2 tiges de romarin frais
sel et poivre

1   Coupez le lapin en 6 morceaux en détachant les 4 pattes et en sectionnant le râble en deux parties. Réservez.

2   Coupez les lardons en petits dés. Faites chauffer 15 ml (1 c. à soupe) d'huile d'olive dans une grande casserole (ou dans une cocotte) à feu moyen-vif. Ajoutez les morceaux de lardons et le piment. Faites revenir pendant 3 minutes.

3   Réduisez à feu moyen. Versez 15 ml (1 c. à soupe) d'huile d'olive. Ajoutez les morceaux de lapin. Faites saisir ceux-ci 7 minutes sur chaque face. Salez et poivrez.

4   Épluchez et hachez l'oignon. Coupez les tomates en cubes. Ajoutez les morceaux d'oignon et de tomates ainsi que le paprika et poursuivez la cuisson pendant 10 minutes en remuant de temps à autre.

5   Versez le bouillon sur le tout puis couvrez. Poursuivez la cuisson pendant 20 minutes.

6   Ajoutez au contenu de la casserole les olives, préalablement coupées en deux, ainsi que les tiges de romarin. Réduisez à feu doux. Couvrez la casserole et poursuivez la cuisson pendant encore 20 minutes. Rectifiez l'assaisonnement.

Préparation : 30 min
Repos : 6 h ou plus
Cuisson : 1 h 25
Quantité : 6 portions

SANS :
œufs
lait
soya
arachides
noix
graines de sésame
poisson
mollusques
crustacés
moutarde

Lapin à la bière

Une autre recette de lapin que nous adorons.

1 lapin
125 ml (½ tasse) de farine de blé
5 ml (1 c. à thé) de paprika moulu
200 g (7 oz) de lardons
45 ml (3 c. à soupe) d'huile d'olive
6 pommes de terre

MARINADE
2 oignons
1 gousse d'ail
2 carottes
5 ml (1 c. à thé) de sel
2 feuilles de laurier
1 ml (¼ c. à thé) de piment rouge séché moulu
1 ml (¼ c. à thé) de muscade moulue
750 ml (3 tasses) de bière
poivre

1   Épluchez et coupez les oignons en fines rondelles. Épluchez et hachez l'ail. Pelez et râpez les carottes.

2   Dans un grand récipient muni d'un couvercle fermant hermétiquement, mélangez les oignons, l'ail, les carottes ainsi que tous les autres ingrédients de la marinade.

3   Coupez le lapin en 6 morceaux en détachant les 4 pattes et en sectionnant le râble en deux parties. Immergez les morceaux de lapin (avec les rognons et le foie) dans la marinade. Agitez vigoureusement puis laissez reposer au réfrigérateur pendant 6 heures ou plus.

4   Retirez les morceaux de lapin de la marinade et épongez-les avec du papier absorbant. Mettez la farine de blé et le paprika dans un sac. Ajoutez les morceaux de lapin (sans le foie ni les rognons) et secouez afin de bien enrober ceux-ci du mélange de farine et de paprika. Réservez le foie et les rognons au réfrigérateur.

5   Coupez les lardons en petits dés. Faites chauffer l'huile d'olive dans une grande casserole, à feu moyen. Faites-y revenir les morceaux de lardons pendant 3 minutes. Retirez-les de la casserole. Réservez.

6   Dans la même casserole, faites dorer pendant 4 minutes les morceaux de lapin en les retournant à la mi-cuisson. Rajoutez un peu d'huile d'olive si nécessaire.

7   Remettez les morceaux de lardons dans la casserole. Ajoutez la marinade. Couvrez et faites mijoter à feu doux pendant 45 minutes.

8   Pelez puis coupez les pommes de terre en rondelles assez fines ou en petits quartiers. Mettez les pommes de terre dans la casserole. Ajoutez les rognons et le foie. Remettez le couvercle et poursuivez la cuisson pendant 30 minutes.

Lait, arachides, noix et poisson : la plupart des bières contiennent du gluten. Elles peuvent en outre contenir des arachides, des noix, du poisson, des produits laitiers et divers autres allergènes sans que cela soit indiqué sur l'étiquette.

POISSONS

Peut-on, lorsqu'on est allergique au poisson, adopter comme animal de compagnie un poisson rouge ? C'est la question qu'a posée **Scott**, un jeune garçon de neuf ans, à son allergologue. « Je n'y vois aucun problème, a répondu ce dernier, à condition que tu ne le manges pas. »

Tiré du bulletin de l'Association d'information sur l'allergie et l'asthme (AIAA), *Nouvelles du Québec*, juin 2001, vol. 3, n° 1, p. 7.

CROQUETTES DE THON

Préparation : 45 min
Cuisson : 35 min
Quantité : 20 croquettes

SANS :
œufs
lait
arachides
noix
graines de sésame
blé
mollusques
crustacés
moutarde

Croquettes de thon

Elles sont vraiment exquises, ces petites croquettes. Mieux vaut toutefois éviter de les congeler (une fois décongelées, elles ont tendance à se défaire en morceaux).

1 patate douce
5 pommes de terre
30 ml (2 c. à soupe) de margarine
125 ml (½ tasse) de boisson de soya non sucrée
½ oignon
1 poireau
1 poivron rouge
15 ml (1 c. à soupe) d'huile d'olive
350 g (¾ lb) de thon conservé dans l'eau, égoutté
15 ml (1 c. à soupe) de ciboulette fraîche hachée
3 ml (¾ c. à thé) de paprika moulu
185 ml (¾ tasse) de flocons d'avoine
sel et poivre

1 Pelez puis coupez la patate douce et les pommes de terre en gros morceaux. Mettez ceux-ci dans une casserole remplie d'eau bouillante légèrement salée. Faites bouillir pendant environ 12 minutes ou jusqu'à ce que les morceaux soient tendres (ce que vous pouvez vérifier en les piquant à l'aide d'une fourchette).

2 Transférez les morceaux de patate et de pommes de terre dans un bol après avoir retiré l'eau. Ajoutez la margarine et la boisson de soya. Réduisez le tout en purée à l'aide d'un pilon. Réservez.

3 Épluchez puis hachez finement l'oignon. Hachez tout aussi finement le poireau (parties blanche et vert pâle seulement) et le poivron rouge. Faites chauffer l'huile d'olive dans une poêle à feu moyen-vif. Faites-y revenir, pendant environ 5 minutes, l'oignon, le poireau et le poivron rouge. Remuez à l'occasion.

4 Retirez les légumes du feu et mettez-les dans un grand bol. Incorporez la purée de patate douce et de pommes de terre, le thon émietté, la ciboulette, le paprika, le sel et le poivre. Mélangez.

5 Avec vos mains, façonnez la préparation en lui donnant la forme de petites saucisses légèrement aplaties. Réduisez les flocons d'avoine en poudre à l'aide d'un mélangeur. Versez cette chapelure dans une assiette. Roulez chaque croquette dans la chapelure afin qu'elle en soit bien enrobée. Déposez les croquettes sur une plaque à pâtisserie à revêtement antiadhésif.

6 Allumez le gril du four. Faites griller les croquettes jusqu'à ce que l'extérieur soit doré (environ 15 minutes). Retournez les croquettes à la mi-cuisson.

Lait : allergique aux produits laitiers ? Plusieurs margarines en contiennent, aussi est-il important de lire attentivement la liste des ingrédients de celle que vous utilisez.

Préparation : 15 min
Repos : 15 min
Cuisson : 5 min
Quantité : 4 portions

SANS :
œufs
lait
arachides
noix
graines de sésame
blé
mollusques
crustacés
moutarde

Brochettes de thon

Des brochettes raffinées, comme on peut en déguster à l'île Maurice !

450 g (1 lb) de thon frais, sans la peau
huile de tournesol (pour la cuisson)

MARINADE
1 gousse d'ail
3 g (¹⁄₁₀ oz) de gingembre frais
80 ml (⅓ tasse) de crème aigre au tofu (p. 260)
45 ml (3 c. à soupe) de jus de citron
10 ml (2 c. à thé) de cumin moulu
sel et poivre

MARINADE

1 Épluchez et hachez l'ail et le gingembre.

2 Mélangez l'ail, le gingembre ainsi que tous les autres ingrédients de la marinade dans un récipient muni d'un couvercle fermant hermétiquement.

3 À l'aide d'un couteau bien tranchant, découpez le thon en morceaux assez gros (16 à 20 morceaux au total). Immergez les morceaux de thon dans la marinade, mettez le couvercle et agitez vigoureusement. Laissez reposer au réfrigérateur pendant 15 minutes.

PRÉPARATION DES BROCHETTES

4 Montez 4 brochettes en enfilant 4 à 5 morceaux de thon sur chacune.

5 Faites chauffer l'huile de tournesol dans une grande poêle (idéalement striée) à feu moyen-vif. Faites cuire les brochettes 2 minutes sur une face, puis encore 2 minutes sur la face opposée.

Préparation : moins de 5 min
Cuisson : 10 min
Quantité : 4 portions

SANS :
œufs
lait
soya
arachides
noix
graines de sésame
blé
mollusques
crustacés
moutarde

Saumon au vinaigre de vin à la framboise

Ainsi apprêtés, les filets de saumon peuvent être servis chauds ou froids. Refroidis, ils sont particulièrement délectables nappés de tzatziki (p. 79) ou de mayonnaise (p. 258).

5 ml (1 c. à thé) d'huile de canola
800 g (1¾ lb) de filets de saumon
5 ml (1 c. à thé) de sarriette séchée
10 ml (2 c. à thé) de ciboulette fraîche hachée
10 ml (2 c. à thé) de vinaigre de vin à la framboise
sel et poivre

1 Faites chauffer l'huile de canola dans une poêle à feu vif. Déposez-y les filets de saumon, peau contre la poêle. Saupoudrez de sarriette et de ciboulette. Faites cuire pendant environ 4 minutes.

2 Retournez les filets. Retirez la peau en vous servant d'une spatule et d'un couteau (normalement, cela devrait se faire très facilement). Réduisez à feu moyen-vif et poursuivez la cuisson pendant environ 2 minutes.

3 Retournez une nouvelle fois les filets. Salez, poivrez puis versez le vinaigre de vin dans la poêle. Poursuivez la cuisson pendant 1 minute. Retirez du feu et servez sans attendre.

Préparation : moins de 5 min
Cuisson : 10 min
Quantité : 4 portions

SANS :
œufs
lait
soya
arachides
noix
graines de sésame
blé
mollusques
crustacés
moutarde

Filets de truite aux olives noires

Une recette simple aux saveurs méditerranéennes.

5 ml (1 c. à thé) d'huile d'olive
800 g (1¾ lb) de filets de truite
5 ml (1 c. à thé) d'origan séché
45 ml (3 c. à soupe) de tapenade (p. 262)
sel et poivre

1 Faites chauffer l'huile d'olive dans une poêle à feu vif. Déposez-y les filets de truite, peau contre la poêle. Saupoudrez d'origan. Faites cuire pendant environ 3 minutes.

2 Retournez les filets. Retirez la peau en vous servant d'une spatule et d'un couteau (normalement, cela devrait se faire très facilement). Réduisez à feu moyen-vif et poursuivez la cuisson pendant environ 2 minutes.

3 Retournez une nouvelle fois les filets. Salez, poivrez puis étalez la tapenade en formant un long trait noir sur chaque filet. Poursuivez la cuisson pendant 1 minute. Retirez du feu et servez sans attendre.

Truc : le temps de cuisson est approximatif puisqu'il varie selon l'épaisseur des filets. Comment savoir si ces derniers sont prêts ? Si leur centre est rose foncé et qu'ils se défont facilement à la fourchette sans être secs, c'est qu'ils le sont !

PÂTES

Annabelle, six ans, n'a pas d'allergies alimentaires, mais sa maman, si. Annabelle se sent très concernée par les allergies de sa mère et fait tout ce qu'elle peut pour la protéger. Heureusement que la cuisine de grand-maman est sans danger ! Celle-ci prépare en effet le meilleur spaghetti « égratigné » au monde ! Pas étonnant : elle y met du fromage « fendu » !

Sauce à spaghetti de grand-maman Denise

Préparation: 20 min
Cuisson: 1 h 30
Quantité: 2¾ l (11 tasses)

SANS:
œufs
lait
soya
arachides
noix
graines de sésame
blé
poisson
mollusques
crustacés
moutarde

Éprouvée par trois générations successives, la sauce à spaghetti de grand-maman Denise a subi avec succès l'épreuve du temps. Grand-maman y ajoute parfois d'autres légumes (branches de céleri, tomates italiennes fraîches, etc.). Il nous arrive, pour notre part, d'y mettre du maïs en grains. La sauce à spaghetti se congèle très bien.

3 gousses d'ail
2 oignons
1 carotte
1 poivron rouge
1 poivron vert
12 champignons
450 g (1 lb) de porc haché
1 625 ml (6½ tasses) de tomates en conserve coupées en dés (sans assaisonnements)
330 ml (1⅓ tasse) de pâte de tomates (sans assaisonnements)
5 ml (1 c. à thé) de sauge séchée
5 ml (1 c. à thé) d'origan séché
2 feuilles de laurier
sel et poivre

1 Épluchez et hachez les gousses d'ail et les oignons. Émincez la carotte, les poivrons et les champignons. Réservez.

2 Faites revenir le porc haché (sans le faire brunir) dans une grande casserole à feu moyen. Lorsque le porc a perdu sa couleur rouge, ajoutez les morceaux d'ail et d'oignons et laissez cuire jusqu'à ce qu'ils deviennent translucides (environ 3 minutes). Remuez fréquemment.

3 Ajoutez les morceaux de carotte, de poivrons et de champignons. Couvrez. Laissez mijoter 15 minutes.

4 Incorporez les tomates coupées en dés, la pâte de tomates, la sauge, l'origan, les feuilles de laurier, le sel et le poivre. Mélangez. Portez à ébullition. Réduisez le feu et laissez mijoter en couvrant à moitié pendant 1 heure. Brassez de temps à autre. Rectifiez l'assaisonnement puis retirez les 2 feuilles de laurier.

Sauce marinara

Préparation: 10 min
Cuisson: 55 min
Quantité: 1¾ l (7 tasses)

SANS:
œufs
lait
soya
arachides
noix
graines de sésame
blé
poisson
mollusques
crustacés
moutarde

La sauce marinara rehausse, en toute simplicité, le goût des pâtes. Il nous arrive également de la servir avec une courge spaghetti (voir à la page 110 pour la préparation de la courge spaghetti) ou encore avec de la polenta (p. 112). La sauce marinara se congèle très bien.

2 gousses d'ail
1 oignon
185 ml (¾ tasse) d'huile d'olive
1 625 ml (6½ tasses) de tomates en conserve coupées en dés (sans assaisonnements)
160 ml (⅔ tasse) de pâte de tomates (sans assaisonnements)
10 ml (2 c. à thé) d'origan séché
10 ml (2 c. à thé) de basilic séché
sel et poivre

1 Épluchez et hachez les gousses d'ail et l'oignon.

2 Faites chauffer 45 ml (3 c. à soupe) d'huile d'olive dans une grande casserole. Ajoutez l'ail et l'oignon. Faites cuire à feu moyen-vif jusqu'à ce que l'ail et l'oignon deviennent translucides (environ 3 minutes).

3 Incorporez les tomates coupées en dés, la pâte de tomates, l'origan, le basilic, le sel et le poivre. Mélangez. Laissez mijoter à feu doux en couvrant à demi pendant 45 minutes. Brassez de temps à autre.

4 Versez le restant d'huile d'olive. Mélangez puis laissez mijoter 5 minutes de plus. Passez la sauce au mélangeur à main (ou au robot culinaire) afin qu'elle devienne parfaitement homogène.

Variante avec soya: pour obtenir une sauce rosée plus «protéinée», il vous suffit d'ajouter 375 ml (1½ tasse) de tofu mou à texture fine (p. 30) au mélange. Incorporez le tofu en même temps que l'huile d'olive (étape 4 de la recette).

Variante avec pistou: ajoutez à la sauce, en même temps que l'huile d'olive (étape 4 de la recette), 2 cubes de pistou décongelés (p. 262).

SAUCE MARINARA

SAUCE RAPIDO PRESTO !

Préparation : 10 min
Cuisson : 10 min
Quantité : 1⅛ l (4½ tasses)

SANS :
œufs
lait
soya
arachides
noix
graines de sésame
blé
poisson
mollusques
crustacés
moutarde

Préparation : 10 min
Cuisson : 15 min
Quantité : 4 portions

SANS :
œufs
lait
soya
arachides
noix
graines de sésame
blé
mollusques
crustacés
moutarde

Sauce rapido presto!

D'après la petite histoire, ce sont les filles de joie de la région de Naples qui ont inventé cette sauce dont la qualité première est d'être prête en moins de temps qu'il n'en faut pour dire amore mio. *En Italie, la sauce* alla puttanesca *(puisque tel est son nom) est devenue un classique souvent revisité… et que nous avons osé réinterpréter à notre tour.* Buon appetito !

1 gousse d'ail
1 oignon
45 ml (3 c. à soupe) d'huile d'olive
810 ml (3¼ tasses) de tomates en conserve coupées en dés
  (sans assaisonnements)
45 ml (3 c. à soupe) de pâte de tomates (sans assaisonnements)
375 ml (1½ tasse) d'olives noires dénoyautées
45 ml (3 c. à soupe) de câpres
15 ml (1 c. à soupe) de persil frais haché
5 ml (1 c. à thé) d'origan séché
5 ml (1 c. à thé) de basilic séché
sel et poivre

1 Épluchez et hachez la gousse d'ail et l'oignon.

2 Faites chauffer l'huile d'olive dans une grande poêle. Ajoutez l'ail et l'oignon. Faites cuire à feu moyen-vif jusqu'à ce que l'ail et l'oignon deviennent translucides (environ 3 minutes).

3 Incorporez les tomates coupées en dés (après les avoir égouttées), la pâte de tomates, les olives (après les avoir émincées), les câpres, le persil, l'origan, le basilic, le sel et le poivre. Mélangez. Poursuivez la cuisson à feu moyen pendant 5 minutes. Brassez de temps à autre.

Sauce au thon

Versez cette sauce sur les pâtes de votre choix et, pour faire joli, garnissez chaque assiette d'une feuille de basilic ou de persil.

1 gousse d'ail
1 oignon
2 tomates
75 ml (5 c. à soupe) d'huile d'olive
75 ml (5 c. à soupe) de pâte de tomates (sans assaisonnements)
120 g (4 oz) de thon conservé dans l'eau, égoutté
4 feuilles de basilic frais
2 tiges de thym frais
sel et poivre

1 Épluchez et hachez la gousse d'ail et l'oignon. Épépinez les tomates (voir le truc n° 1, p. 80) puis taillez-les en petits dés.

2 Faites chauffer 15 ml (1 c. à soupe) d'huile d'olive dans une poêle à feu moyen-vif. Faites-y revenir les morceaux d'oignon jusqu'à ce qu'ils soient translucides (environ 3 minutes).

3 Ajoutez l'ail et les tomates. Poursuivez la cuisson pendant 5 minutes en remuant de temps à autre.

4 Ajoutez 60 ml (4 c. à soupe) d'huile d'olive de même que la pâte de tomates et le thon. Mélangez.

5 Ajoutez à la sauce les feuilles de basilic préalablement coupées en fines lanières ainsi que les feuilles de thym, sans les tiges. Salez et poivrez. Poursuivez la cuisson pendant encore 5 minutes.

Soya : certaines marques de thon en conserve dans l'eau contiennent de la protéine de soya hydrolysée.

Préparation : 40 min
Cuisson : 1 h
Quantité : 10 portions

SANS :

œufs
lait
arachides
noix
graines de sésame
poisson
mollusques
crustacés
moutarde

Lasagnes sans fromage

Étonnantes, ces lasagnes : elles ont l'allure (sinon exactement le goût) de « vraies » ! N'hésitez pas à remplacer la sauce à la viande proposée par celle de votre choix. À cet égard, la sauce à spaghetti de grand-maman Denise (p. 164) est une excellente solution de rechange. Les lasagnes sans fromage se congèlent fort bien.

16 lasagnes de blé
375 ml (1½ tasse) de tofu ferme à texture fine
500 ml (2 tasses) de sauce béchamel au soya (p. 69)

SAUCE À LA VIANDE
2 gousses d'ail
1 oignon
1 poivron vert
1 poivron rouge
12 champignons
30 ml (2 c. à soupe) d'huile d'olive
450 g (1 lb) de veau haché
810 ml (3¼ tasses) de tomates en conserve coupées en dés
   (sans assaisonnements)
160 ml (⅔ tasse) de pâte de tomates (sans assaisonnements)
160 ml (⅔ tasse) d'eau
5 ml (1 c. à thé) de romarin séché
7 ml (1½ c. à thé) d'origan séché
sel et poivre

1   Faites cuire les lasagnes dans une grande casserole d'eau bouillante légèrement salée en respectant le temps de cuisson indiqué sur l'emballage. Passez rapidement les lasagnes sous l'eau froide puis égouttez-les sur un linge. Réservez.

SAUCE À LA VIANDE

2   Épluchez et hachez les gousses d'ail et l'oignon. Coupez les poivrons en dés et taillez les champignons en lamelles.

3   Versez l'huile d'olive dans une grande casserole et saisissez à feu moyen les morceaux d'oignon, d'ail et de poivrons pendant environ 2 minutes. Ajoutez le veau haché et poursuivez la cuisson durant 5 minutes.

4   Incorporez les champignons. Après avoir saisi ces derniers, ajoutez les tomates, la pâte de tomates, l'eau, le romarin et 2 ml (½ c. à thé) d'origan. Salez et poivrez.

5   Portez à ébullition. Réduisez le feu et laissez mijoter pendant 15 minutes. Réservez.

PRÉPARATION DES LASAGNES

6   Préchauffez le four à 190 °C (375 °F).

7   Dans un grand plat à rôtir rectangulaire badigeonné d'huile d'olive, superposez en couches successives les lasagnes et les sauces en respectant l'ordre suivant :

   1re couche : nappez le fond du plat d'un peu de sauce à la viande.
   2e couche : disposez la moitié des lasagnes en les faisant se chevaucher un peu.
   3e couche : versez la moitié de la sauce béchamel au soya.
   4e couche : versez la moitié de la sauce à la viande.
   5e couche : répartissez sur toute la surface de minces tranches de tofu ferme.
   6e couche : disposez les lasagnes restantes.
   7e couche : versez le reste de la sauce à la viande.
   8e couche : versez le reste de la sauce béchamel au soya.
   9e couche : séparez en petits morceaux ce qui reste du tofu et parsemez-en la surface.

8   Saupoudrez le tout de 5 ml (1 c. à thé) d'origan. Faites cuire au four pendant approximativement 30 minutes. Terminez en faisant légèrement brunir la surface.

Œufs : les pâtes de blé fraîches, tout comme certaines pâtes de blé sèches, peuvent contenir des œufs. Comme toujours, une lecture attentive de la liste des ingrédients s'impose !

Pour en savoir plus : voir à la page 30 pour obtenir plus de renseignements sur le tofu à texture fine que nous employons dans nos recettes.

LASAGNES SANS FROMAGE

Préparation : 20 min
Cuisson : 10 min
Quantité : 5 portions

SANS :

œufs
lait
soya
arachides
noix
graines de sésame
poisson
mollusques
crustacés
moutarde

Préparation : 10 min
Cuisson : 15 min
Quantité : 5 portions

SANS :

œufs
lait
arachides
noix
graines de sésame
poisson
mollusques
crustacés
moutarde

Spirales d'été

Une salade de pâtes froides aux couleurs de l'Italie, idéale pour un pique-nique.

8 tomates séchées
450 g (1 lb) de spirales de blé
3 ciboules
1 poivron vert
1 poivron rouge
4 champignons blancs
6 cœurs de palmier en conserve
2 cubes de pistou décongelés (p. 262)
60 ml (4 c. à soupe) d'huile d'olive
15 ml (1 c. à soupe) de vinaigre de vin à l'estragon
15 ml (1 c. à soupe) de jus de citron
sel et poivre

1 Réhydratez les tomates séchées si nécessaire (voir le truc n° 2, p. 80)

2 Faites cuire les spirales dans une grande casserole d'eau bouillante légèrement salée en respectant le temps de cuisson indiqué sur l'emballage. Égouttez ensuite les pâtes puis passez-les rapidement sous l'eau froide. Égouttez de nouveau et réservez.

3 Pendant que les spirales cuisent, hachez les ciboules et coupez les poivrons en petits cubes. Émincez les champignons et les cœurs de palmier. Réservez.

4 Mettez dans le bol d'un mélangeur de table les cubes de pistou, l'huile d'olive, le vinaigre et le jus de citron. Mélangez jusqu'à l'obtention d'une sauce homogène.

5 Dans un saladier, mélangez les spirales et les légumes. Ajoutez la sauce, salez, poivrez et mélangez de nouveau.

Œufs : les pâtes de blé fraîches, tout comme certaines pâtes de blé sèches, peuvent contenir des œufs. Comme toujours, une lecture attentive de la liste des ingrédients s'impose !

Farfalles au jambon

Les câpres relèvent à merveille la saveur délicate de la sauce au jambon.

450 g (1 lb) de farfalles de blé
2 ciboules
¼ de poivron rouge
15 ml (1 c. à soupe) d'huile d'olive
500 ml (2 tasses) de sauce béchamel au soya (p. 69)
1 ml (¼ c. à thé) de curcuma moulu
1 ml (¼ c. à thé) d'origan séché
1 ml (¼ c. à thé) d'estragon séché
225 g (½ lb) de jambon
30 ml (2 c. à soupe) de câpres
sel et poivre

1 Faites cuire les farfalles dans une grande casserole d'eau bouillante légèrement salée en respectant le temps de cuisson indiqué sur l'emballage. Égouttez ensuite les pâtes puis passez-les rapidement sous l'eau froide. Égouttez de nouveau et réservez.

2 Pendant que les farfalles cuisent, hachez les ciboules et coupez le poivron rouge en petits morceaux. Faites chauffer l'huile d'olive dans une seconde casserole de dimension moyenne. À feu moyen-vif, faites-y revenir, pendant environ 3 minutes, les morceaux de ciboules et de poivron. Remuez à l'occasion.

3 Versez la sauce béchamel au soya dans la seconde casserole. Incorporez le curcuma, l'origan et l'estragon. À l'aide d'une cuillère de bois, mélangez le tout. Ajoutez les câpres et le jambon préalablement coupé en courtes lanières. Salez et poivrez. Mélangez de nouveau. Réservez au chaud.

4 Versez la sauce au jambon sur les farfalles et servez immédiatement.

Œufs : les pâtes de blé fraîches, tout comme certaines pâtes de blé sèches, peuvent contenir des œufs. Comme toujours, une lecture attentive de la liste des ingrédients s'impose !

Variante au thon : remplacez le jambon par du thon en conserve égoutté et émietté à l'aide d'une fourchette.

FARFALLES AU JAMBON

PRESQUE PESTO

Préparation : 10 min
Cuisson : aucune
Quantité : 500 ml (2 tasses)

SANS :
œufs
lait
arachides
noix
graines de sésame
blé
poisson
mollusques
crustacés
moutarde

Presque pesto

Ce n'est pas du pesto, mais cela s'en rapproche drôlement ! Versez cette petite sauce sur des pâtes chaudes ou froides, mélangez et savourez !

120 g (4 oz) de haricots de soya rôtis
10 tomates séchées
2 ciboules
150 g (5 oz) d'olives noires dénoyautées
185 ml (¾ tasse) d'huile d'olive
4 cubes de pistou décongelés (p. 262)
sel et poivre

1 Mettez les haricots de soya rôtis dans le bol d'un robot culinaire. Faites tourner jusqu'à ce que les haricots soient réduits en petits morceaux toujours croquants (environ 30 secondes).

2 Hachez les tomates séchées. Coupez grossièrement les ciboules. Mettez ces ingrédients ainsi que tous les autres dans le bol du robot culinaire. Mélangez de nouveau pendant environ 1 minute.

Pour en savoir plus : voir à la page 30 pour obtenir plus de renseignements sur les haricots de soya rôtis que nous employons dans nos recettes.

PIZZAS ET SANDWICHES

Dialogue surpris entre **Sidney** (quatre ans, aucune allergie alimentaire) et son frère **Amerrik** (deux ans, allergique aux arachides et aux œufs).

« Sais-tu ce que c'est une prison ? demande Sidney.

— Non, répond Amerrik.

— Une prison, c'est un endroit où tu dois aller si tu fais quelque chose de mal, comme, par exemple, si tu manges quelque chose sans lire les ingrédients avant. »

Préparation : 25 min
Repos : 1 h 10
Cuisson : 20 min
Quantité : 2 pâtes de 30 cm
(12 po)

SANS :
œufs
lait
soya
arachides
noix
graines de sésame
poisson
mollusques
crustacés
moutarde

Pâte à pizza

Au choix, vous pouvez garnir la pâte à pizza et la faire cuire (voir, à titre d'exemple, les deux recettes de garnitures qui suivent) ou la congeler sous forme de grosse boule et l'abaisser plus tard (voir, à cet égard, le truc de congélation, p. 199).

**10 ml (2 c. à thé) de levure sèche active traditionnelle
(1 sachet de 8 g / ¼ oz)
5 ml (1 c. à thé) de sucre
330 ml (1⅓ tasse) d'eau tiède
750 ml (3 tasses) de farine de blé tout usage
6 ml (1¼ c. à thé) de sel
45 ml (3 c. à soupe) d'huile d'olive**

1 Dans un petit bol, mélangez la levure, le sucre et 80 ml (⅓ tasse) d'eau tiède. Recouvrez le bol et laissez reposer pendant 10 minutes. Une mousse devrait se former à la surface (si ce n'est pas le cas, c'est que votre levure n'est plus bonne).

2 Mélangez au robot culinaire la farine, le sel et 30 ml (2 c. à soupe) d'huile d'olive. Ajoutez-y la préparation à base de levure (étape 1 de la recette) puis, de façon graduelle, le reste de l'eau tiède. Mélangez jusqu'à la formation d'une boule de pâte, pas trop détrempée.

3 Pétrissez la boule de pâte ainsi obtenue sur une surface enfarinée pendant environ 5 minutes. Il s'agit essentiellement d'aplatir la pâte avec les mains, de la replier en deux puis de la saupoudrer avec un peu de farine. Répétez ces mouvements jusqu'à ce que la boule de pâte ne soit plus collante.

4 Déposez la boule de pâte dans un plat à rôtir badigeonné avec ce qui reste de l'huile d'olive. Mettez au four pendant 1 heure après avoir réglé celui-ci au degré le plus bas. À la fin de cette période, la pâte devrait avoir doublé de volume.

5 Retirez la pâte du four. Préchauffez celui-ci à 220 °C (425 °F).

6 Crevez la pâte avec votre poing puis divisez-la en deux boules. Pour chaque boule, procédez de la façon suivante : saupoudrez de farine la surface de travail et déposez-y la boule de pâte. À l'aide d'un rouleau à pâtisserie préalablement enfariné, aplatissez la boule en imprimant un X dans la pâte. Étendez ensuite la pâte avec le rouleau en partant du centre et en rayonnant vers les extrémités. Continuez à abaisser la pâte jusqu'à l'obtention d'une forme ronde de l'épaisseur et du diamètre souhaités. Avec vos pouces, redressez le bord de la pâte pour former un bourrelet.

7 Garnissez selon vos préférences puis faites cuire au four, sur la grille du centre, pendant 15 à 20 minutes.

Variante aux fines herbes : incorporez 5 ml (1 c. à thé) d'origan séché et 5 ml (1 c. à thé) de basilic séché dans le robot culinaire en même temps que la farine (étape 2 de la recette).

Truc : pour éviter que la pâte ne colle au rouleau à pâtisserie, mettez celle-ci entre deux feuilles de papier parcheminé avant de l'abaisser.

PIZZA COUP DE CŒUR

Préparation : 20 min
Cuisson : 20 min
Quantité : 1 pizza de 30 cm
(12 po)

SANS :
œufs
lait
soya
arachides
noix
graines de sésame
poisson
mollusques
crustacés
moutarde

Pizza coup de cœur

Pour les amoureux de la pizza : une garniture sans produits laitiers ni soya.

¼ d'oignon rouge
6 champignons blancs
1 tomate bien mûre
6 cœurs d'artichaut en conserve
3 cœurs de palmier en conserve
75 ml (5 c. à soupe) de pâte de tomates (sans assaisonnements)
3 cubes de pistou décongelés (p. 262)
1 pâte à pizza non cuite de 30 cm (12 po) de diamètre (p. 175)
5 ml (1 c. à thé) d'origan séché
3 ml (¾ c. à thé) de basilic séché
sel et poivre

1   Préchauffez le four à 220 °C (425 °F).

2   Épluchez puis émincez l'oignon. Taillez les champignons en fines lamelles. Coupez en tranches fines la tomate ainsi que les cœurs de palmier et d'artichaut. Réservez.

3   Mélangez dans un bol la pâte de tomates et le pistou. À l'aide d'une spatule, étalez cette sauce sur la pâte à pizza. Répartissez sur la pâte les morceaux d'oignon, de champignons, de cœurs de palmier, de cœurs d'artichaut et de tomate. Saupoudrez le tout d'origan et de basilic. Salez et poivrez.

4   Faites cuire au four, sur la grille du centre, pendant 15 à 20 minutes.

Variante sans tomates : remplacez la pâte de tomates par un volume égal de tapenade (p. 262) et supprimez la tomate fraîche.

Préparation : 20 min
Cuisson : 20 min
Quantité : 1 pizza de 30 cm
(12 po)

SANS :
œufs
lait
arachides
noix
graines de sésame
poisson
mollusques
crustacés
moutarde

Pizza aux tomates séchées et au tofu

Le tofu remplace ici le fromage.

¼ d'oignon rouge
¼ de poivron vert
¼ de poivron rouge
6 champignons blancs
12 tomates séchées
75 ml (5 c. à soupe) de pâte de tomates (sans assaisonnements)
75 ml (5 c. à soupe) de tapenade (p. 262)
1 pâte à pizza non cuite de 30 cm (12 po) de diamètre (p. 175)
5 ml (1 c. à thé) d'origan séché
185 ml (¾ tasse) de tofu ferme à texture fine
sel et poivre

1   Préchauffez le four à 220 °C (425 °F).

2   Épluchez puis émincez l'oignon. Taillez en fines lamelles les poivrons et les champignons. Si nécessaire, réhydratez les tomates séchées (voir le truc n° 2, p. 80). Réservez.

3   Mélangez dans un bol la pâte de tomates et la tapenade. À l'aide d'une spatule, étalez cette sauce sur la pâte à pizza. Répartissez sur la pâte les morceaux d'oignon, de poivrons et de champignons ainsi que les tomates séchées. Saupoudrez le tout d'origan. Salez et poivrez.

4   Parsemez la surface de tofu préalablement émietté.

5   Faites cuire au four, sur la grille du centre, pendant 15 à 20 minutes.

Pour en savoir plus : voir à la page 30 pour obtenir plus de renseignements sur le tofu à texture fine que nous employons dans nos recettes.

Sandwich au thon

Préparation : 20 min
Cuisson : aucune
Quantité : 4 sandwiches

SANS :
œufs
lait
soya
arachides
noix
graines de sésame
mollusques
crustacés
moutarde

Un en-cas qui se distingue !

¼ de poivron rouge
2 feuilles de basilic frais
⅓ de concombre anglais
225 g (½ lb) de thon conservé dans l'eau, égoutté
60 ml (4 c. à soupe) de tapenade (p. 262)
8 tranches de pain de blé (p. 182)
sel et poivre

1 Hachez finement le poivron rouge et les feuilles de basilic. Coupez le concombre en tranches fines (environ 16).

2 Dans un bol, mélangez le thon (après l'avoir émietté à la fourchette), le poivron rouge, le basilic et la tapenade. Salez et poivrez.

3 Tartinez 4 tranches de pain de garniture au thon. Déposez sur le dessus les tranches de concombre. Salez et poivrez. Recouvrez avec les 4 autres tranches de pain.

Soya : certaines marques de thon en conserve dans l'eau contiennent de la protéine de soya hydrolysée.

Sandwich au poulet et à l'avocat

Préparation : 20 min
Cuisson : aucune
Quantité : 4 sandwiches

SANS :
œufs
lait
soya
arachides
noix
graines de sésame
poisson
mollusques
crustacés
moutarde

Un autre sandwich sans mayonnaise ni moutarde.

225 g (½ lb) de poulet cuit, refroidi
2 avocats
30 ml (2 c. à soupe) de jus de citron
15 ml (1 c. à soupe) de ciboulette fraîche hachée
8 tranches de pain de blé (p. 182)
quelques feuilles de laitue
sel et poivre

1 Coupez le poulet en fines lamelles. Réservez.

2 Coupez les avocats en deux, dans le sens de la longueur. Retirez les noyaux puis prélevez la pulpe avec une cuillère. Dans un bol, réduisez la pulpe en purée à l'aide d'une fourchette. Versez le jus de citron et mélangez. Ajoutez la ciboulette hachée. Mélangez encore.

3 Tartinez toutes les tranches de pain de purée d'avocat. Déposez les morceaux de poulet sur le dessus de 4 d'entre elles. Salez et poivrez. Ajoutez les feuilles de laitue. Recouvrez avec les 4 autres tranches de pain.

SANDWICH AU POULET ET À L'AVOCAT

Préparation : 5 min
Cuisson : 10 min
Quantité : 4 hambourgeois

SANS :
œufs
lait
soya
arachides
noix
graines de sésame
poisson
mollusques
crustacés
moutarde

Hamburger à la viande de cheval

Si vous ne tolérez ni le bœuf, ni l'agneau, cet hamburger devrait vous plaire.

450 g (1 lb) de viande de cheval hachée
15 ml (1 c. à soupe) d'huile d'olive
5 ml (1 c. à thé) de romarin séché
2 tomates
8 tranches de pain de blé (p. 182)
tapenade (p. 262)
quelques feuilles de laitue
sel et poivre

1   Avec vos mains, façonnez la viande hachée pour former 4 boulettes. Faites chauffer l'huile d'olive dans une poêle à feu moyen-vif. Ajoutez les boulettes et faites cuire pendant 4 minutes.

2   Retournez les boulettes. Saupoudrez de romarin. Salez et poivrez. Poursuivez la cuisson pendant 4 minutes ou jusqu'à ce que les boulettes soient entièrement cuites.

3   Coupez les tomates en rondelles. Après avoir fait légèrement griller les tranches de pain, tartinez-les de tapenade. Insérez les boulettes entre les tranches. Garnissez de rondelles de tomates et de laitue.

Truc : parce qu'elle est plus maigre que le bœuf ou l'agneau, la viande de cheval doit être cuite moins longtemps et à plus basse température.

PAINS, MUFFINS ET GRUAU

Commentaire de **Flavie**, à peine quatre ans, de retour d'une fête d'enfants où elle avait apporté son propre gâteau sans allergène : « Maman, je suis chanceuse ! Les autres n'avaient pas de gâteaux juste pour elles ! »

Préparation : 5 min
Cuisson : 3 h 40
Quantité : 1 pain de 900 g
(2 lb)

SANS :
œufs
lait
soya
arachides
noix
graines de sésame
poisson
mollusques
crustacés
moutarde

Pain de blé

Possédez-vous une machine à pain ? S'il vous faut faire vous-même votre pain, c'est un achat absolument indispensable !

Selon le type d'appareil utilisé, il est possible qu'il soit nécessaire d'apporter certains ajustements à la recette de pain de blé que nous vous proposons. Surtout, ne vous découragez pas si vos premiers pains ne sont pas à la hauteur… dans tous les sens du terme ! Vous verrez, avec un peu de pratique, cela ira tout seul.

Sans agents de conservation, le pain maison se conserve généralement moins longtemps que le pain vendu à l'épicerie. Selon notre expérience, la meilleure façon d'en préserver la fraîcheur consiste à le mettre dans une boîte à pain et à le laisser à la température de la pièce. Placé au réfrigérateur, il a tendance à durcir assez rapidement.

Le temps de cuisson est fourni à titre indicatif. Il peut, en effet, varier d'un appareil à l'autre.

410 ml (1²/₃ tasse) d'eau
30 ml (2 c. à soupe) de sucre
10 ml (2 c. à thé) de sel
75 ml (5 c. à soupe) d'huile de canola
875 ml (3½ tasses) de farine de blé à pain tamisée
7 ml (1½ c. à thé) de levure sèche active traditionnelle

1 Versez l'eau dans le moule de la machine à pain. Ajoutez le sucre, le sel et l'huile de canola. Incorporez ensuite la farine.

2 Faites un trou peu profond dans le centre de la farine et déposez-y la levure. Assurez-vous que la levure ne soit pas en contact avec l'eau, le sel ou le sucre. Un contact prématuré avec ces ingrédients pourrait empêcher le pain de lever si vous utilisez la fonction de départ à retardement de la machine à pain.

3 Replacez doucement le moule dans la machine à pain et fermez le couvercle. Conformez-vous ensuite aux directives relatives à la cuisson d'un pain de blé entier (ou pain complet) fournies par le fabricant de votre appareil.

Préparation : 5 min
Cuisson : 45 min
Quantité : 1 pain

SANS :
œufs
lait
soya
arachides
noix
graines de sésame
poisson
mollusques
crustacés
moutarde

Banique

La banique, vous connaissez ? Ce pain sans levain d'origine amérindienne se cuisait sur feu de bois. Un aliment bien adapté à la réalité des autochtones qui se déplaçaient en forêt pendant de longues périodes. Nous avons adopté à notre tour la banique, facile à préparer lorsque nous voyageons et que nous ne disposons pas d'une machine à pain.

La recette qui suit nous a été transmise par madame Cécile, une cuisinière huronne de Wendake.

250 ml (2 tasses) de farine de blé tout usage
30 ml (2 c. à soupe) de levure chimique (poudre à pâte)
2 ml (½ c. à thé) de sel
375 ml (1½ tasse) d'eau
30 ml (2 c. à soupe) d'huile de canola

1 Préchauffez le four à 180 °C (350 °F).

2 Dans un bol, mélangez la farine, la levure chimique et le sel.

3 Ajoutez l'eau et l'huile de canola. Mélangez de nouveau.

4 Versez la pâte sur une plaque à pâtisserie à revêtement antiadhésif. À l'aide d'une spatule, étendez-la de façon à ce qu'elle ait environ 25 cm (10 po) de diamètre et 1 cm (³/₈ po) d'épaisseur. Faites cuire au four, sur la grille du centre, pendant 40 minutes. Retournez la banique et poursuivez la cuisson pendant 5 minutes.

Truc : il est également possible de cuire la banique dans une poêle. Pratique lorsque vous ne disposez pas d'un four, sans compter que cette méthode est plus rapide. Faites chauffer à feu doux une grande poêle enduite d'un peu d'huile de canola (environ 5 ml / 1 c. à thé). Versez-y toute la pâte. Étendez cette dernière de façon qu'elle couvre entièrement le fond de la poêle. Faites cuire environ 10 minutes de chaque côté, jusqu'à ce que la pâte soit dorée.

Préparation : 25 min
Cuisson : 20 à 25 min
Quantité : 12 scones moyens

SANS :
œufs
lait
arachides
noix
graines de sésame
poisson
mollusques
crustacés
moutarde

Scones

Les scones sont parfaits au déjeuner, pour la collation ou à l'heure du thé. On les sert bien chauds, tartinés de beurre ou de margarine, avec ou sans confiture de fruits.

185 ml (¾ tasse) de tofu mou à texture fine
45 ml (3 c. à soupe) de jus de citron
500 ml (2 tasses) de farine de blé à pâtisserie tamisée
10 ml (2 c. à thé) de levure chimique (poudre à pâte)
2 ml (½ c. à thé) de bicarbonate de soude
3 ml (¾ c. à thé) de cardamome moulue
1 ml (¼ c. à thé) de sel
125 ml (½ tasse) de margarine
185 ml (¾ tasse) de raisins secs
60 ml (4 c. à soupe) de sucre
45 ml (3 c. à soupe) de compote de pommes (p. 228)
5 ml (1 c. à thé) de zeste de citron

1 Préchauffez le four à 190 °C (375 °F).

2 Passez le tofu et le jus de citron au mélangeur à main. Réservez.

3 Dans un bol, mélangez la farine de blé, la levure chimique, le bicarbonate de soude, la cardamome et le sel. Ajoutez la margarine et coupez celle-ci avec un coupe-pâte jusqu'à ce que le mélange soit grumeleux. Incorporez les raisins secs et mélangez. Réservez.

4 Dans un second bol, mélangez le sucre, la compote de pommes et le zeste de citron. Ajoutez le mélange de tofu et de jus de citron.

5 Incorporez dans le premier bol le contenu du second bol. Mélangez bien pour humecter toute la pâte.

6 Divisez le mélange en une douzaine de boulettes et déposez celles-ci sur une plaque à pâtisserie à revêtement antiadhésif. Donnez à chaque boulette la forme d'un gros biscuit épais.

7 Faites cuire au four, sur la grille du centre, pendant 20 à 25 minutes ou jusqu'à ce que les scones soient légèrement dorés. Laissez refroidir un peu avant de servir.

Lait : allergique aux produits laitiers ? Plusieurs margarines en contiennent, aussi est-il important de lire attentivement la liste des ingrédients de celle que vous utilisez.

Pour en savoir plus : voir à la page 30 pour obtenir plus de renseignements sur le tofu à texture fine que nous employons dans nos recettes.

PAIN DORÉ AUX BANANES

Pain doré aux bananes

Préparation : 5 min
Cuisson : 40 min
Quantité : 6 tranches

SANS :
œufs
lait
arachides
noix
graines de sésame
poisson
mollusques
crustacés
moutarde

Est-ce que cela goûte le pain doré aux œufs ? Pas tout à fait. Est-ce que c'est bon ? Et comment ! Surtout si vous utilisez des bananes très mûres (les bananes plus vertes donnent au pain doré un arrière-goût un peu âpre).

Le pain doré aux bananes se savoure chaud, idéalement arrosé d'un filet de sirop d'érable.

2 bananes bien mûres
375 ml (1½ tasse) de boisson de soya
1 ml (¼ c. à thé) de cannelle moulue
1 ml (¼ c. à thé) de vanille
30 ml (2 c. à soupe) d'huile de canola
6 tranches de pain de blé (p. 182)

1   Passez au mélangeur de table les bananes (préalablement tranchées), la boisson de soya, la cannelle et la vanille. Versez le mélange ainsi obtenu dans un bol. Réservez.

2   Faites chauffer à feu moyen 5 ml (1 c. à thé) d'huile de canola dans une poêle antiadhésive. Faites tremper une première tranche de pain dans la préparation liquide de façon qu'elle soit bien imbibée des deux côtés. Déposez la tranche dans la poêle et faites cuire de 2 à 3 minutes de chaque côté. Réservez au chaud.

3   Faites cuire les autres tranches de pain de la même manière en rajoutant dans la poêle 5 ml (1 c. à thé) d'huile de canola chaque fois.

Toasts de Christophe

Préparation : 5 min
Cuisson : 20 min
Quantité : une trentaine
de toasts

SANS :
œufs
lait
soya
arachides
noix
graines de sésame
poisson
mollusques
crustacés
moutarde

Pas facile de trouver dans le commerce des biscottes qui conviennent à un régime restreint par plusieurs allergies alimentaires ! Notre fils a contourné le problème en mettant au point ces toasts, bien utiles à l'heure de l'apéro. Nous les servons avec de la salsa (p. 75) ou les recouvrons de bruschetta (p. 80), de tartinade de porc et de tomates séchées (p. 116) ou de tapenade (p. 262). Nous les utilisons également comme base pour préparer les bouchées de Jean D. (p. 72) et comme croûtons dans la salade César (p. 116).

4 minces tranches de pain de blé (p. 182)
huile d'olive
1 ml (¼ c. à thé) de fleur de sel

1   Préchauffez le four à 150 °C (300 °F).

2   Versez une petite quantité d'huile dans un bol. À l'aide d'un pinceau à pâtisserie, badigeonnez d'huile les tranches de pain.

3   Saupoudrez chaque tranche de quelques grains de fleur de sel.

4   Déposez les tranches sur une plaque à pâtisserie à revêtement antiadhésif. Faites cuire au four, sur la grille du centre, pendant 20 minutes.

5   Laissez refroidir quelques minutes puis taillez chaque tranche en 6 ou 8 morceaux.

Préparation : moins de 5 min
Cuisson : moins de 5 min
Quantité : 125 ml (½ tasse)

SANS :
œufs
lait
soya
arachides
noix
graines de sésame
poisson
mollusques
crustacés
moutarde

Préparation : 5 min
Cuisson : 15 min
Quantité : 2 l (8 tasses)

SANS :
œufs
lait
soya
arachides
noix
graines de sésame
blé
poisson
mollusques
crustacés
moutarde

Chapelure

Vous ne parvenez pas à vous procurer de la chapelure commerciale répondant aux exigences de votre régime ? Il n'y a aucune raison de vous en passer ; il est si facile d'en préparer à la maison !

Nous employons, pour faire notre chapelure, notre pain de blé de tous les jours. Votre pain habituel fera sans doute aussi bien l'affaire.

2 tranches de pain de blé (p. 182)

1 Allumez le gril du four.

2 Coupez deux tranches de pain très, très minces. Déposez-les sur une plaque à pâtisserie à revêtement antiadhésif. Faites griller au four jusqu'à ce que le pain soit doré (en pratique, pas plus de 1 minute de chaque côté).

3 Retirez du four. Pour émietter les tranches de pain grillées, passez-les au mélangeur de table ou au robot culinaire.

Variante sans blé : réduisez en poudre des flocons d'avoine à l'aide d'un mélangeur.

Gruau super nourrissant

Un plat de choix pour un déjeuner énergisant ! Ce gruau se conserve sans problème au congélateur. Une petite suggestion : divisez-le en portions individuelles avant de le congeler.

250 ml (1 tasse) de dattes dénoyautées
250 ml (1 tasse) de raisins secs
250 ml (1 tasse) de jus de pomme
1½ l (6 tasses) d'eau
750 ml (3 tasses) de flocons d'avoine (à cuisson rapide)

1 Dans un bol pouvant aller au four à micro-ondes, mettez les dattes et les raisins secs. Ajoutez le jus de pomme puis faites cuire le tout au micro-ondes à puissance maximale pendant 5 minutes. Réduisez ensuite le mélange en purée à l'aide d'un robot culinaire.

2 Dans une grande casserole, portez l'eau à ébullition. Versez les flocons d'avoine dans l'eau bouillante. Laissez mijoter à feu moyen durant 5 minutes en remuant de temps à autre.

3 Incorporez la purée de fruits au gruau. Laissez mijoter pendant 2 minutes de plus.

Soya : allergique au soya ? Assurez-vous que les raisins secs utilisés ne contiennent pas d'huile végétale hydrogénée provenant du soya.

GRUAU SUPER NOURRISSANT

Muffins aux pépites de chocolat et aux framboises

Préparation : 20 min
Cuisson : 25 min
Quantité : 12 muffins moyens

SANS :
œufs
lait
soya
arachides
noix
graines de sésame
poisson
mollusques
crustacés
moutarde

Les préférés des enfants !

500 ml (2 tasses) de farine de blé à pâtisserie tamisée
75 ml (5 c. à soupe) de sucre
5 ml (1 c. à thé) de bicarbonate de soude
1 ml (¼ c. à thé) de sel
45 ml (3 c. à soupe) d'huile de canola
125 ml (½ tasse) de compote de pommes (p. 228)
250 ml (1 tasse) de jus de pomme
125 ml (½ tasse) de pépites de chocolat
185 ml (¾ tasse) de framboises fraîches ou décongelées

1 Préchauffez le four à 200 °C (400 °F).

2 Dans un premier bol, mélangez la farine de blé, le sucre, le bicarbonate de soude et le sel. Dans un second bol, mélangez l'huile de canola, la compote de pommes et le jus de pomme.

3 Incorporez le mélange liquide au mélange sec. Mélangez bien. Ajoutez les pépites de chocolat et les framboises. Mélangez de nouveau.

4 Répartissez le mélange dans des moules à muffins graissés (ou doublés de moules en papier).

5 Faites cuire au four, sur la grille du centre, pendant 25 minutes. Laissez refroidir puis démoulez.

Œufs, lait, soya, arachides, noix et graines de sésame : la plupart des marques de chocolat contiennent l'un ou l'autre de ces allergènes ou des traces de ceux-ci. N'hésitez pas à communiquer avec le fabricant pour obtenir des précisions. Pour des suggestions de chocolat « sans », voir à la page 30.

Muffins aux bleuets

Préparation : 20 min
Cuisson : 20 min
Quantité : 30 petits muffins

SANS :
œufs
lait
soya
arachides
noix
graines de sésame
poisson
mollusques
crustacés
moutarde

Vous pouvez, bien sûr, remplacer les bleuets par d'autres fruits (fraises, framboises, poires, etc.).

500 ml (2 tasses) de farine de blé à pâtisserie tamisée
75 ml (5 c. à soupe) de sucre
5 ml (1 c. à thé) de bicarbonate de soude
1 ml (¼ c. à thé) de sel
45 ml (3 c. à soupe) d'huile de canola
125 ml (½ tasse) de compote de pommes (p. 228)
200 ml (⅘ tasse) de jus de pomme
250 ml (1 tasse) de bleuets frais ou décongelés

1 Préchauffez le four à 200 °C (400 °F).

2 Dans un premier bol, mélangez la farine de blé, le sucre, le bicarbonate de soude et le sel. Dans un second bol, mélangez l'huile de canola, la compote de pommes et le jus de pomme.

3 Incorporez le mélange liquide au mélange sec. Mélangez bien. Ajoutez les bleuets et mélangez de nouveau.

4 Répartissez le mélange dans des moules à petits muffins graissés (ou doublés de moules en papier).

5 Faites cuire au four, sur la grille du centre, pendant 20 minutes. Laissez refroidir puis démoulez.

MUFFINS AUX BLEUETS

Préparation : 15 min
Cuisson : 25 min
Quantité : 12 muffins moyens

SANS :
œufs
lait
soya
arachides
noix
graines de sésame
poisson
mollusques
crustacés
moutarde

Muffins aux fraises et aux canneberges

Inhabituel, le mélange fraises et canneberges confère à ces muffins un petit goût aigre-doux fruité mais pas trop sucré. C'est notre fils qui a eu l'idée charmante de décorer d'une canneberge chacun des muffins.

500 ml (2 tasses) de farine de blé à pâtisserie tamisée
125 ml (½ tasse) de flocons d'avoine
75 ml (5 c. à soupe) de sucre
5 ml (1 c. à thé) de bicarbonate de soude
1 ml (¼ c. à thé) de sel
60 ml (4 c. à soupe) d'huile de canola
125 ml (½ tasse) de compote de pommes (p. 228)
185 ml (¾ tasse) de gelée de canneberges (p. 255)
200 ml (⁴/₅ tasse) de jus d'orange
250 ml (1 tasse) de fraises fraîches ou décongelées, coupées en tranches ou en quartiers
une douzaine de canneberges fraîches ou décongelées

1   Préchauffez le four à 200 °C (400 °F).

2   Dans un premier bol, mélangez la farine de blé, les flocons d'avoine, le sucre, le bicarbonate de soude et le sel. Dans un second bol, mélangez l'huile de canola, la compote de pommes, la gelée de canneberges et le jus d'orange.

3   Incorporez le mélange liquide au mélange sec. Mélangez bien. Ajoutez les fraises et mélangez de nouveau.

4   Répartissez le mélange dans des moules à muffins graissés (ou doublés de moules en papier). Déposez une canneberge sur le dessus de chaque muffin.

5   Faites cuire au four, sur la grille du centre, pendant 25 minutes. Laissez refroidir puis démoulez.

Préparation : 15 min
Cuisson : 20 min
Quantité : 12 muffins moyens

SANS :
œufs
lait
soya
arachides
noix
graines de sésame
poisson
mollusques
crustacés
moutarde

Muffins à la citrouille et aux raisins secs

Les carottes ayant longtemps été interdites de séjour chez nous en raison d'une allergie, nous avons accordé une bonne place dans notre alimentation aux citrouilles, riches en carotène. Maintenant que nous pouvons, de nouveau, manger des carottes (hip, hip, hip !), nous avons conservé les citrouilles… parce que nous en aimons le goût, tout simplement ! Voici une autre façon de les apprêter.

500 ml (2 tasses) de farine de blé à pâtisserie tamisée
125 ml (½ tasse) de sucre
5 ml (1 c. à thé) de bicarbonate de soude
2 ml (½ c. à thé) de cannelle moulue
1 ml (¼ c. à thé) de muscade moulue
45 ml (3 c. à soupe) d'huile de canola
200 ml (⁴/₅ tasse) de jus de pomme
185 ml (¾ tasse) de purée de citrouille (truc n° 2, p. 96)
125 ml (½ tasse) de raisins secs

1   Préchauffez le four à 200 °C (400 °F).

2   Dans un premier bol, mélangez la farine de blé, le sucre, le bicarbonate de soude, la cannelle et la muscade. Dans un second bol, mélangez l'huile de canola, le jus de pomme et la purée de citrouille.

3   Incorporez le mélange liquide au mélange sec. Mélangez bien. Ajoutez les raisins secs et mélangez de nouveau.

4   Répartissez le mélange dans des moules à muffins graissés (ou doublés de moules en papier).

5   Faites cuire au four, sur la grille du centre, pendant 20 minutes. Laissez refroidir puis démoulez.

Soya : allergique au soya ? Assurez-vous que les raisins secs utilisés ne contiennent pas d'huile végétale hydrogénée provenant du soya.

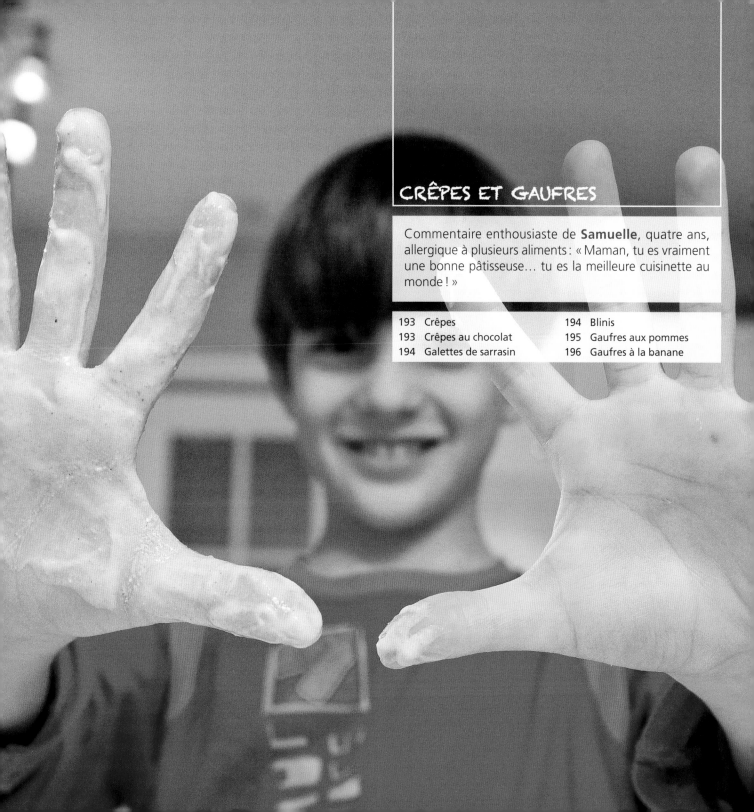

CRÊPES ET GAUFRES

Commentaire enthousiaste de **Samuelle**, quatre ans, allergique à plusieurs aliments : « Maman, tu es vraiment une bonne pâtisseuse… tu es la meilleure cuisinette au monde ! »

CRÊPES

Préparation : 5 min
Cuisson : 20 min
Quantité : 10 crêpes

SANS :
œufs
lait
arachides
noix
graines de sésame
poisson
mollusques
crustacés
moutarde

Crêpes

Bannir les œufs, d'accord, mais renoncer aux crêpes ? Jamais ! Nous garnissons habituellement les nôtres de compote ou de confiture de fruits maison, les roulons puis versons sur chacune un filet de sirop d'érable avant de les déguster, bien chaudes, au déjeuner. Festif !

Ces crêpes se conservent au réfrigérateur, mais il vaut mieux les manger le jour même : dès le lendemain, elles sont déjà moins moelleuses.

500 ml (2 tasses) de farine de blé à pâtisserie tamisée
185 ml (¾ tasse) de boisson de soya
310 ml (1¼ tasse) d'eau
60 ml (4 c. à soupe) d'huile de canola

1 Mettez la farine dans un bol.

2 Ajoutez graduellement la boisson de soya et l'eau en mélangeant le tout avec un fouet de façon que la pâte devienne lisse et sans grumeaux.

3 Faites chauffer une poêle à revêtement antiadhésif de format moyen enduite d'un peu d'huile de canola (environ 5 ml / 1 c. à thé par crêpe). Faites-y cuire les crêpes à feu vif des deux côtés. Empilez les crêpes dans une assiette au fur et à mesure qu'elles sont cuites en les recouvrant, si possible, afin qu'elles demeurent chaudes jusqu'au moment de servir.

Variante sans soya : remplacez la boisson de soya et l'eau par 500 ml (2 tasses) de boisson de riz.

Variante avec mélange de farines : vous pouvez remplacer la farine proposée par un mélange moitié farine de blé entier et moitié farine tout usage avec son de blé. Il vous faudra alors augmenter un peu le volume de liquide utilisé. Par contre, si vous substituez à la farine suggérée de la farine blanche tout usage, vous obtiendrez… de la colle !

Préparation : 5 min
Cuisson : 20 min
Quantité : 10 crêpes

SANS :
œufs
lait
arachides
noix
graines de sésame
poisson
mollusques
crustacés
moutarde

Crêpes au chocolat

Un dessert charmant et convivial : roulez les crêpes au chocolat puis disposez-les dans une grande assiette comme autant de rayons. Au centre de l'assiette, placez un bol rempli de sauce au chocolat (p. 221). Offrez enfin à vos convives un assortiment de fruits frais (fraises, bleuets, framboises, etc.). Chacun pourra ainsi composer sa crêpe à sa guise. Bon appétit !

375 ml (1½ tasse) de farine de blé à pâtisserie tamisée
60 ml (4 c. à soupe) de poudre de cacao
1 ml (¼ c. à thé) de bicarbonate de soude
1 pincée de sel
185 ml (¾ tasse) de boisson de soya
200 ml (⅘ tasse) d'eau
60 ml (4 c. à soupe) d'huile de canola

1 Dans un bol, mélangez la farine, le cacao, le bicarbonate de soude et le sel.

2 Ajoutez la boisson de soya et l'eau. Mélangez le tout avec un fouet de façon que la pâte devienne lisse et sans grumeaux.

3 Faites chauffer une poêle à revêtement antiadhésif de format moyen enduite d'un peu d'huile de canola (environ 5 ml / 1 c. à thé par crêpe). Faites-y cuire les crêpes à feu vif des deux côtés. Empilez les crêpes dans une assiette au fur et à mesure qu'elles sont cuites en les recouvrant, si possible, afin qu'elles demeurent chaudes jusqu'au moment de servir.

Lait : plusieurs marques de cacao contiennent (ou peuvent contenir) des traces de produits laitiers. N'hésitez pas à communiquer avec le fabricant pour obtenir des précisions.

Galettes de sarrasin

Préparation : 5 min
Cuisson : 20 min
Quantité : 10 galettes

SANS :
œufs
lait
soya
arachides
noix
graines de sésame
poisson
mollusques
crustacés
moutarde

Ces galettes sont à leur meilleur lorsqu'elles sont garnies d'une préparation salée (jambon, sauce béchamel, asperges, champignons, etc.). Accompagnez-les d'un bol de cidre et vous vous croirez en Normandie !

250 ml (1 tasse) de farine de blé à pâtisserie tamisée
250 ml (1 tasse) de farine de sarrasin
1 ml (¼ c. à thé) de bicarbonate de soude
2 ml (½ c. à thé) de levure chimique (poudre à pâte)
1 pincée de sel
375 ml (1½ tasse) de boisson de riz
250 ml (1 tasse) d'eau
60 ml (4 c. à soupe) d'huile de canola

1   Dans un bol, mélangez la farine de blé, la farine de sarrasin, le bicarbonate de soude, la levure chimique et le sel.

2   Ajoutez la boisson de riz. Mélangez le tout avec un fouet en ajoutant progressivement l'eau jusqu'à ce que la pâte devienne lisse et sans grumeaux.

3   Faites chauffer une poêle à revêtement antiadhésif de format moyen enduite d'un peu d'huile de canola (environ 5 ml / 1 c. à thé par galette). Faites-y cuire les galettes à feu vif des deux côtés. Empilez les galettes dans une assiette au fur et à mesure qu'elles sont cuites en les recouvrant, si possible, afin qu'elles demeurent chaudes jusqu'au moment de servir.

Variante avec soya : la boisson de riz peut notamment être remplacée par un volume égal de boisson de soya.

Blinis

Préparation : 15 min
Repos : 1 h
Cuisson : 45 min
Quantité : 20 à 25 blinis

SANS :
œufs
lait
soya
arachides
noix
graines de sésame
poisson
mollusques
crustacés
moutarde

Originaires de Russie, ces petites crêpes épaisses sont traditionnellement servies avec de la crème aigre, du caviar ou du saumon fumé. Si les produits laitiers sont exclus de votre alimentation, vous pouvez tartiner vos blinis de crème aigre au tofu (comme les bouchées de Jean D., p. 72). Trois autres garnitures salées possibles : tapenade (p. 262), tartinade de porc et de tomates séchées (p. 116) et bruschetta (p. 80).

Les blinis sont également exquis au déjeuner et à l'heure de la collation (ou du thé), recouverts d'une mince couche de beurre (ou de margarine) sur laquelle vous étalerez de la confiture, de la marmelade ou un peu de miel.

Les blinis peuvent être préparés à l'avance et congelés. Pour les décongeler, il s'agit de les mettre au réfrigérateur quelques heures puis de les réchauffer au four tout juste avant de les servir.

2 ou 3 pommes de terre
375 ml (1½ tasse) de farine de blé tout usage
11 ml (2¼ c. à thé) de levure sèche instantanée (ou à action rapide)
310 ml (1¼ tasse) d'eau chaude
huile de canola (pour la cuisson)

1   Pelez les pommes de terre. Mettez celles-ci dans une casserole, recouvrez d'eau puis portez à ébullition. Faites cuire jusqu'à ce que les pommes de terre se défassent facilement en morceaux. Réduisez les pommes de terre en une belle purée lisse (en ajoutant un peu d'eau au besoin). Mesurez 250 ml (1 tasse) de purée.

2   Dans un bol, mélangez la purée de pommes de terre, la farine, la levure et l'eau chaude.

3   Laissez reposer la pâte environ 1 heure dans un endroit assez chaud jusqu'à ce que celle-ci ait doublé de volume.

4   Faites chauffer une poêle à revêtement antiadhésif enduite d'un peu d'huile de canola. Déposez dans la poêle des petites cuillerées de pâte. Faites cuire les blinis à feu moyen-vif des deux côtés (environ deux minutes par côté ou jusqu'à ce que les blinis soient dorés).

5   Garnissez à votre goût.

Préparation: 20 min
Cuisson: 20 min
Quantité: 12 gaufres
moyennes

SANS:
œufs
lait
soya
arachides
noix
graines de sésame
poisson
mollusques
crustacés
moutarde

Gaufres aux pommes

Oh, les beaux petits matins! Une bonne gaufre bien chaude avec un soupçon de margarine (ou de beurre si vous pouvez vous le permettre) et du sirop d'érable. Mmmmmm… À moins que vous ne préfériez votre gaufre nappée de sauce au chocolat, garnie de petits fruits et servie comme dessert? Évidemment, vous aurez besoin d'un gaufrier. C'est un achat dont nous nous réjouissons toutes les fois que l'envie d'une gaufre maison nous chatouille l'estomac (et cela se produit assez souvent!).

Pour préparer nos gaufres, nous employons de la farine de blé à pâtisserie tamisée, de la farine de blé entier ou de la farine tout usage non blanchie. Nous obtenons, avec ces trois types de farine, d'excellents résultats.

Les gaufres aux pommes se conservent au réfrigérateur pendant quelques jours et peuvent également être congelées. Il suffit de les mettre au grille-pain, tout juste avant de servir.

Les mentions relatives au temps de cuisson et à la quantité de gaufres sont fournies à titre purement indicatif: ces données varient en effet selon le type de gaufrier utilisé.

500 ml (2 tasses) de farine de blé à pâtisserie tamisée
80 ml (⅓ tasse) de flocons d'avoine
30 ml (2 c. à soupe) de sucre
10 ml (2 c. à thé) de bicarbonate de soude
2 ml (½ c. à thé) de sel
60 ml (4 c. à soupe) d'huile de canola
1 ml (¼ c. à thé) de vanille
1 ml (¼ c. à thé) de cannelle moulue
80 ml (⅓ tasse) de compote de pommes (p. 228)
500 ml (2 tasses) d'eau

1 Dans un bol, mélangez la farine, les flocons d'avoine, le sucre, le bicarbonate de soude et le sel.

2 Incorporez l'huile de canola, la vanille, la cannelle, la compote de pommes et l'eau. Mélangez le tout avec un fouet.

3 Vaporisez généreusement les parois du gaufrier avec de l'huile de canola.

4 Versez la quantité de pâte requise dans le gaufrier préchauffé. Fermez le gaufrier et faites cuire pendant le temps prescrit ou jusqu'à ce que les gaufres soient dorées. Conformez-vous, à cet égard, au mode d'emploi joint à votre gaufrier. Par exemple, notre gaufrier permet de préparer 4 gaufres moyennes à la fois. Il s'agit de verser avec une louche environ 250 ml (1 tasse) de pâte et de la faire cuire pendant environ 6 minutes.

5 Retirez les gaufres du gaufrier. Faites cuire le reste de la pâte à gaufres de la même manière en vaporisant d'huile les parois du gaufrier entre chaque cuisson.

Préparation : 10 min
Cuisson : 20 min
Quantité : 10 gaufres
moyennes

SANS :
œufs
lait
soya
arachides
noix
graines de sésame
poisson
mollusques
crustacés
moutarde

Gaufres à la banane

Les gaufres à la banane se conservent au réfrigérateur pendant quelques jours et peuvent également être congelées.

Le temps de cuisson et la quantité obtenue peuvent varier selon le type de gaufrier utilisé.

375 ml (1½ tasse) de farine de blé à pâtisserie tamisée
125 ml (½ tasse) de flocons d'avoine
10 ml (2 c. à thé) de levure chimique (poudre à pâte)
3 ml (¾ c. à thé) de cannelle moulue
1 ml (¼ c. à thé) de muscade moulue
500 ml (2 tasses) d'eau
30 ml (2 c. à soupe) d'huile de canola
1 ml (¼ c. à thé) de vanille
1 banane bien mûre

1 Dans un bol, mélangez la farine de blé, les flocons d'avoine, la levure chimique, la cannelle et la muscade.

2 Ajoutez l'eau, l'huile de canola, la vanille et la banane après l'avoir réduite en purée à l'aide d'un mélangeur à main. Mélangez le tout avec un fouet.

3 Vaporisez généreusement les parois du gaufrier avec de l'huile de canola.

4 Versez la quantité de pâte requise dans le gaufrier préchauffé. Fermez le gaufrier et faites cuire pendant le temps prescrit ou jusqu'à ce que les gaufres soient dorées. Conformez-vous, à cet égard, au mode d'emploi joint à votre gaufrier.

5 Retirez les gaufres du gaufrier. Faites cuire le reste de la pâte à gaufres de la même manière en vaporisant d'huile les parois du gaufrier entre chaque cuisson.

TARTES, GÂTEAUX ET AUTRES DESSERTS

La promesse de **Faël**, trois ans, allergique à plusieurs aliments : « Maman, quand je serai grand, je te ferai un gâteau allergique ! »

PÂTE À TARTE

Préparation : 30 min
Cuisson : 15 à 40 min
Repos : 2 h ou plus
Quantité : 2 grandes abaisses
ou 3 moyennes

SANS :
œufs
lait
arachides
noix
graines de sésame
poisson
mollusques
crustacés
moutarde

Pâte à tarte

Pas évident de faire soi-même de la pâte à tarte ? Comme bien d'autres choses, cela s'apprend. Et puis, la pâte se congèle bien. Vous pouvez donc la préparer à l'avance, la congeler sous forme de grosse boule et l'abaisser plus tard, selon vos besoins.

Cette recette de pâte convient aux tartes sucrées aussi bien que salées.

625 ml (2½ tasses) de farine de blé tout usage
7 ml (1½ c. à thé) de sel
250 ml (1 tasse) de shortening végétal
200 ml (⅘ tasse) d'eau très froide

1 Dans un grand bol, mélangez la farine et le sel. Ajoutez le shortening en le coupant grossièrement avec un coupe-pâte (ou, à défaut, avec un couteau) jusqu'à ce qu'il soit bien incorporé au mélange de farine et de sel et que vous obteniez un mélange d'aspect grumeleux (grumeaux de la grosseur de haricots). Assurez-vous d'incorporer toute la farine au mélange. N'utilisez que le coupe-pâte (ou le couteau) pour travailler la pâte.

2 Dégagez le centre du bol et versez-y la moitié de l'eau. Continuez à mélanger avec le coupe-pâte en ajoutant le reste de l'eau graduellement jusqu'à ce que la farine soit uniformément humectée.

3 Avec vos mains, pétrissez légèrement le mélange afin d'obtenir une pâte souple, puis façonnez celle-ci en une grosse boule.

4 La pâte est prête à être roulée, mais votre tâche sera facilitée (et la pâte sera plus feuilletée) si, après l'avoir déposée dans un bol recouvert d'une pellicule plastique, vous la laissez reposer au réfrigérateur quelques heures avant de l'abaisser.

5 Divisez la pâte en deux ou trois parties. Pour chaque partie, procédez de la façon suivante : saupoudrez de farine une surface bien propre et déposez-y une boule de pâte. À l'aide d'un rouleau à pâtisserie préalablement enfariné, aplatissez la boule en imprimant un X dans la pâte. Étendez ensuite la pâte avec le rouleau en partant du centre et en rayonnant vers les extrémités. Continuez à abaisser la pâte jusqu'à l'obtention d'une forme ronde de l'épaisseur et du diamètre souhaités. Évitez tout de même de trop rouler la pâte, sans quoi celle-ci risque d'être dure.

6 Pour faciliter le transfert de la pâte dans un moule, pliez celle-ci en deux, déposez-la dans le moule puis dépliez-la. Laissez reposer au froid les abaisses avant de les garnir et de les faire cuire. Comme nous l'avons mentionné précédemment, cela vous permettra d'obtenir une pâte plus feuilletée et qui aura moins tendance à rétrécir lors de la cuisson.

7 La durée de cuisson varie selon que vous garnissez ou non l'abaisse. **Abaisse non garnie** : faites cuire l'abaisse non garnie au four, sur la grille du bas, à 220 °C (425 °F) pendant 12 minutes. **Abaisse garnie** : faites cuire l'abaisse garnie au four, sur la grille du bas, à 220 °C (425 °F) pendant 20 minutes. Poursuivez la cuisson pendant encore 15 à 20 minutes à 180 °C (350 °F).

Truc : pour éviter que la pâte non cuite s'assèche pendant la congélation (ce qui la rendrait plus difficile à abaisser), déposez-la dans un sac à congélation après l'avoir façonnée sous forme de grosse boule puis, à l'aide d'une paille, aspirez l'air se trouvant dans le sac de façon à faire le vide autour de la pâte. Il vaut mieux faire décongeler la pâte lentement au réfrigérateur mais, si le temps vous manque, vous pouvez toujours utiliser le four à micro-ondes à cette fin. Dans ce dernier cas, 2 minutes (plus ou moins selon la dimension de la boule) devraient suffire pour faire décongeler la pâte sans qu'elle se réchauffe.

Tarte aux fraises et à la rhubarbe

Préparation : 20 min
Cuisson : 45 min
Quantité : 1 tarte

SANS :
œufs
lait
arachides
noix
graines de sésame
poisson
mollusques
crustacés
moutarde

Un grand classique québécois.

3 à 4 tiges de rhubarbe fraîche ou décongelée
   (environ 500 ml / 2 tasses de rhubarbe coupée en morceaux)
500 ml (2 tasses) de fraises fraîches ou décongelées
125 ml (½ tasse) de sucre
30 ml (2 c. à soupe) de farine de blé
2 abaisses de pâte à tarte non cuites réfrigérées (p. 199)

1   Préchauffez le four à 220 °C (425 °F).

2   Pelez la rhubarbe si nécessaire (c'est inutile si la rhubarbe est jeune et que sa peau est tendre) puis coupez-la en morceaux d'environ 2,5 cm (1 po). Équeutez les fraises fraîches. Coupez en deux les plus grosses fraises.

3   Dans un bol allant au four à micro-ondes, mélangez la rhubarbe, les fraises (après avoir éliminé le jus si elles sont décongelées), le sucre et la farine. Faites cuire le tout au micro-ondes à puissance maximale pendant 7 minutes. Réservez au réfrigérateur.

4   Déposez une abaisse non cuite dans un moule à tarte de façon qu'elle en épouse parfaitement la forme. Coupez l'excédent de pâte sur les bords du moule. Piquez l'abaisse avec une fourchette à quelques reprises. Versez la garniture de fruits dans l'abaisse en l'étalant soigneusement.

5   Taillez à même la seconde abaisse une série de lanières. Disposez ces lanières sur le dessus de la tarte pour obtenir un effet de damier (4 ou 5 lanières à l'horizontale et autant à la verticale).

6   Faites cuire au four, sur la grille du bas, à 220 °C (425 °F) pendant 20 minutes. Poursuivez la cuisson pendant encore 10 à 15 minutes à 180 °C (350 °F).

Tarte aux pommes et à l'érable

Préparation : 20 min
Cuisson : 40 min
Quantité : 1 tarte

SANS :
œufs
lait
arachides
noix
graines de sésame
poisson
mollusques
crustacés
moutarde

Que du bonheur !

6 pommes
15 ml (1 c. à soupe) de jus de citron
30 ml (2 c. à soupe) de cassonade
2 abaisses de pâte à tarte non cuites réfrigérées (p. 199)
1 ml (¼ c. à thé) de cannelle moulue
45 ml (3 c. à soupe) de sirop d'érable

1   Préchauffez le four à 220 °C (425 °F).

2   Pelez puis coupez les pommes en gros morceaux. Dans un bol allant au four à micro-ondes, mélangez les morceaux de pommes, le jus de citron et la cassonade. Faites cuire le tout au micro-ondes à puissance maximale pendant 5 minutes. Réservez.

3   Déposez une abaisse non cuite dans un moule à tarte de façon qu'elle en épouse parfaitement la forme. Coupez l'excédent de pâte sur les bords du moule. Piquez l'abaisse avec une fourchette à quelques reprises.

4   À l'aide d'une cuillère à égoutter, transférez les morceaux de pommes (sans le jus) dans l'abaisse. Étalez soigneusement les fruits, saupoudrez de cannelle puis arrosez de sirop d'érable.

5   Utilisez la seconde abaisse pour recouvrir le tout en la laissant dépasser d'environ 2 cm (¾ po) du bord du moule. Faites quatre incisions dans la partie centrale de cette abaisse. Humectez le pourtour de l'abaisse du bas avec un peu d'eau puis repliez l'excédent de pâte de l'abaisse du dessus sur l'abaisse du bas. Fermez les abaisses en en pinçant le pourtour avec vos doigts.

6   Faites cuire au four, sur la grille du bas, à 220 °C (425 °F) pendant 20 minutes. Poursuivez la cuisson pendant encore 10 à 15 minutes à 180 °C (350 °F).

Œufs et lait : attention au sirop d'érable utilisé si vous devez proscrire les œufs ou le lait. Certains sirops peuvent, en effet, contenir des traces de ces aliments.

TARTE AUX POMMES ET À L'ÉRABLE

AUMÔNIÈRES DE POIRES ET DE CANNEBERGES

Aumônières de poires et de canneberges

Des pochettes-surprises du plus bel effet !

4 poires
2 oranges
250 ml (1 tasse) de canneberges fraîches ou décongelées
80 ml (⅓ tasse) de sucre
30 ml (2 c. à soupe) de farine de blé
2 ml (½ c. à thé) de cannelle moulue
4 abaisses de pâte à tarte non cuites réfrigérées d'environ 20 cm
(8 po) de diamètre (p. 199)

1 Préchauffez le four à 200 °C (400 °F).

2 Pelez puis coupez les poires en morceaux. Coupez quatre longues lanières dans le zeste des oranges. Prélevez ensuite l'équivalent de 10 ml (2 c. à thé) de zeste d'orange haché.

3 Dans un bol allant au four à micro-ondes, mélangez les morceaux de poires, le zeste d'orange haché (mais pas les lanières), les canneberges, le sucre, la farine de blé et la cannelle. Faites cuire le tout au micro-ondes à puissance maximale pendant 8 minutes. Réservez au réfrigérateur.

4 Immergez les lanières de zeste dans l'eau bouillante pendant 1 minute. Réservez.

5 Étalez les abaisses sur une plaque à pâtisserie à revêtement antiadhésif. Déposez, au centre de chaque abaisse, ¼ du mélange de poires et de canneberges. Remontez les bords pour former une pochette.

6 Faites cuire au four, sur la grille du centre, jusqu'à ce que la pâte soit cuite et légèrement dorée (environ 20 minutes). Avant de servir, attachez les bords de chaque aumônière avec une lanière de zeste d'orange (simplement pour faire joli !).

Préparation : 30 min
Cuisson : 30 min
Quantité : 4 aumônières

SANS :
œufs
lait
arachides
noix
graines de sésame
poisson
mollusques
crustacés
moutarde

Tarte au chocolat et au tofu

Cette recette est une adaptation d'un dessert servi régulièrement dans un centre de la petite enfance situé tout près de chez nous. Heureux enfants !

1 abaisse de pâte à tarte non cuite réfrigérée (p. 199)
750 ml (3 tasses) de tofu ferme à texture fine
30 ml (2 c. à soupe) d'huile de canola
185 ml (¾ tasse) de sucre
80 ml (⅓ tasse) de poudre de cacao
15 ml (1 c. à soupe) de fécule de maïs
5 ml (1 c. à thé) de vanille
2 ml (½ c. à thé) de sel

1 Préchauffez le four à 220 °C (425 °F).

2 Déposez l'abaisse dans un moule à tarte de 23 cm (9 po) de diamètre de façon qu'elle en épouse parfaitement la forme. Coupez l'excédent de pâte en laissant dépasser environ 2 cm (¾ po) du bord du moule. Pincez le pourtour de l'abaisse avec vos doigts pour obtenir un effet dentelé. Réservez au réfrigérateur pendant environ 30 minutes.

3 Mettez tous les autres ingrédients dans le bol d'un robot culinaire. Mélangez jusqu'à l'obtention d'une texture lisse. Versez ensuite cette préparation dans l'abaisse.

4 Faites cuire au four, sur la grille du bas, à 220 °C (425 °F) pendant 20 minutes. Poursuivez la cuisson pendant encore 20 minutes à 180 °C (350 °F).

5 Laissez refroidir avant de découper.

Lait : plusieurs marques de cacao contiennent (ou peuvent contenir) des traces de produits laitiers. N'hésitez pas à communiquer avec le fabricant pour obtenir des précisions.

Pour en savoir plus : voir à la page 30 pour obtenir plus de renseignements sur le tofu à texture fine que nous employons dans nos recettes.

Préparation : 15 min
Repos : 30 min
Cuisson : 40 min
Quantité : 1 tarte

SANS :
œufs
lait
arachides
noix
graines de sésame
poisson
mollusques
crustacés
moutarde

Préparation : 30 min
Cuisson : 1 h
Quantité : 1 tourte

SANS :
œufs
lait
arachides
noix
graines de sésame
poisson
mollusques
crustacés
moutarde

Tourte aux framboises

Il y a quelques années, nous avons décidé de remplacer la traditionnelle galette des Rois (vous savez, ce savoureux dessert qui contient des amandes, des œufs, des produits laitiers…) par cette tourte. Plutôt que d'y dissimuler des haricots ou des pois, nous introduisons, dans l'ouverture pratiquée au centre de la tourte, deux petites couronnes brillantes faites de papier d'aluminium (nous attendons, pour ce faire, que la tourte soit cuite). Pas très orthodoxe ? Sans doute ! Mais qui s'en soucie du moment que la fête est réussie ?

1 l (4 tasses) de framboises fraîches ou décongelées
250 ml (1 tasse) de sucre
15 ml (1 c. à soupe) de farine de blé
3 abaisses de pâte à tarte non cuites réfrigérées (p. 199)
15 ml (1 c. à soupe) de sucre glace

1   Préchauffez le four à 180 °C (350 °F).

2   Dans un bol, mélangez les framboises, le sucre et la farine. Réservez.

3   Déposez une abaisse non cuite dans un moule à tarte assez profond (rebords de 5 cm / 2 po ou plus) de façon qu'elle en couvre complètement le fond et les rebords. Coupez, s'il y a lieu, l'excédent de pâte sur les bords du moule. Piquez l'abaisse avec une fourchette à quelques reprises.

4   Versez la moitié de la garniture de framboises dans l'abaisse. Étalez soigneusement la préparation.

5   Utilisez la seconde abaisse pour recouvrir le tout. Avec vos doigts, soudez les deux abaisses ensemble de façon que la garniture ne puisse s'échapper.

6   Versez sur la deuxième abaisse le reste de la garniture de framboises. Étalez la préparation puis disposez la troisième abaisse sur le dessus en la laissant dépasser d'environ 2 cm (¾ po) du bord du moule. Découpez, dans le centre de l'abaisse, une ouverture circulaire d'environ 3 cm (1¼ po). Humectez le pourtour de l'abaisse du bas avec un peu d'eau puis repliez l'excédent de pâte de l'abaisse du dessus sur l'abaisse du bas. Fermez les abaisses en en pinçant le pourtour avec vos doigts.

7   Faites cuire au four, sur la grille du bas, pendant environ 1 heure.

8   Retirez du four et laissez refroidir. Saupoudrez le dessus de la tourte de sucre glace (attendez, pour ce faire, que la tourte ne soit plus chaude).

Préparation : 30 min
Cuisson : 55 min
Quantité : 12 portions

SANS :
œufs
lait
arachides
noix
graines de sésame
poisson
mollusques
crustacés
moutarde

Gâteau marbré

D'accord, la liste des ingrédients nécessaires pour préparer ce gâteau est un peu longue. Il est vrai, également, que la réalisation de cette recette comporte plusieurs étapes. Mais, mais, mais… le résultat en vaut VRAIMENT la peine ! Notre gâteau marbré sans œufs est, en effet, exceptionnellement onctueux. Recouvert de ganache (p. 220), il est simplement irrésistible !

PARTIE AU CHOCOLAT
250 ml (1 tasse) de farine de blé à pâtisserie tamisée
125 ml (½ tasse) de poudre de cacao
5 ml (1 c. à thé) de bicarbonate de soude
1 ml (¼ c. à thé) de sel
125 ml (½ tasse) de cassonade
60 ml (4 c. à soupe) d'huile de canola
45 ml (3 c. à soupe) de compote de pommes (p. 228)
5 ml (1 c. à thé) de vanille
185 ml (¾ tasse) de boisson de soya

PARTIE BLANCHE
500 ml (2 tasses) de farine de blé à pâtisserie tamisée
10 ml (2 c. à thé) de levure chimique (poudre à pâte)
2 ml (½ c. à thé) de bicarbonate de soude
1 ml (¼ c. à thé) de sel
160 ml (⅔ tasse) de margarine
250 ml (1 tasse) de sucre
3 cubes de filtrat de graines de lin décongelés (p. 70)
5 ml (1 c. à thé) de vanille
5 ml (1 c. à thé) de vinaigre de cidre (ou vinaigre blanc)
185 ml (¾ tasse) de boisson de soya

1 Préchauffez le four à 180 °C (350 °F).

PARTIE AU CHOCOLAT

2 Dans un bol, mélangez la farine de blé, le cacao, le bicarbonate de soude et le sel.

3 Mettez la cassonade et l'huile de canola dans un deuxième bol. Battez à l'aide d'un batteur électrique ou d'un fouet en incorporant le plus d'air possible au mélange jusqu'à ce que celui-ci soit lisse et homogène. Ajoutez la compote de pommes et la vanille. Battez de nouveau.

4 Dans le deuxième bol, incorporez en alternance et à basse vitesse les ingrédients secs du premier bol et la boisson de soya. Réservez.

PARTIE BLANCHE

5 Dans un troisième bol, mélangez la farine de blé, la levure chimique, le bicarbonate de soude et le sel.

6 Mettez la margarine dans un quatrième bol. Ajoutez graduellement le sucre tout en battant à l'aide d'un batteur électrique ou d'un fouet jusqu'à ce que le mélange soit pâle et léger (environ 2 minutes). Incorporez, ce faisant, le plus d'air possible au mélange. Ajoutez les cubes de filtrat de graines de lin, la vanille et le vinaigre. Battez de nouveau.

7 Dans le quatrième bol, incorporez en alternance et à basse vitesse les ingrédients secs du troisième bol et la boisson de soya. Réservez.

PRÉPARATION DU GÂTEAU MARBRÉ

8 Versez la préparation blanche dans un moule à cheminée graissé et enfariné. Versez ensuite la préparation au chocolat. Pour réaliser l'effet marbré, faites des zigzags dans la pâte avec une spatule étroite.

9 Faites cuire au four, sur la grille du centre, pendant 55 minutes. Laissez refroidir et démoulez.

Lait : allergique aux produits laitiers ? Plusieurs marques de margarine en contiennent, aussi est-il important de lire attentivement la liste des ingrédients de celle que vous utilisez. Par ailleurs, plusieurs marques de cacao contiennent (ou peuvent contenir) des traces de produits laitiers. N'hésitez pas à communiquer avec le fabricant pour obtenir des précisions.

Préparation : 20 min
Cuisson : 50 min
Quantité : 12 portions

SANS :
œufs
lait
arachides
noix
graines de sésame
poisson
mollusques
crustacés
moutarde

Gâteau au chocolat

Un gâteau hyper-cochon (surtout si vous le nappez du glaçage au chocolat de la p. 219 ou de la ganache de la p. 220), sans œufs ni produits laitiers ! Ne boudez pas votre plaisir…

625 ml (2½ tasses) de farine de blé à pâtisserie tamisée
10 ml (2 c. à thé) de bicarbonate de soude
250 ml (1 tasse) de poudre de cacao
1 ml (¼ c. à thé) de sel
375 ml (1½ tasse) de cassonade
500 ml (2 tasses) de boisson de soya
185 ml (¾ tasse) d'huile de canola
60 ml (4 c. à soupe) d'eau
80 ml (⅓ tasse) de compote de pommes (p. 228)
10 ml (2 c. à thé) de vanille
fraises ou framboises fraîches (facultatif)

1 Préchauffez le four à 180 °C (350 °F).

2 Dans un bol, mélangez la farine de blé, le bicarbonate de soude, le cacao et le sel.

3 Dans un second bol, mélangez la cassonade, 125 ml (½ tasse) de boisson de soya, l'huile de canola, l'eau, la compote de pommes et la vanille.

4 Versez en alternance dans le second bol le contenu du premier bol et le reste de la boisson de soya. Battez au fur et à mesure avec un fouet. Versez le tout dans un moule à cheminée graissé et enfariné.

5 Faites cuire au four, sur la grille du centre, pendant 50 minutes. Laissez refroidir et démoulez.

6 À l'aide d'une spatule, étalez le glaçage de votre choix sur le gâteau. Garnissez celui-ci de quelques fraises ou framboises fraîches (si vous en avez sous la main).

Lait : plusieurs marques de cacao contiennent (ou peuvent contenir) des traces de produits laitiers. N'hésitez pas à communiquer avec le fabricant pour obtenir des précisions.

Variante sans soya : remplacez la boisson de soya par 250 ml (1 tasse) de lait de coco et 250 ml (1 tasse) d'eau.

GÂTEAU AU CHOCOLAT

GÂTEAU BLANC

Préparation : 20 min
Cuisson : 1 h
Quantité : 8 portions

SANS :
œufs
lait
arachides
noix
graines de sésame
poisson
mollusques
crustacés
moutarde

Préparation : 20 min
Cuisson : 50 min
Quantité : 12 portions

SANS :
œufs
lait
soya
arachides
noix
graines de sésame
poisson
mollusques
crustacés
moutarde

Gâteau blanc

Ce gâteau, qui rappelle le quatre-quarts de nos grands-mères, se marie bien avec une ganache (p. 220) ou un coulis de beurre d'érable (p. 243).

500 ml (2 tasses) de farine de blé à pâtisserie tamisée
10 ml (2 c. à thé) de levure chimique (poudre à pâte)
2 ml (½ c. à thé) de bicarbonate de soude
1 ml (¼ c. à thé) de sel
160 ml (⅔ tasse) de margarine
250 ml (1 tasse) de sucre
3 cubes de filtrat de graines de lin décongelés (p. 70)
5 ml (1 c. à thé) de vanille
5 ml (1 c. à thé) de vinaigre de cidre (ou vinaigre blanc)
185 ml (¾ tasse) de boisson de soya

1 Préchauffez le four à 180 °C (350 °F).

2 Dans un bol, mélangez la farine de blé, la levure chimique, le bicarbonate de soude et le sel.

3 Mettez la margarine dans un second bol. Ajoutez graduellement le sucre tout en battant à l'aide d'un batteur électrique ou d'un fouet jusqu'à ce que le mélange soit pâle et léger (environ 2 minutes). Incorporez, ce faisant, le plus d'air possible au mélange. Ajoutez les cubes de filtrat de graines de lin, la vanille et le vinaigre. Battez de nouveau.

4 Dans le second bol, incorporez, en alternance et à basse vitesse, les ingrédients secs du premier bol et la boisson de soya.

5 Versez la pâte dans un moule à charnière de 20 cm (8 po) graissé et enfariné dont le fond a préalablement été tapissé de papier parcheminé.

6 Faites cuire au four, sur la grille du centre, pendant 1 heure. Laissez refroidir et démoulez.

Lait : allergique aux produits laitiers ? Plusieurs marques de margarine en contiennent, aussi est-il important de lire attentivement la liste des ingrédients de celle que vous utilisez.

Gâteau aux dattes et à l'orange

Plutôt que de préparer un seul gros gâteau, nous préférons parfois en faire une douzaine de petits. Nous répartissons alors la pâte dans un moule à muffins et limitons à 30 minutes le temps de cuisson. Vous désirez recouvrir ce gâteau d'un glaçage ? Le glaçage blanc à l'orange (p. 220) est tout indiqué !

500 ml (2 tasses) de dattes dénoyautées
250 ml (1 tasse) de jus d'orange
625 ml (2½ tasses) de farine de blé à pâtisserie tamisée
10 ml (2 c. à thé) de levure chimique (poudre à pâte)
5 ml (1 c. à thé) de bicarbonate de soude
1 ml (¼ c. à thé) de sel
185 ml (¾ tasse) d'eau
160 ml (⅔ tasse) d'huile de canola
125 ml (½ tasse) de cassonade
20 ml (4 c. à thé) de zeste d'orange

1 Préchauffez le four à 180 °C (350 °F).

2 Dans un bol allant au four à micro-ondes, mettez les dattes ainsi que 125 ml (½ tasse) de jus d'orange. Faites cuire à puissance maximale au micro-ondes durant 5 minutes. Réduisez ensuite le mélange en purée en le passant au robot culinaire. Réservez.

3 Dans un deuxième bol, mélangez la farine, la levure chimique, le bicarbonate de soude et le sel.

4 Dans un troisième bol, mélangez l'eau, l'huile de canola, la cassonade et ce qui reste de jus d'orange.

5 Incorporez graduellement le contenu du deuxième bol dans le troisième en mélangeant bien.

6 Ajoutez la purée de dattes et le zeste d'orange au contenu du troisième bol. Mélangez en incorporant le plus d'air possible à la pâte. Versez le tout dans un moule à cheminée graissé et enfariné.

7 Faites cuire au four, sur la grille du centre, pendant 45 minutes. Laissez refroidir et démoulez.

Préparation : 15 min
Cuisson : 1 h 30
Quantité : 6 portions

SANS :
œufs
lait
soya
arachides
noix
graines de sésame
blé
poisson
mollusques
crustacés
moutarde

Pouding au riz

Un dessert onctueux, sans blé, qui se savoure bien chaud.

90 ml (6 c. à soupe) de riz blanc à grain long
45 ml (3 c. à soupe) de cassonade
1 ml (¼ c. à thé) de sel
2 ml (½ c. à thé) de cannelle moulue
10 ml (2 c. à thé) de zeste d'orange
125 ml (½ tasse) de raisins secs
810 ml (3¼ tasses) de lait de coco

1 Préchauffez le four à 160 °C (325 °F).

2 Mettez tous les ingrédients dans un plat à four en pyrex. Mélangez.

3 Faites cuire au four pendant au moins 1 heure 30 (plus la cuisson est longue, plus le pouding est tendre et crémeux). Remuez avec une cuillère de bois 2 ou 3 fois au cours de la première heure de cuisson afin de faire disparaître la pellicule laiteuse qui se forme à la surface.

4 Réchauffez avant de servir.

Soya : allergique au soya ? Assurez-vous que les raisins secs utilisés ne contiennent pas d'huile végétale hydrogénée provenant du soya.

Noix : les risques d'allergies croisées étant assez faibles, on ne recommande habituellement pas aux personnes allergiques aux autres noix d'éviter, à titre préventif, la noix de coco.

Préparation : 20 min
Cuisson : 40 min
Quantité : 10 portions

SANS :
œufs
lait
soya
arachides
noix
graines de sésame
poisson
mollusques
crustacés
moutarde

Gâteau aux bananes

Facile à préparer et franchement délicieux !

500 ml (2 tasses) de farine de blé à pâtisserie tamisée
5 ml (1 c. à thé) de levure chimique (poudre à pâte)
2 ml (½ c. à thé) de bicarbonate de soude
1 ml (¼ c. à thé) de muscade moulue
2 ml (½ c. à thé) de sel
125 ml (½ tasse) d'huile de canola
185 ml (¾ tasse) de cassonade
5 ml (1 c. à thé) de vanille
60 ml (4 c. à soupe) de jus de pomme
60 ml (4 c. à soupe) d'eau
5 ml (1 c. à thé) de vinaigre de cidre (ou vinaigre blanc)
3 bananes bien mûres

1 Préchauffez le four à 190 °C (375 °F).

2 Dans un bol, mélangez la farine, la levure chimique, le bicarbonate de soude, la muscade et le sel.

3 Dans un second bol, mélangez l'huile de canola, la cassonade et la vanille jusqu'à l'obtention d'une consistance assez lisse. Versez le jus de pomme, l'eau et le vinaigre puis mélangez de nouveau.

4 Réduisez les bananes en purée à l'aide d'une fourchette (de façon à obtenir environ 310 ml / 1¼ tasse de purée). Versez en alternance dans le second bol le contenu du premier bol et la purée de bananes. Battez au fur et à mesure avec un fouet. Versez le tout dans un moule à cheminée graissé et enfariné.

5 Faites cuire au four, sur la grille du centre, pendant 40 minutes. Laissez refroidir et démoulez.

Truc : le temps de cuisson sera d'environ 30 minutes si vous répartissez la pâte dans deux moules ronds plutôt que d'employer un moule à cheminée.

GÂTEAU AUX BANANES

GÂTEAU POUDING À LA NOIX DE COCO

Gâteau pouding à la noix de coco

Préparation : 10 min
Cuisson : 35 min
Quantité : 8 portions

SANS :
œufs
lait
soya
arachides
noix
graines de sésame
poisson
mollusques
crustacés
moutarde

Un pouding chômeur revu et corrigé !

375 ml (1½ tasse) de farine de blé à pâtisserie tamisée
60 ml (4 c. à soupe) de sucre
5 ml (1 c. à thé) de bicarbonate de soude
45 ml (3 c. à soupe) d'huile de canola
250 ml (1 tasse) de lait de coco
5 ml (1 c. à thé) de vinaigre
5 ml (1 c. à thé) de vanille
30 ml (2 c. à soupe) de noix de coco râpée (non sucrée)
250 ml (1 tasse) de cassonade
375 ml (1½ tasse) d'eau bouillante

1   Préchauffez le four à 190 °C (375 °F).

2   Dans un bol, mélangez la farine de blé, le sucre et le bicarbonate de soude. Ajoutez 30 ml (2 c. à soupe) d'huile de canola, le lait de coco, le vinaigre et la vanille. Mélangez de nouveau.

3   Versez cette pâte dans un moule non graissé ou une casserole assez profonde (sous peine de débordement !) pouvant aller au four. Saupoudrez de noix de coco râpée.

4   Dans un second bol, mélangez 15 ml (1 c. à soupe) d'huile de canola, la cassonade et l'eau bouillante. Versez ce sirop sur la pâte, sans mélanger.

5   Faites cuire au four, sur la grille du centre, pendant 35 minutes.

Noix : les risques d'allergies croisées étant assez faibles, on ne recommande habituellement pas aux personnes allergiques aux autres noix d'éviter, à titre préventif, la noix de coco.

Bananes caramélisées

Préparation : moins de 5 min
Cuisson : 10 min
Quantité : 4 portions

SANS :
œufs
lait
soya
arachides
noix
graines de sésame
blé
poisson
mollusques
crustacés
moutarde

Dessert minute pour cuisiniers pressés.

30 ml (2 c. à soupe) d'huile de canola
4 bananes assez mûres
60 ml (4 c. à soupe) de cassonade
45 ml (3 c. à soupe) de jus d'orange
15 ml (1 c. à soupe) de noix de coco râpée (non sucrée)

1   Faites chauffer l'huile de canola dans une poêle à feu moyen. Déposez les bananes dans la poêle après les avoir tranchées en deux sur la longueur. Faites cuire pendant environ 2 minutes de chaque côté. Retirez les bananes de la poêle et réservez.

2   Mettez la cassonade et le jus d'orange dans la poêle. Toujours à feu moyen, faites réduire pendant environ 2 minutes, jusqu'à l'obtention d'un sirop. Ajoutez la noix de coco râpée puis remettez les bananes dans la poêle. Faites cuire pendant 1 minute de plus.

3   Servez les bananes en les nappant de sirop.

Noix : les risques d'allergies croisées étant assez faibles, on ne recommande habituellement pas aux personnes allergiques aux autres noix d'éviter, à titre préventif, la noix de coco.

Variante alcoolisée : remplacez le jus d'orange par du rhum.

Préparation : 15 min
Cuisson : 40 min
Quantité : 12 portions

SANS :
œufs
lait
soya
arachides
noix
graines de sésame
poisson
mollusques
crustacés
moutarde

Brownie

Un dessert traditionnel réinterprété sans pour autant que soit sacrifiée la texture bien caractéristique de la version originale. Pour la totale, déposez sur chaque carré de brownie une boule de glace (p. 226 ou 227) et nappez le tout de ganache chaude (p. 220). Irrrrrésistible ! ! !

375 ml (1½ tasse) de farine de blé tout usage tamisée
185 ml (¾ tasse) de poudre de cacao
5 ml (1 c. à thé) de levure chimique (poudre à pâte)
3 ml (¾ c. à thé) de sel
2 ou 3 bananes
500 ml (2 tasses) de cassonade
3 cubes de filtrat de graines de lin décongelés (p. 70)
60 ml (4 c. à soupe) d'huile de canola
5 ml (1 c. à thé) de vanille
250 ml (1 tasse) de pépites de chocolat

1   Préchauffez le four à 180 °C (350 °F).

2   Dans un bol, mélangez la farine de blé, le cacao, la levure chimique et le sel.

3   Réduisez les bananes en une belle purée lisse à l'aide d'un mélangeur à main. Mesurez 250 ml (1 tasse) de purée de bananes. Mettez celle-ci dans un second bol. Ajoutez la cassonade, les cubes de filtrat de graines de lin, l'huile de canola et la vanille. Mélangez.

4   Dans le second bol, incorporez progressivement les ingrédients secs du premier bol et mélangez jusqu'à ce que la pâte soit homogène. Ajoutez les pépites de chocolat et mélangez de nouveau.

5   Versez la pâte dans un plat à four rectangulaire en pyrex (23 x 33 cm / 9 x 13 po) graissé (ou légèrement huilé si vous devez éviter produits laitiers et soya).

6   Faites cuire au four, sur la grille du centre, pendant 35 à 40 minutes. Assurez-vous que le brownie est complètement cuit en piquant le centre du gâteau avec un cure-dent. Laissez refroidir et démoulez.

Lait : plusieurs marques de cacao contiennent (ou peuvent contenir) des traces de produits laitiers. N'hésitez pas à communiquer avec le fabricant pour obtenir des précisions.

Œufs, lait, soya, arachides, noix et graines de sésame : la plupart des marques de chocolat contiennent l'un ou l'autre de ces allergènes ou des traces de ceux-ci. N'hésitez pas à communiquer avec le fabricant pour obtenir des précisions. Pour des suggestions de chocolat « sans », voir à la page 30.

Variante sans graines de lin : si vous n'avez pas de cubes de filtrat de graines de lin sous la main, vous pouvez remplacer ceux-ci par 60 ml (4 c. à soupe) de purée de bananes. Le goût de banane sera cependant plus prononcé et la texture du brownie légèrement plus humide et compacte.

BROWNIE, GLACE AU SOYA ET À LA VANILLE ET GANACHE

CROUSTILLANT AUX FRAMBOISES ET AUX POIRES

Préparation : 20 min
Cuisson : 30 min
Quantité : 8 portions

SANS :
œufs
lait
soya
arachides
noix
graines de sésame
poisson
mollusques
crustacés
moutarde

Préparation : 15 min
Cuisson : 40 min
Quantité : 6 portions

SANS :
œufs
lait
soya
arachides
noix
graines de sésame
poisson
mollusques
crustacés
moutarde

Croustillant aux framboises et aux poires

On le sert, découpé en carrés, comme collation ou comme dessert.

500 ml (2 tasses) de flocons d'avoine
250 ml (1 tasse) de farine de blé
250 ml (1 tasse) de cassonade
5 ml (1 c. à thé) de bicarbonate de soude
1 ml (¼ c. à thé) de sel
160 ml (⅔ tasse) d'huile de canola
500 ml (2 tasses) de framboises fraîches ou décongelées
80 ml (⅓ tasse) de sucre
2 poires

1 Préchauffez le four à 190 °C (375 °F).

2 Dans un bol, mélangez les flocons d'avoine, la farine de blé, la cassonade, le bicarbonate de soude et le sel. Ajoutez l'huile de canola. Mélangez de nouveau jusqu'à ce que la pâte prenne un aspect grumeleux.

3 Étalez environ ⅔ de cette pâte au fond d'un moule carré graissé. Pressez la pâte avec une spatule pour bien l'étendre.

4 Dans un second bol, mélangez les framboises et le sucre. Versez ce mélange sur la pâte en l'étalant avec la spatule. Ajoutez les poires après les avoir pelées et coupées en cubes.

5 Recouvrez le tout avec le reste de la pâte. Étalez bien celle-ci en exerçant des petites pressions avec la spatule.

6 Faites cuire au four, sur la grille du centre, pendant 30 minutes. Laissez refroidir.

Truc : le croustillant aux framboises et aux poires se tiendra mieux (et sera donc plus facile à couper) si vous le laissez quelques heures au réfrigérateur avant de le servir.

Croustillant aux pommes

Le dessert familial par excellence.

310 ml (1¼ tasse) de flocons d'avoine
160 ml (⅔ tasse) de farine de blé
185 ml (¾ tasse) de cassonade
3 ml (¾ c. à thé) de cannelle moulue
185 ml (¾ tasse) d'huile de canola
6 à 8 pommes

1 Préchauffez le four à 180 °C (350 °F).

2 Dans un bol, mélangez les flocons d'avoine, la farine de blé, la cassonade et la cannelle. Ajoutez l'huile de canola. Mélangez de nouveau jusqu'à ce que la pâte prenne un aspect grumeleux. Réservez.

3 Pelez puis coupez les pommes en tranches. Disposez celles-ci au fond d'un plat allant au four. Étalez la pâte sur les pommes.

4 Faites cuire au four, sur la grille du centre, pendant 40 minutes.

GRANDS-PÈRES À L'ÉRABLE

Grands-pères à l'érable

Préparation : 10 min
Cuisson : 40 min
Quantité : 20 grands-pères

SANS :
œufs
lait
arachides
noix
graines de sésame
poisson
mollusques
crustacés
moutarde

D'après notre fils, on appelle ainsi ces petits gâteaux parce qu'ils sont aussi ronds qu'un ventre de grand-papa !

375 ml (1½ tasse) de farine de blé à pâtisserie tamisée
15 ml (1 c. à soupe) de levure chimique (poudre à pâte)
2 ml (½ c. à thé) de sel
30 ml (2 c. à soupe) de margarine
185 ml (¾ tasse) de lait de coco
375 ml (1½ tasse) de sirop d'érable
375 ml (1½ tasse) d'eau

1   Dans un bol, mélangez la farine de blé, la levure chimique et le sel. Ajoutez la margarine et le lait de coco. Mélangez jusqu'à ce que la pâte soit homogène. Réservez au réfrigérateur.

2   Versez le sirop d'érable et l'eau dans une grande casserole. Portez à ébullition.

3   Avec une cuillère, déposez une dizaine de boulettes de pâte dans la casserole. Utilisez pour ce faire la moitié de la pâte réservée. Réduisez le feu puis couvrez. Laissez mijoter doucement pendant 15 à 20 minutes, sans découvrir.

4   Retirez les boulettes de pâte du sirop. Réservez. Faites cuire le reste de la pâte de la même façon, en ajoutant un peu d'eau et de sirop d'érable dans la casserole, au besoin.

5   Au moment de servir, versez le sirop de cuisson sur les grands-pères.

Lait : allergique aux produits laitiers ? Plusieurs margarines en contiennent, aussi est-il important de lire attentivement la liste des ingrédients de celle que vous utilisez.

Œufs et lait : attention au sirop d'érable utilisé si vous devez proscrire les œufs ou le lait. Certains sirops peuvent, en effet, contenir des traces de ces aliments.

Noix : les risques d'allergies croisées étant assez faibles, on ne recommande habituellement pas aux personnes allergiques aux autres noix d'éviter, à titre préventif, la noix de coco.

Glaçage au chocolat

Préparation : 5 min
Cuisson : aucune
Quantité : 625 ml (2½ tasses)

SANS :
œufs
lait
arachides
noix
graines de sésame
blé
poisson
mollusques
crustacés
moutarde

Pour étaler, voluptueusement, sur un gâteau au chocolat maison.

250 ml (1 tasse) de margarine
5 ml (1 c. à thé) de vanille
625 ml (2½ tasses) de sucre glace
185 ml (¾ tasse) de poudre de cacao
30 ml (2 c. à soupe) de boisson de soya

1   Dans un bol, mélangez la margarine et la vanille.

2   Graduellement et en alternance, incorporez en battant le sucre glace, le cacao et la boisson de soya. Continuez à battre jusqu'à l'obtention d'une consistance crémeuse.

Lait : allergique aux produits laitiers ? Plusieurs margarines en contiennent, aussi est-il important de lire attentivement la liste des ingrédients de celle que vous utilisez. Par ailleurs, plusieurs marques de cacao contiennent (ou peuvent contenir) des traces de produits laitiers. N'hésitez pas à communiquer avec le fabricant pour obtenir des précisions.

Blé : en cas d'allergie au blé, assurez-vous que le sucre glace ne contienne pas d'amidon de blé.

Truc : pour obtenir une texture plus onctueuse, utilisez un batteur électrique pour battre les ingrédients.

Glaçage blanc à l'orange

Préparation : 10 min
Cuisson : aucune
Quantité : 500 ml (2 tasses)

SANS :
œufs
lait
arachides
noix
graines de sésame
blé
poisson
mollusques
crustacés
moutarde

Délicieux sur le gâteau aux dattes et à l'orange (p. 209).

250 ml (1 tasse) de margarine
5 ml (1 c. à thé) de vanille
625 ml (2½ tasses) de sucre glace
25 ml (5 c. à thé) de jus d'orange
15 ml (1 c. à soupe) de zeste d'orange

1 Dans un bol, mélangez la margarine et la vanille.

2 Graduellement et en alternance, incorporez en battant le sucre glace et le jus d'orange. Continuez à battre jusqu'à l'obtention d'une consistance crémeuse. Ajoutez enfin le zeste d'orange et mélangez de nouveau.

Lait : allergique aux produits laitiers ? Plusieurs margarines en contiennent, aussi est-il important de lire attentivement la liste des ingrédients de celle que vous utilisez.

Blé : en cas d'allergie au blé, assurez-vous que le sucre glace ne contienne pas d'amidon de blé.

Truc : pour obtenir une texture plus onctueuse, utilisez un batteur électrique pour battre les ingrédients.

Ganache

Préparation : 5 min
Cuisson : 5 min
Repos : 2 min
Quantité : 500 ml (2 tasses)

SANS :
œufs
lait
arachides
noix
graines de sésame
blé
poisson
mollusques
crustacés
moutarde

La ganache traditionnelle est composée de chocolat, de beurre et de crème. Notre version, comme vous pourrez le constater, n'en est pas si éloignée. Nous utilisons cette ganache pour glacer le gâteau marbré (p. 205), le gâteau au chocolat (p. 206), le gâteau blanc (p. 209) et le brownie (p. 214), ainsi que comme sauce chocolatée sur les gaufres (p. 195 et 196).

La ganache se conserve très bien au réfrigérateur. Il suffit, avant de la servir, de la réchauffer environ 1 minute au four à micro-ondes pour qu'elle ramollisse un peu.

300 g (²/₃ lb) de pépites de chocolat
160 ml (²/₃ tasse) de crème de soya liquide
60 ml (4 c. à soupe) de sirop de maïs
60 ml (4 c. à soupe) de margarine

1 Mettez le chocolat dans un bol. Réservez.

2 Versez la crème de soya et le sirop de maïs dans une casserole. Portez la préparation à ébullition à feu moyen en remuant à l'occasion.

3 Versez cette préparation liquide sur le chocolat. Laissez reposer 2 minutes, sans remuer.

4 Mélangez ensuite avec un fouet jusqu'à ce que le mélange soit homogène et bien lisse. Incorporez la margarine et mélangez de nouveau.

Lait : allergique aux produits laitiers ? Plusieurs margarines en contiennent, aussi est-il important de lire attentivement la liste des ingrédients de celle que vous utilisez.

Œufs, lait, arachides, noix, graines de sésame et blé : la plupart des marques de chocolat contiennent l'un ou l'autre de ces allergènes ou des traces de ceux-ci. N'hésitez pas à communiquer avec le fabricant pour obtenir des précisions. Pour des suggestions de chocolat « sans », voir à la page 30.

Pour en savoir plus : voir à la page 30 pour obtenir plus de renseignements sur la crème de soya liquide que nous employons dans nos recettes.

Voir la photographie de la page 215.

Sauce express au chocolat

Préparation : moins de 5 min
Cuisson : moins de 5 min
Quantité : 75 ml (5 c. à soupe)

SANS :
œufs
lait
arachides
noix
graines de sésame
blé
poisson
mollusques
crustacés
moutarde

Oubliez les sirops au chocolat commerciaux ! Il ne vous faudra qu'un instant pour préparer cette petite sauce, chocolatée à souhait !

15 ml (1 c. à soupe) de margarine
45 ml (3 c. à soupe) de sucre
30 ml (2 c. à soupe) de poudre de cacao
15 ml (1 c. à soupe) de boisson de soya
1 ml (¼ c. à thé) de vanille

1 Mettez tous les ingrédients dans un petit bol pouvant aller au four à micro-ondes. Mélangez jusqu'à l'obtention d'une pâte homogène.

2 Placez le bol au micro-ondes et faites réchauffer pendant 1 minute (puissance 8 sur notre micro-ondes). Brassez de nouveau.

Lait : allergique aux produits laitiers ? Plusieurs margarines en contiennent, aussi est-il important de lire attentivement la liste des ingrédients de celle que vous utilisez. Par ailleurs, plusieurs marques de cacao contiennent (ou peuvent contenir) des traces de produits laitiers. N'hésitez pas à communiquer avec le fabricant pour obtenir des précisions.

Sauce caramel

Préparation : 10 min
Cuisson : 15 min
Quantité : 310 ml (1¼ tasse)

SANS :
œufs
lait
arachides
noix
graines de sésame
blé
poisson
mollusques
crustacés
moutarde

Cette sauce dessert peut remplacer la ganache dans la glace à la noix de coco (p. 227), être versée sur un gâteau blanc (p. 209), etc. Conservée au congélateur, elle aura la consistance requise pour être tartinée sur le pain grillé du matin.

10 ml (2 c. à thé) de fécule de maïs
30 ml (2 c. à soupe) d'eau froide
185 ml (¾ tasse) de lait de coco
125 ml (½ tasse) de sucre
125 ml (½ tasse) de sirop de maïs
60 ml (4 c. à soupe) de cassonade
30 ml (2 c. à soupe) de margarine
5 ml (1 c. à thé) de vanille

1 Dans un petit bol, délayez 5 ml (1 c. à thé) de fécule de maïs dans 15 ml (1 c. à soupe) d'eau froide. Versez cette préparation dans une casserole. Ajoutez le lait de coco et le sucre. Portez à ébullition. Réduisez le feu et laissez mijoter pendant environ 10 minutes en brassant de temps à autre.

2 Dans une seconde casserole, mettez le sirop de maïs, la cassonade, la margarine et le reste de la fécule de maïs après l'avoir diluée dans 15 ml (1 c. à soupe) d'eau froide. Portez à ébullition en brassant fréquemment. Réduisez à feu moyen et poursuivez la cuisson pendant 2 minutes en remuant continuellement.

3 Versez le mélange de lait de coco et la vanille dans la seconde casserole. Faites chauffer, toujours à feu moyen, pendant encore 3 minutes.

Lait : allergique aux produits laitiers ? Plusieurs margarines en contiennent, aussi est-il important de lire attentivement la liste des ingrédients de celle que vous utilisez.

Noix : les risques d'allergies croisées étant assez faibles, on ne recommande habituellement pas aux personnes allergiques aux autres noix d'éviter, à titre préventif, la noix de coco.

FONDUE AU CHOCOLAT

Fondue au chocolat

Préparation : moins de 5 min
Cuisson : 10 min
Quantité : 375 ml (1½ tasse)

SANS :
œufs
lait
arachides
noix
graines de sésame
blé
poisson
mollusques
crustacés
moutarde

Sans produits laitiers, et vos invités n'y verront que du feu…

Plongez-y des fruits (bananes, oranges, poires, pommes, fraises, etc.) et, pourquoi pas, des gaufres (p. 195 et 196) coupées en morceaux.

90 ml (6 c. à soupe) de margarine
160 ml (²/₃ tasse) de sucre
160 ml (²/₃ tasse) de poudre de cacao
125 ml (½ tasse) de lait de coco
5 ml (1 c. à thé) de vanille

1 Faites fondre la margarine dans une casserole à feu doux. Incorporez le sucre et le cacao. Versez graduellement le lait de coco tout en mélangeant. Ajoutez la vanille.

2 Poursuivez la cuisson à feu doux sans faire bouillir. Brassez continuellement jusqu'à ce que la sauce au chocolat soit lisse et soyeuse.

3 Versez la sauce, bien chaude, dans un bol à fondue au chocolat.

Lait : allergique aux produits laitiers ? Plusieurs margarines en contiennent, aussi est-il important de lire attentivement la liste des ingrédients de celle que vous utilisez. Par ailleurs, plusieurs marques de cacao contiennent (ou peuvent contenir) des traces de produits laitiers. N'hésitez pas à communiquer avec le fabricant pour obtenir des précisions.

Noix : les risques d'allergies croisées étant assez faibles, on ne recommande habituellement pas aux personnes allergiques aux autres noix d'éviter, à titre préventif, la noix de coco.

Variante sans noix de coco : il nous est arrivé de remplacer le lait de coco par un volume égal de boisson de soya et c'était délicieux.

Délice aux petits fruits

Préparation : 5 min
Repos : 1 h ou plus
Cuisson : aucune
Quantité : 4 portions

SANS :
œufs
lait
arachides
noix
graines de sésame
blé
poisson
mollusques
crustacés
moutarde

Nourrissante et onctueuse, cette mousse se prépare en un rien de temps. Nous l'avons surnommée « tubby-délice » parce qu'elle a l'apparence et la texture de ce plat cher aux télétubbies (ces derniers, comme vous le savez sans doute, sont les personnages vedettes d'une émission de télévision très populaire destinée aux jeunes enfants). Est-ce la saveur, est-ce le surnom ? En tout cas, ce dessert est demeuré l'un des préférés de notre presque adolescent de fils…

375 ml (1½ tasse) de tofu mou à texture fine
125 ml (½ tasse) de sucre
500 ml (2 tasses) de petits fruits frais ou décongelés
(fraises, framboises, bleuets ou mûres)

1 Mélangez tous les ingrédients au robot culinaire jusqu'à l'obtention d'une mousse bien crémeuse (ne prolongez pas indûment cette opération sans quoi la texture sera trop liquide). Réfrigérez au moins 1 heure avant de servir.

2 Pour une mousse glacée : faites tourner le mélange pendant quelques minutes dans une sorbetière.

Truc : si vous placez le tofu au réfrigérateur quelques heures avant la préparation de la mousse aux petits fruits, celle-ci sera prête à servir immédiatement.

Variante parfumée : pour une touche orientale subtile, ajoutez quelques vaporisations d'eau de rose à cette recette.

Pour en savoir plus : voir à la page 30 pour obtenir plus de renseignements sur le tofu à texture fine que nous employons dans nos recettes.

Préparation : 15 min
Repos : 3 h ou plus
Cuisson : 5 min
Quantité : 6 à 8 portions

SANS :
œufs
lait
soya
arachides
noix
graines de sésame
blé
poisson
mollusques
crustacés
moutarde

Mousse aux fraises et aux bananes

Cette mousse est devenue une véritable tradition familiale. Nous la savourons, entre autres, le soir du réveillon de Noël.

600 g (1⅓ lb) de fraises fraîches ou décongelées
2 bananes
60 ml (4 c. à soupe) de jus d'orange
30 ml (2 c. à soupe) de gélatine neutre (2 sachets)
250 ml (1 tasse) de lait de coco
125 ml (½ tasse) de sucre
fraises et feuilles de menthe fraîches (facultatif)

1 À l'aide d'un robot culinaire, réduisez les fraises en purée. Mesurez 375 ml (1½ tasse) de purée de fraises. Réservez.

2 Réduisez les bananes en purée. Mesurez 125 ml (½ tasse) de purée de bananes. Réservez.

3 Versez le jus d'orange dans une casserole. Ajoutez la gélatine. Laissez gonfler la gélatine (sans chauffer) pendant environ 1 minute.

4 Ajoutez le lait de coco et le sucre. Faites chauffer à feu assez doux en remuant jusqu'à ce que la gélatine et le sucre soient complètement dissous (environ 5 minutes).

5 Retirez la casserole du feu. Incorporez la purée de fraises et la purée de bananes.

6 Mettez la préparation dans le bol du robot culinaire. Mélangez pendant environ 2 minutes.

7 Répartissez la mousse dans des coupes à dessert. Mettez les coupes au réfrigérateur après les avoir recouvertes d'une pellicule plastique et laissez prendre pendant au moins 3 heures.

8 Décorez les mousses avec des fraises et des feuilles de menthe fraîches puis servez.

Lait : la gélatine est extraite de tissus animaux, généralement de bœuf ou de porc. Les personnes allergiques aux produits laitiers qui ne tolèrent pas les protéines de bœuf doivent donc vérifier d'où vient la gélatine utilisée.

Noix : les risques d'allergies croisées étant assez faibles, on ne recommande habituellement pas aux personnes allergiques aux autres noix d'éviter, à titre préventif, la noix de coco.

MOUSSE AUX FRAISES ET AUX BANANES

Préparation : 10 min
Cuisson : moins de 5 min
Quantité : 4 portions

SANS :
œufs
lait
arachides
noix
graines de sésame
blé
poisson
mollusques
crustacés
moutarde

Mousse glacée au chocolat et aux bananes

À déguster avec des dentelles à l'érable (p. 237).

45 ml (3 c. à soupe) de poudre de cacao
90 ml (6 c. à soupe) de sucre
45 ml (3 c. à soupe) de boisson de soya
5 ml (1 c. à thé) de vanille
4 bananes bien mûres, congelées en morceaux
375 ml (1½ tasse) de tofu ferme à texture fine

1 Dans un petit bol, mélangez le cacao, le sucre, la boisson de soya et la vanille. Faites chauffer le sirop ainsi obtenu au four à micro-ondes pendant 1 minute à puissance maximale. Brassez de nouveau afin que le mélange soit homogène.

2 Mélangez au robot culinaire les morceaux de bananes et le sirop de chocolat pendant 30 secondes. Incorporez le tofu et mélangez de nouveau pendant 30 secondes ou jusqu'à l'obtention d'une mousse bien lisse.

3 Présentez dans des coupes (idéalement préalablement refroidies). Servez immédiatement.

Lait : plusieurs marques de cacao contiennent (ou peuvent contenir) des traces de produits laitiers. N'hésitez pas à communiquer avec le fabricant pour obtenir des précisions.

Truc : vous n'avez pas le temps de faire congeler vos bananes ? Ce n'est pas grave si vous disposez d'une sorbetière. Il vous suffit d'y faire tourner le mélange pendant quelques minutes pour une mousse glacée presque instantanée !

Pour en savoir plus : voir à la page 30 pour obtenir plus de renseignements sur le tofu à texture fine que nous employons dans nos recettes.

Préparation : 10 min
Repos : 6 h ou plus
Cuisson : aucune
Quantité : 6 portions

SANS :
œufs
lait
arachides
noix
graines de sésame
blé
poisson
mollusques
crustacés
moutarde

Glace au soya et à la vanille

Cette glace maison à base de soya est, à notre avis, meilleure que celles vendues dans le commerce. Faites le test !

500 ml (2 tasses) de crème de soya liquide
250 ml (1 tasse) de boisson de soya
250 ml (1 tasse) de sucre
30 ml (2 c. à soupe) de jus de citron
5 ml (1 c. à thé) de vanille

1 Mettez tous les ingrédients dans un grand bol et mélangez à l'aide d'un fouet ou d'un batteur électrique. Laissez refroidir la préparation au réfrigérateur pendant 4 heures ou plus.

2 Versez la préparation dans une sorbetière. Faites tourner le tout jusqu'à ce que le mélange ait la consistance d'une crème glacée molle (selon la capacité de votre sorbetière, il est possible que vous ayez à diviser la préparation avant de la faire geler).

3 Mettez au congélateur. Attendez au moins 2 heures avant de servir. Présentez dans des coupes (idéalement préalablement refroidies).

Variante au chocolat : diluez 125 ml (½ tasse) de cacao dans 125 ml (½ tasse) de boisson de soya. Faites chauffer au four à micro-ondes à puissance maximale pendant 1 minute. Mélangez. Ajoutez cette préparation aux autres ingrédients déjà mélangés (étape 1 de la recette). Versez le tout dans le bol d'un mélangeur de table et mixez.

Pour en savoir plus : voir à la page 30 pour obtenir plus de renseignements sur la crème de soya liquide que nous employons dans nos recettes.

Voir la photographie de la page 215.

Préparation : 25 min
Repos : 4 h ou plus
Cuisson : aucune
Quantité : 6 portions

SANS :
œufs
lait
arachides
noix
graines de sésame
blé
poisson
mollusques
crustacés
moutarde

Préparation : 20 min
Repos : 12 h ou plus
Cuisson : 5 min
Quantité : 1¾ l (7 tasses)

SANS :
œufs
lait
soya
arachides
noix
graines de sésame
blé
poisson
mollusques
crustacés
moutarde

Glace à la noix de coco et aux nervures de chocolat

Pour faire changement, nous remplaçons parfois la ganache par une sauce caramel (p. 221).

810 ml (3¼ tasses) de lait de coco
185 ml (¾ tasse) de sucre
5 ml (1 c. à thé) de vanille
45 ml (3 c. à soupe) de ganache (p. 220)

1 Mettez le lait de coco, le sucre et la vanille dans un grand bol et mélangez à l'aide d'un fouet ou d'un batteur électrique. Laissez refroidir cette préparation au réfrigérateur pendant 4 heures ou plus.

2 Versez la préparation dans une sorbetière. Faites tourner le tout jusqu'à ce que le mélange ait la consistance d'une crème glacée molle (selon la capacité de votre sorbetière, il est possible que vous ayez à diviser la préparation avant de la faire geler).

3 Incorporez la ganache et faites tourner 1 minute de plus.

4 Mettez au congélateur. Attendez au moins 2 heures avant de servir. Présentez dans des coupes (idéalement préalablement refroidies).

Noix : les risques d'allergies croisées étant assez faibles, on ne recommande habituellement pas aux personnes allergiques aux autres noix d'éviter, à titre préventif, la noix de coco.

Variante sans soya : pour que cette glace convienne à un régime sans soya, il suffit de remplacer la ganache par une sauce ou un coulis de fruits qui n'en contiennent pas. La glace au lait de coco peut également être dégustée nature.

Sorbet aux fraises et au melon d'eau

Un sorbet maison, frais et vitaminé !

750 ml (3 tasses) d'eau
525 g (19 oz) de sucre
300 g (⅔ lb) de fraises fraîches ou décongelées
600 g (1⅓ lb) de melon d'eau
90 ml (6 c. à soupe) de jus de citron

1 Mettez l'eau et le sucre dans une casserole. Portez à ébullition puis réduisez le feu et laissez mijoter doucement pendant 5 minutes. Retirez du feu. Laissez refroidir ce sirop au réfrigérateur pendant 8 heures ou plus.

2 Réduisez les fraises en purée à l'aide d'un robot culinaire. Découpez le melon d'eau en gros morceaux et passez également ceux-ci au robot culinaire.

3 Versez les purées de fruits dans un grand bol. Incorporez le sirop refroidi ainsi que le jus de citron. Mélangez les ingrédients.

4 Versez cette préparation dans une sorbetière. Faites tourner le tout jusqu'à ce que la préparation ait la consistance d'une crème glacée molle (selon la capacité de votre sorbetière, il est possible que vous ayez à diviser la préparation avant de la faire geler).

5 Mettez au congélateur. Attendez au moins 4 heures avant de servir. Présentez dans des coupes (idéalement préalablement refroidies).

Préparation : moins de 5 min
Cuisson : aucune
Quantité : 1¼ l (5 tasses)

SANS :

œufs
lait
soya
arachides
noix
graines de sésame
blé
poisson
mollusques
crustacés
moutarde

Sorbet express aux framboises et à la banane

Un sorbet préparé selon la méthode traditionnelle, c'est exquis mais cela ne s'improvise pas. L'avantage de ce sorbet express, c'est qu'il est prêt à servir en moins de 5 minutes (à condition, bien sûr, que vous ayez des fruits congelés sous la main). Deuxième avantage : il est beaucoup moins sucré, donc plus santé. Troisième avantage : sa saveur n'a rien à envier à celle du sorbet classique. Il n'est pas difficile de comprendre pourquoi ce dessert vite fait est devenu un favori à la maison !

600 g (1⅓ lb) de framboises congelées
1 banane congelée, coupée en rondelles
185 ml (¾ tasse) de sirop d'érable

1 Réduisez les framboises et les morceaux de banane toujours congelés en purée à l'aide d'un robot culinaire. Pendant que le moteur du robot tourne, versez lentement le sirop d'érable dans l'entonnoir de l'appareil. Mixez jusqu'à ce que le mélange ait la consistance d'un sorbet.

2 Servez immédiatement.

Œufs et lait : attention au sirop d'érable utilisé si vous devez proscrire les œufs ou le lait. Certains sirops peuvent, en effet, contenir des traces de ces aliments.

Variantes avec divers fruits : vous pouvez varier à l'infini, ou presque, la saveur de vos sorbets express. Il suffit de remplacer les framboises et la banane par d'autres fruits congelés et d'ajuster, si nécessaire, la quantité de sirop d'érable utilisé. Une de nos versions préférées : un mélange de fraises, bleuets, framboises et mûres.

Préparation : 10 min
Cuisson : 20 min
Quantité : 750 ml (3 tasses)

SANS :

œufs
lait
soya
arachides
noix
graines de sésame
blé
poisson
mollusques
crustacés
moutarde

Compote de pommes

Cette compote se conserve quelques jours au réfrigérateur et se congèle très bien.

250 ml (1 tasse) de jus de pomme
8 grosses pommes

1 Versez le jus de pomme dans une casserole et portez à ébullition.

2 Coupez les pommes en morceaux après les avoir pelées. Mettez les morceaux de pommes dans la casserole puis réduisez le feu. Couvrez à moitié et laissez mijoter 20 minutes en brassant de temps à autre.

3 Au terme de la cuisson, défaites les morceaux de pommes à la fourchette (si vous préférez que votre compote soit bien lisse, passez celle-ci au mélangeur à main).

Variante sucrée : incorporez 80 ml (⅓ tasse) de sucre au jus de pomme (étape 1 de la recette). Additionnée de sucre, la compote se conservera un peu plus longtemps au réfrigérateur.

Préparation : 15 min
Repos : 1 à 2 h
Cuisson : 10 min
Quantité : 1¼ l (5 tasses)

SANS :
œufs
lait
soya
arachides
noix
graines de sésame
blé
poisson
mollusques
crustacés
moutarde

Compote de fraises et de rhubarbe

Telle quelle, notre compote de fraises et de rhubarbe est peut-être un peu surette. N'hésitez surtout pas à ajuster la quantité de sucre à votre goût. Cette compote se congèle très bien.

6 à 7 tiges de rhubarbe fraîche ou décongelée (environ 1 l / 4 tasses de rhubarbe coupée en morceaux)
1 l (4 tasses) de fraises fraîches ou décongelées
80 ml (⅓ tasse) de sucre

1. Pelez la rhubarbe si nécessaire (c'est inutile si la rhubarbe est jeune et que sa peau est tendre) puis coupez-la en morceaux d'environ 2,5 cm (1 po). Équeutez les fraises fraîches. Coupez en deux les plus grosses fraises.

2. Mettez les fraises et la rhubarbe dans un bol puis saupoudrez de sucre. Mélangez délicatement. Utilisez une pellicule plastique pour recouvrir le bol et laissez reposer à la température de la pièce pendant 1 à 2 heures.

3. Versez le contenu du bol dans une grande casserole et portez à ébullition en remuant fréquemment. Réduisez le feu et laissez mijoter doucement, sans couvrir, pendant environ 10 minutes ou jusqu'à ce que la rhubarbe soit tendre et qu'elle se défasse facilement. Brassez à l'occasion.

4. Laissez refroidir puis servez.

Truc : pas le temps de laisser reposer les fruits pendant 1 heure ou plus ? Pour accélérer un peu le processus, préparez un sirop composé de 80 ml (⅓ tasse) de sucre et de 80 ml (⅓ tasse) d'eau. Versez ce sirop dans une grande casserole et portez à ébullition. Incorporez ensuite les fruits coupés en morceaux et laissez mijoter doucement, sans couvrir, pendant environ 15 minutes.

BISCUITS ET FRIANDISES

Il y a, dans la maison de **Charles**, quatre ans, une boîte un peu spéciale, presque un coffre aux trésors. Baptisée « boîte non merci », elle regorge de bonbons, sucettes et autres friandises sûres pour Charles, qui est allergique aux arachides. Chaque fois qu'on propose à ce dernier quelque nourriture qu'il doit refuser en raison de son allergie, il peut grignoter l'une de ces petites gâteries sucrées.

Charles a immédiatement saisi les règles de ce nouveau jeu. Accompagnant sa mère au supermarché où plusieurs petites tables avaient été dressées pour initier la clientèle à divers produits alimentaires, il s'est planté devant chacune d'entre elles, jusqu'à ce qu'on lui offre de goûter le produit en démonstration. « Maman ! s'est-il exclamé en sortant, tout excité, du supermarché, j'ai dit "non merci" six fois ! »

BISCUITS AUX CANNEBERGES ET AUX PÉPITES DE CHOCOLAT

Biscuits aux canneberges et aux pépites de chocolat

Préparation : 20 min
Cuisson : 30 min
Quantité : 24 biscuits

SANS :
œufs
lait
soya
arachides
noix
graines de sésame
poisson
mollusques
crustacés
moutarde

Le goût aigrelet des canneberges se marie particulièrement bien avec la saveur sucrée des pépites de chocolat.

125 ml (½ tasse) d'huile de canola
125 ml (½ tasse) de sucre
80 ml (⅓ tasse) de compote de pommes (p. 228)
375 ml (1½ tasse) de farine de blé tout usage
250 ml (1 tasse) de flocons d'avoine
5 ml (1 c. à thé) de bicarbonate de soude
1 ml (¼ c. à thé) de sel
185 ml (¾ tasse) de jus d'orange
185 ml (¾ tasse) de canneberges séchées
185 ml (¾ tasse) de pépites de chocolat

1 Préchauffez le four à 160 °C (325 °F).

2 Dans un bol, mélangez l'huile de canola et le sucre. Incorporez la compote de pommes et mélangez de nouveau. Ajoutez la farine de blé, les flocons d'avoine, le bicarbonate de soude, le sel et le jus d'orange. Mélangez le tout jusqu'à ce que les ingrédients secs soient bien humectés.

3 Ajoutez les canneberges séchées et les pépites de chocolat. Mélangez de nouveau.

4 À l'aide d'une cuillère, déposez des boulettes du mélange sur deux plaques à pâtisserie antiadhésives. Façonnez les biscuits à votre goût.

5 Pour une cuisson uniforme, faites cuire une plaque de biscuits à la fois. Mettez la première plaque sur la grille du centre du four. Mettez l'autre plaque au frais. Faites cuire pendant 15 minutes ou jusqu'à ce que les biscuits soient légèrement dorés.

6 Mettez la seconde plaque au four et faites cuire de la même façon.

Œufs, lait, soya, arachides, noix et graines de sésame : la plupart des marques de chocolat contiennent l'un ou l'autre de ces allergènes ou des traces de ceux-ci. N'hésitez pas à communiquer avec le fabricant pour obtenir des précisions. Pour des suggestions de chocolat « sans », voir à la page 30.

Truc : si vous manquez de temps et qu'il vous faut faire cuire tous les biscuits d'un seul coup, assurez-vous, lorsque vous mettez les plaques au four, qu'elles soient décalées de manière qu'elles se superposent le moins possible. Laissez cuire pendant 8 minutes puis intervertissez les plaques dans le four en plaçant celle qui se trouvait sur la grille supérieure sur la grille inférieure et vice versa. Faites cuire pendant encore 8 minutes ou jusqu'à ce que les biscuits soient légèrement dorés.

Préparation : 20 min
Cuisson : 30 min
Quantité : 24 biscuits

SANS :
œufs
lait
soya
arachides
noix
graines de sésame
poisson
mollusques
crustacés
moutarde

Biscuits aux dattes et aux raisins secs

Parfaits pour la collation.

125 ml (½ tasse) d'huile de canola
160 ml (⅔ tasse) de sucre
200 ml (⅘ tasse) de compote de pommes (p. 228)
375 ml (1½ tasse) de farine de blé
375 ml (1½ tasse) de flocons d'avoine
5 ml (1 c. à thé) de bicarbonate de soude
1 ml (¼ c. à thé) de sel
125 ml (½ tasse) de dattes
80 ml (⅓ tasse) de raisins secs

1 Préchauffez le four à 160 °C (325 °F).

2 Dans un bol, mélangez l'huile de canola et le sucre. Incorporez la compote de pommes et mélangez de nouveau. Ajoutez la farine de blé, les flocons d'avoine, le bicarbonate de soude, le sel, les dattes (préalablement coupées en petits morceaux) et les raisins secs. Mélangez le tout jusqu'à ce que les ingrédients secs soient bien humectés.

3 À l'aide d'une cuillère, déposez des boulettes du mélange sur deux plaques à pâtisserie antiadhésives. Façonnez les biscuits à votre goût.

4 Pour une cuisson uniforme, faites cuire une plaque de biscuits à la fois. Mettez la première plaque sur la grille du centre du four. Mettez l'autre plaque au frais. Faites cuire pendant 15 minutes ou jusqu'à ce que les biscuits soient légèrement dorés.

5 Mettez la seconde plaque au four et faites cuire de la même façon.

Soya : allergique au soya ? Assurez-vous que les raisins secs utilisés ne contiennent pas d'huile végétale hydrogénée provenant du soya.

Truc : si vous manquez de temps et qu'il vous faut faire cuire tous les biscuits d'un seul coup, assurez-vous, lorsque vous mettez les plaques au four, qu'elles soient décalées de manière qu'elles se superposent le moins possible. Laissez cuire pendant 8 minutes puis intervertissez les plaques dans le four en plaçant celle qui se trouvait sur la grille supérieure sur la grille inférieure et vice versa. Faites cuire pendant encore 8 minutes ou jusqu'à ce que les biscuits soient légèrement dorés.

BISCUITS AUX DATTES ET AUX RAISINS SECS

Préparation : 20 min
Cuisson : 40 min
Quantité : 24 biscuits

SANS :
œufs
lait
soya
arachides
noix
graines de sésame
poisson
mollusques
crustacés
moutarde

Biscuits tropicaux au chocolat

Pourquoi tropicaux ? À cause de la noix de coco, bien sûr !

- **125 ml (½ tasse) d'huile de canola**
- **160 ml (⅔ tasse) de cassonade**
- **250 ml (1 tasse) de purée de bananes**
- **5 ml (1 c. à thé) de bicarbonate de soude**
- **1 ml (¼ c. à thé) de sel**
- **375 ml (1½ tasse) de farine de blé**
- **310 ml (1¼ tasse) de flocons d'avoine**
- **80 ml (⅓ tasse) de noix de coco râpée (non sucrée)**
- **45 ml (3 c. à soupe) de poudre de cacao**
- **60 ml (4 c. à soupe) d'eau**

1 Préchauffez le four à 160 °C (325 °F).

2 Dans un bol, mélangez l'huile de canola et la cassonade. Incorporez la purée de bananes, le bicarbonate de soude et le sel. Mélangez de nouveau. Ajoutez la farine de blé, les flocons d'avoine, la noix de coco, le cacao et l'eau. Mélangez le tout jusqu'à ce que les ingrédients secs soient bien humectés.

3 À l'aide d'une cuillère, déposez des boulettes du mélange sur deux plaques à pâtisserie à revêtement antiadhésif. Façonnez les biscuits à votre goût.

4 Pour une cuisson uniforme, faites cuire une plaque de biscuits à la fois. Mettez la première plaque sur la grille du centre du four. Mettez l'autre plaque au frais. Faites cuire pendant 17 minutes.

5 Mettez la seconde plaque au four et faites cuire de la même façon.

Lait : plusieurs marques de cacao contiennent (ou peuvent contenir) des traces de produits laitiers. N'hésitez pas à communiquer avec le fabricant pour obtenir des précisions.

Noix : les risques d'allergies croisées étant assez faibles, on ne recommande habituellement pas aux personnes allergiques aux autres noix d'éviter, à titre préventif, la noix de coco.

Truc : si vous manquez de temps et qu'il vous faut faire cuire tous les biscuits d'un seul coup, assurez-vous, lorsque vous mettez les plaques au four, qu'elles soient décalées de manière qu'elles se superposent le moins possible. Laissez cuire pendant 9 minutes puis intervertissez les plaques dans le four en plaçant celle qui se trouvait sur la grille supérieure sur la grille inférieure et vice versa. Faites cuire pendant encore 9 minutes.

Préparation : 10 min
Cuisson : 25 min
Quantité : 40 dentelles

SANS :

œufs
lait
soya
arachides
noix
graines de sésame
poisson
mollusques
crustacés
moutarde

Préparation : 10 min
Cuisson : 15 min
Quantité : 30 macarons

SANS :

œufs
lait
soya
arachides
noix
graines de sésame
blé
poisson
mollusques
crustacés
moutarde

Dentelles à l'érable

Parfaites avec un sorbet (p. 227 et 228) ou une glace (p. 226 et 227).

80 ml (⅓ tasse) d'huile de canola
60 ml (4 c. à soupe) de cassonade
185 ml (¾ tasse) de sirop d'érable
250 ml (1 tasse) de flocons d'avoine à cuisson rapide
185 ml (¾ tasse) de farine de blé tout usage

1 Préchauffez le four à 190 °C (375 °F).

2 Dans une casserole, mélangez l'huile de canola, la cassonade et le sirop d'érable. Portez à ébullition puis retirez du feu.

3 Ajoutez les flocons d'avoine et la farine de blé. Mélangez jusqu'à ce que tous les ingrédients soient bien humectés.

4 Recouvrez deux plaques à pâtisserie de feuilles de papier parcheminé. Déposez la pâte sur les plaques par petites cuillerées (environ 5 ml / 1 c. à thé). Laissez une bonne distance entre chaque cuillerée, car la pâte prend beaucoup d'expansion au cours de la cuisson (environ 8 dentelles par plaque à pâtisserie de dimension standard).

5 Placez une première plaque sur la grille du centre du four. Faites cuire de 5 à 6 minutes ou jusqu'à ce que les dentelles soient dorées. Retirez du four. Mettez la seconde plaque au four. Répétez cette opération autant de fois que nécessaire.

6 Laissez refroidir les dentelles avant de servir afin qu'elles durcissent un peu.

Œufs et lait : attention au sirop d'érable utilisé si vous devez proscrire les œufs ou le lait. Certains sirops peuvent, en effet, contenir des traces de ces aliments.

Macarons

Ces macarons sont avantageux à plus d'un titre. Dépourvus de gluten et de soya, ils sont en outre vite préparés. Et puis… ils ont vraiment bon goût ! Conservez les macarons au réfrigérateur jusqu'au moment de servir.

750 ml (3 tasses) de noix de coco râpée (non sucrée)
125 ml (½ tasse) de sucre
60 ml (4 c. à soupe) de poudre de cacao
185 ml (¾ tasse) de lait de coco
5 ml (1 c. à thé) de vanille

1 Préchauffez le four à 160 °C (325 °F).

2 Mélangez soigneusement la noix de coco, le sucre et le cacao dans un bol. Incorporez le lait de coco et la vanille. Mélangez de nouveau.

3 À l'aide d'une cuillère, déposez des boulettes du mélange sur une plaque à pâtisserie à revêtement antiadhésif. Façonnez les boulettes à votre goût. Mettez au four pendant 12 minutes.

4 Laissez refroidir.

Lait : plusieurs marques de cacao contiennent (ou peuvent contenir) des traces de produits laitiers. N'hésitez pas à communiquer avec le fabricant pour obtenir des précisions.

Noix : les risques d'allergies croisées étant assez faibles, on ne recommande habituellement pas aux personnes allergiques aux autres noix d'éviter, à titre préventif, la noix de coco

MACARONS D'ISABELLE

Préparation : 25 min
Cuisson : moins de 5 min
Repos : 1 h
Quantité : 60 macarons

SANS :
œufs
lait
arachides
noix
graines de sésame
blé
poisson
mollusques
crustacés
moutarde

Macarons d'Isabelle

Plusieurs douzaines de délicieuses petites bouchées préparées en un tournemain (ou presque) : qui dit mieux ? Une bonne idée pour les fêtes d'enfants, les réunions de famille, etc. Conservez les macarons au réfrigérateur jusqu'au moment de servir.

125 ml (½ tasse) de lait de coco
310 ml (1¼ tasse) de sucre
125 ml (½ tasse) de margarine
5 ml (1 c. à thé) de vanille
625 ml (2½ tasses) de flocons d'avoine
250 ml (1 tasse) de noix de coco râpée (non sucrée)
90 ml (6 c. à soupe) de poudre de cacao

1 Mélangez le lait de coco et le sucre dans une casserole. Amenez le mélange à ébullition à feu vif en remuant à l'occasion. Poursuivez la cuisson à feu réduit pendant encore 1 minute, sans couvrir et en remuant presque constamment (attention aux débordements !). Retirez du feu. Réservez.

2 Dans un bol, mélangez la margarine, la vanille, les flocons d'avoine, la noix de coco râpée et le cacao. Versez sur ce mélange le sirop de lait de coco et de sucre encore fumant. Mélangez bien le tout.

3 À l'aide d'une cuillère, déposez des boulettes du mélange sur une plaque à pâtisserie recouverte d'une feuille de papier parcheminé. Façonnez les boulettes à votre goût. Laissez prendre au réfrigérateur pendant au moins 1 heure avant de servir.

Lait : allergique aux produits laitiers ? Plusieurs margarines en contiennent, aussi est-il important de lire attentivement la liste des ingrédients de celle que vous utilisez. Par ailleurs, plusieurs marques de cacao contiennent (ou peuvent contenir) des traces de produits laitiers. N'hésitez pas à communiquer avec le fabricant pour obtenir des précisions.

Noix : les risques d'allergies croisées étant assez faibles, on ne recommande habituellement pas aux personnes allergiques aux autres noix d'éviter, à titre préventif, la noix de coco.

Truc : pour façonner les boulettes sans que le mélange colle à votre ustensile, utilisez une spatule en caoutchouc trempée dans de l'eau très chaude.

Variante sans soya : remplacez la margarine par 105 ml (7 c. à soupe) de saindoux.

Préparation : 30 min
Repos : 3 h
Cuisson : 35 min
Quantité : 30 sablés

SANS :
œufs
lait
arachides
noix
graines de sésame
poisson
mollusques
crustacés
moutarde

Sablés

On les associe généralement au temps des fêtes, mais il n'y a aucune raison de s'en priver le reste de l'année !

375 ml (1½ tasse) de margarine
250 ml (1 tasse) de sucre glace
685 ml (2¾ tasses) de farine de blé tout usage
30 canneberges fraîches ou décongelées

1 Préchauffez le four à 150 °C (300 °F).

2 Dans un bol, mélangez la margarine et le sucre glace. Incorporez graduellement la farine de blé en mélangeant avec une cuillère de bois. Pétrissez le mélange avec vos mains jusqu'à l'obtention d'une boule de pâte homogène et un peu huileuse qui ne colle plus aux doigts.

3 Saupoudrez de farine une surface bien propre et déposez-y la boule de pâte. À l'aide d'un rouleau à pâtisserie préalablement enfariné, étendez la pâte jusqu'à l'obtention d'une abaisse d'environ 1 cm (approximativement ½ po) d'épaisseur. Laissez refroidir au réfrigérateur pendant 3 heures ou plus.

4 Découpez la pâte à l'aide d'un emporte-pièce. Disposez les sablés sur une ou deux plaques à pâtisserie à revêtement antiadhésif. Déposez une canneberge sur chaque sablé.

5 Façonnez en boule la pâte restante et répétez les opérations précédentes jusqu'à ce que vous ayez utilisé toute la pâte.

6 Faites cuire au four, sur la grille du centre, pendant 35 minutes ou jusqu'à ce que les sablés soient dorés.

Lait : allergique aux produits laitiers ? Plusieurs margarines en contiennent, aussi est-il important de lire attentivement la liste des ingrédients de celle que vous utilisez.

Truc : pour éviter que la pâte colle au rouleau à pâtisserie, mettez celle-ci entre deux feuilles de papier parcheminé avant de l'abaisser.

Variante chocolatée : laissez refroidir les sablés après la cuisson puis plongez-les dans une ganache (p. 220). Déposez ensuite les sablés sur du papier parcheminé et mettez le tout au réfrigérateur le temps que le chocolat durcisse.

SABLÉS

SUCETTES GLACÉES AUX PETITS FRUITS

SABLÉS

Préparation : 30 min
Cuisson : 10 min
Quantité : environ 36

SANS :
œufs
lait
soya
arachides
noix
graines de sésame
blé
poisson
mollusques
crustacés
moutarde

Préparation : moins de 5 min
Repos : 10 min
Cuisson : 10 min
Quantité : 250 ml (1 tasse)

SANS :
œufs
lait
soya
arachides
noix
graines de sésame
blé
poisson
mollusques
crustacés
moutarde

Bleuets au chocolat

Quelle belle découverte que ces friandises chocolatées, typiques du Lac-Saint-Jean !

250 g (9 oz) de pépites de chocolat
185 ml (¾ tasse) de bleuets frais ou congelés

1 Faites fondre le chocolat au bain-marie jusqu'à ce qu'il soit bien lisse.

2 Déposez 4 à 5 bleuets dans le chocolat fondu. À l'aide d'une fourchette, enrobez délicatement les bleuets de chocolat. Déposez la grappe de bleuets chocolatés sur une plaque à biscuits recouverte de papier parcheminé. Répétez l'opération jusqu'à ce qu'il n'y ait plus de bleuets (ou de chocolat !).

3 Laisser durcir le chocolat au réfrigérateur puis servez.

Œufs, lait, soya, arachides, noix, graines de sésame et blé : la plupart des marques de chocolat contiennent l'un ou l'autre de ces allergènes ou des traces de ceux-ci. N'hésitez pas à communiquer avec le fabricant pour obtenir des précisions. Pour des suggestions de chocolat « sans », voir à la page 30.

Variante aux canneberges : nous remplaçons parfois les bleuets par des canneberges séchées. Un vrai régal !

Truc : pour que le chocolat durcisse plus rapidement, utilisez des bleuets congelés.

Tire d'érable

Voici une méthode express et, qui plus est, n'occasionnant pas de dégâts, pour faire de la tire d'érable.

La durée de cuisson indiquée est approximative : le temps requis dépend de la densité du sirop d'érable et de la puissance de votre four à micro-ondes.

250 ml (1 tasse) de sirop d'érable

1 Versez le sirop dans un grand bol assez profond (pour éviter les débordements lors de la cuisson) allant au micro-ondes. Faites chauffer à puissance maximale pendant environ 8 minutes.

2 Versez des filets de tire fumante sur de la neige fraîche ou sur de la glace concassée. Dégustez en enroulant la tire autour de bâtonnets de bois. À défaut de neige ou de glace, laissez refroidir la tire au réfrigérateur pendant environ 10 minutes, sans la brasser, puis dégustez.

Œufs et lait : attention au sirop d'érable utilisé si vous devez proscrire les œufs et le lait. Certains sirops peuvent, en effet, contenir des traces de ces aliments.

Préparation : 5 min
Repos : 10 min
Cuisson : 10 min
Quantité : 250 ml (1 tasse)

SANS :

œufs
lait
soya
arachides
noix
graines de sésame
blé
poisson
mollusques
crustacés
moutarde

Beurre d'érable

Tartiné sur des tranches de pain grillé ou sur des gaufres, le beurre d'érable est tout simplement divin ! On peut également s'en servir pour garnir des crêpes, glacer des gâteaux ou l'incorporer à la glace au soya et à la vanille (p. 226). Certains, enfin, le mangent tel quel, à la cuillère, mais il faut vraiment avoir la dent sucrée !

250 ml (1 tasse) de sirop d'érable

1 Versez le sirop dans un grand bol assez profond (pour éviter les débordements lors de la cuisson) allant au micro-ondes. Faites chauffer à puissance maximale pendant environ 8 minutes.

2 Laissez refroidir au réfrigérateur pendant environ 10 minutes, sans brasser.

3 Battez à l'aide d'un fouet jusqu'à l'obtention d'une consistance crémeuse (moins de 5 minutes).

Œufs et lait : attention au sirop d'érable utilisé si vous devez proscrire les œufs et le lait. Certains sirops peuvent, en effet, contenir des traces de ces aliments.

Préparation : 10 min
Cuisson : aucune
Repos : 4 h ou plus
Quantité : 8 petites sucettes

SANS :

œufs
lait
soya
arachides
noix
graines de sésame
blé
poisson
mollusques
crustacés
moutarde

Sucettes glacées au melon d'eau

Vous le savez, les petits (et certains grands !) raffolent des sucettes glacées. En voici une version plus « santé » que bien d'autres.

375 ml (1½ tasse) de purée de melon d'eau sans pépins
60 ml (4 c. à soupe) de sucre
60 ml (4 c. à soupe) d'eau chaude

1 Coupez le melon d'eau en morceaux puis réduisez ceux-ci en purée en les passant au robot culinaire.

2 Faites dissoudre le sucre dans l'eau chaude. Dans un bol, mélangez l'eau sucrée et la purée de melon d'eau. Répartissez le tout dans des moules à sucettes glacées.

3 Mettez au congélateur et laissez prendre pendant quelques heures (ou, mieux encore, toute la nuit).

SUCETTES GLACÉES AUX PETITS FRUITS

Préparation: 15 min
Cuisson: moins de 5 min
Repos: 4 h ou plus
Quantité: 8 petites sucettes

SANS:
œufs
lait
arachides
noix
graines de sésame
blé
poisson
mollusques
crustacés
moutarde

Préparation: moins de 5 min
Repos: 4 h ou plus
Quantité: 8 petites sucettes

SANS:
œufs
lait
arachides
noix
graines de sésame
blé
poisson
mollusques
crustacés
moutarde

Sucettes glacées aux petits fruits

Le tofu mou remplace à merveille le yogourt dans les sucettes glacées.

80 ml (⅓ tasse) de sucre
80 ml (⅓ tasse) de jus de raisin
750 ml (3 tasses) de petits fruits frais ou décongelés (fraises, framboises, bleuets ou mûres)
160 ml (⅔ tasse) de tofu mou à texture fine

1   Dans un petit bol allant au four à micro-ondes, mélangez le sucre et le jus de raisin. Faites chauffer au micro-ondes à puissance maximale jusqu'à la dissolution du sucre (environ 2 minutes).

2   Dans un second bol, mettez les petits fruits ainsi que le tofu. Réduisez en purée à l'aide d'un mélangeur à main ou d'un robot culinaire. Incorporez le mélange de jus de raisin et de sucre. Mélangez de nouveau.

3   Répartissez le tout dans des moules à sucettes glacées. Mettez au congélateur et laissez prendre pendant quelques heures (ou, mieux encore, toute la nuit).

Pour en savoir plus: voir à la page 30 pour obtenir plus de renseignements sur le tofu à texture fine que nous employons dans nos recettes.

Sucettes glacées crémeuses

Trop bon!!!

Vous pouvez, bien sûr, remplacer la glace mentionnée par celle de votre choix.

250 ml (1 tasse) de glace au soya et à la vanille (p. 226)
350 g (¾ lb) de petits fruits frais ou décongelés (fraises, framboises, bleuets ou mûres)

1   Mettez la glace et les petits fruits dans le bol d'un robot culinaire. Réduisez le tout en purée.

2   Répartissez la préparation dans des moules à sucettes glacées. Mettez au congélateur et laissez prendre pendant quelques heures (ou, mieux encore, toute la nuit).

CONFITURES ET AUTRES TARTINADES

Magalie, trois ans, allergique (entre autres) aux produits laitiers et aux arachides, fait l'épicerie avec sa maman. Saisissant une boîte de céréales, elle fait mine de lire la liste des ingrédients puis demande : « Maman, est-ce qu'il y a des arachides de vaches là-dedans ? »

Préparation : 10 min
Repos : 3 à 5 h
Cuisson : 40 à 50 min
Quantité : 450 ml (1 ⅘ tasse)

SANS :
œufs
lait
soya
arachides
noix
graines de sésame
blé
poisson
mollusques
crustacés
moutarde

Confiture de fraises

Voilà des années que nous faisons nous-mêmes nos confitures et c'est un bonheur (si, si !) dont nous ne nous lassons pas. En saison, nous achetons, directement du producteur, des petits fruits (fraises, bleuets et framboises) en quantité. Nous les congelons immédiatement pour les utiliser au cours de l'année qui suit, au gré de nos besoins. La préparation elle-même des confitures, d'une grande simplicité, a le don de nous ramener à l'essentiel. Une oasis de paix dans une vie souvent trépidante. Les effluves qui envahissent doucement la cuisine lorsque les confitures mijotent ajoutent encore au plaisir. Il est d'ailleurs parfois bien difficile de résister à la tentation d'étaler une bonne couche de confiture, encore fumante, sur une tartine de pain. Une petite mise en garde : si vous vous lancez dans la préparation de confiture maison, il se pourrait que vous ayez beaucoup de mal à vous satisfaire, par la suite, des préparations commerciales…

Nous n'avons modifié la recette familiale de cette confiture de fraises que pour réduire la quantité de sucre utilisé. La méthode employée permet de garder les fruits entiers et de préserver leur saveur. Parce qu'elle est relativement faible en sucre, notre confiture doit être conservée au réfrigérateur et être consommée dans les 3 à 4 semaines suivantes.

1 l (4 tasses) de fraises fraîches ou décongelées
160 ml (⅔ tasse) de sucre

1 Équeutez les fraises fraîches.

2 Mettez les fraises et le sucre dans un bol. Mélangez délicatement. Utilisez une pellicule plastique pour recouvrir le bol et laissez reposer à la température de la pièce pendant 3 à 5 heures.

3 Récupérez le jus de fraise (sans les fraises) et versez-le dans une casserole. Portez à ébullition. Réduisez le feu. Laissez mijoter doucement, sans couvrir, pendant 30 à 40 minutes ou jusqu'à l'obtention d'un sirop assez épais. Ne vous éloignez pas trop de la casserole, vous risqueriez d'enfumer toute la maison ! Il arrive, en effet, que le processus d'évaporation soit plus rapide que prévu (expérience vécue !).

4 Ajoutez les fraises et poursuivez la cuisson à feu moyen, sans couvrir, pendant 10 minutes. Remuez de temps à autre.

5 Versez la confiture dans un bocal stérilisé et réfrigérez.

Truc : pour accélérer le processus, vous pouvez toujours mettre les fraises et le sucre directement dans une casserole. Couvrez puis faites chauffer ce mélange à feu assez doux pendant environ 10 minutes en remuant fréquemment. Retirez les fruits de la casserole en y laissant le jus de fraise. Portez à ébullition puis réduisez le feu et laissez mijoter jusqu'à l'obtention d'un sirop de la consistance désirée (30 à 40 minutes). Remettez les fraises dans la casserole puis conformez-vous aux étapes 4 et 5 de la recette.

CONFITURE DE FRAISES

Confiture de quatre fruits

Préparation : 10 min
Repos : 3 à 5 h
Cuisson : 40 à 50 min
Quantité : 450 ml (1 ⅘ tasse)

SANS :
œufs
lait
soya
arachides
noix
graines de sésame
blé
poisson
mollusques
crustacés
moutarde

Un goût d'été sur vos tartines ! Tout comme la confiture de fraises, la confiture de quatre fruits se conserve 3 ou 4 semaines au réfrigérateur. Pour accélérer la préparation de cette confiture, voyez le truc mentionné à la page 248.

1 l (4 tasses) d'un mélange de fraises, framboises, mûres et bleuets frais ou décongelés
185 ml (¾ tasse) de sucre

1 Mettez les fruits et le sucre dans un bol. Mélangez délicatement. Utilisez une pellicule plastique pour recouvrir le bol et laissez reposer à la température de la pièce pendant 3 à 5 heures.

2 Récupérez le jus des fruits (sans les fruits) et versez-le dans une casserole. Portez à ébullition. Réduisez le feu. Laissez mijoter doucement, sans couvrir, pendant 30 à 40 minutes ou jusqu'à l'obtention d'un sirop assez épais.

3 Ajoutez les fruits et poursuivez la cuisson à feu moyen, sans couvrir, pendant 10 minutes. Remuez de temps à autre.

4 Versez la confiture dans un bocal stérilisé et réfrigérez.

Beurre de soya

Préparation : 5 min
Cuisson : aucune
Quantité : 500 ml (2 tasses)

SANS :
œufs
lait
arachides
noix
graines de sésame
blé
poisson
mollusques
crustacés
moutarde

Le beurre de soya est un substitut on ne peut plus intéressant du beurre d'arachide. Vous pouvez, cela va de soi, l'acheter déjà préparé, mais il est si facile de le faire à la maison !

Il est important d'utiliser un robot culinaire plutôt qu'un mélangeur de table pour réaliser cette recette. Le moteur de votre mélangeur pourrait, en effet, ne pas résister à l'opération.

400 g (14 oz) de haricots de soya rôtis
125 ml (½ tasse) d'huile de canola

1 Mettez les haricots de soya dans le bol d'un robot culinaire. Mélangez à vitesse élevée pendant 2 minutes.

2 Ajoutez l'huile de canola. Mélangez de nouveau pendant 2 minutes ou jusqu'à l'obtention de la consistance souhaitée (selon que vous préférez votre beurre plus ou moins croquant).

Pour en savoir plus : voir à la page 30 pour obtenir plus de renseignements sur les haricots de soya rôtis que nous employons dans nos recettes.

Préparation : 40 min
Repos : 2 h
Cuisson : 2 h 15
Quantité : 2 l (8 tasses)

SANS :
œufs
lait
soya
arachides
noix
graines de sésame
blé
poisson
mollusques
crustacés
moutarde

Rillettes

Une recette traditionnelle réconfortante, revue et corrigée par grand-maman Denise. Les rillettes se congèlent bien. Décongelées au four à micro-ondes, elles perdent toutefois une partie de leur onctuosité. Mieux vaut donc les laisser décongeler lentement au réfrigérateur.

2 pattes de porc (environ 800 g / 1¾ lb)
2 oignons
1 gousse d'ail
300 g (²/₃ lb) de lard salé
15 ml (1 c. à soupe) d'huile d'olive
1 kg (2¼ lb) de porc maigre haché
5 ml (1 c. à thé) de sauge râpée
2 ml (½ c. à thé) de sarriette séchée
2 feuilles de laurier
sel et poivre

1 Mettez les pattes de porc dans une casserole puis recouvrez d'eau. Portez à ébullition. Réduisez le feu et laissez mijoter doucement pendant 1 heure, sans couvrir.

2 Filtrez le bouillon ainsi obtenu à l'aide d'une passoire fine (chinois). Faites refroidir ce bouillon au réfrigérateur pendant quelques heures puis dégraissez-le. Retirez la viande des pattes de porc et réservez-la également au réfrigérateur.

3 Épluchez et hachez les oignons ainsi que la gousse d'ail. Après avoir enlevé la couenne du lard salé, coupez ce dernier en petits dés.

4 Faites chauffer l'huile d'olive dans une grande casserole à feu moyen-vif. Faites-y revenir, pendant environ 3 minutes, les morceaux d'oignons. Ajoutez le lard salé, l'ail et le porc haché. Réduisez à feu moyen et poursuivez la cuisson pendant 10 minutes.

5 Incorporez 750 ml (3 tasses) de bouillon de porc et les morceaux de viande de pattes de porc réservés à l'étape 2 de la recette. Ajoutez la sauge, la sarriette, les feuilles de laurier, le sel et le poivre. Portez à ébullition. Réduisez à feu doux et laissez mijoter, sans couvrir, pendant 1 heure. Remuez de temps à autre.

6 Après avoir retiré les feuilles de laurier, passez la préparation au robot culinaire jusqu'à l'obtention de la consistance souhaitée.

7 Mettez en pots et congelez.

Préparation : 20 min
Cuisson : 50 min
Quantité : 685 ml (2¾ tasses)

SANS :
œufs
lait
soya
arachides
noix
graines de sésame
blé
poisson
mollusques
crustacés
moutarde

Préparation : 20 min
Cuisson : 1 h
Quantité : 1½ l (6 tasses)

SANS :
œufs
lait
soya
arachides
noix
graines de sésame
blé
poisson
mollusques
crustacés
moutarde

Cretons

Notre recette de cretons s'inspire (très) largement de celle de l'arrière-grand-maman Georgette. Préparés avec amour, ils sont toujours savoureux. Les cretons se congèlent bien. Il est préférable de les laisser décongeler lentement au réfrigérateur plutôt que de recourir au four à micro-ondes.

2 oignons
2 rognons de porc
150 g (5 oz) de panne de porc
450 g (1 lb) de porc maigre haché
2 ml (½ c. à thé) de sarriette séchée
2 ml (½ c. à thé) d'origan séché
185 ml (¾ tasse) d'eau froide
60 ml (4 c. à soupe) de flocons d'avoine
sel et poivre

1 Épluchez et hachez les oignons. Parez les rognons en prenant bien soin d'enlever tous les conduits internes (parties blanches) puis coupez-les grossièrement.

2 Réduisez les rognons et les oignons en purée à l'aide d'un robot culinaire. Réservez.

3 Déposez la panne de porc dans une casserole après l'avoir entaillée avec un couteau. Faites fondre la panne à feu moyen jusqu'à ce que la graisse soit entièrement fondue (environ 5 minutes). Si la panne est attachée à un morceau de carcasse, retirez celui-ci de la casserole. Ajoutez le porc haché, la purée de rognons et d'oignons, la sarriette, l'origan, le sel et le poivre. Versez l'eau sur le tout. Ajoutez les flocons d'avoine et mélangez.

4 Portez à ébullition. Réduisez le feu et laissez mijoter doucement, en couvrant à moitié, pendant 45 minutes. Remuez fréquemment. Rectifiez l'assaisonnement.

5 Mettez en pots et congelez ou conservez au réfrigérateur.

Truc : votre boucher est à court de panne de porc ? Vous pouvez remplacer le porc maigre haché par 450 g (1 lb) de porc gras haché et le résultat sera presque aussi intéressant.

Pâté de foie

Une autre recette tirée du petit cahier noir de l'arrière-grand-maman Georgette. Le pâté de foie se congèle bien. Il est préférable de le laisser décongeler lentement au réfrigérateur plutôt que de recourir au four à micro-ondes.

2 gousses d'ail
2 oignons
675 g (1½ lb) de foie de porc
675 g (1½ lb) de porc gras haché
5 ml (1 c. à thé) de sauge séchée
7 ml (1½ c. à thé) de sel
poivre

1 Épluchez et hachez les gousses d'ail ainsi que les oignons. Tranchez le foie de porc en lanières.

2 Mélangez tous les ingrédients dans un grand bol. Faites cuire la préparation au bain-marie à feu doux pendant 1 heure.

3 Rectifiez l'assaisonnement. Laissez refroidir un peu la préparation puis passez-la au robot culinaire jusqu'à ce qu'elle devienne onctueuse.

4 Mettez en pots et congelez.

GELÉES, MARINADES ET CONDIMENTS

Commentaire de **Victor**, deux ans, allergique aux produits laitiers: «Je ne peux pas manger de souris parce qu'elles mangent du fromage!»

GELÉE DE CANNEBERGES

Préparation : moins de 5 min
Cuisson : 5 min
Quantité : 435 ml (1¾ tasse)

SANS :
œufs
lait
soya
arachides
noix
graines de sésame
blé
poisson
mollusques
crustacés
moutarde

Préparation : 10 min
Cuisson : 25 à 55 min
Quantité : 625 ml (2½ tasses)

SANS :
œufs
lait
soya
arachides
noix
graines de sésame
blé
poisson
mollusques
crustacés
moutarde

Gelée de canneberges

Une recette toute simple qui, au Québec comme ailleurs en Amérique du Nord, fait partie intégrante de la tradition culinaire. Cette gelée relève notamment le goût de la volaille, des tourtières et autres pâtés. Nous l'employons en outre dans la préparation de nos muffins aux fraises et aux canneberges (p. 190). La gelée de canneberges se conserve de 3 à 4 semaines au réfrigérateur.

500 ml (2 tasses) de canneberges fraîches ou décongelées
125 ml (½ tasse) d'eau
185 ml (¾ tasse) de sucre

1   Dans une casserole, mélangez les canneberges, l'eau et le sucre. Portez le mélange à ébullition en remuant à l'occasion.

2   Poursuivez la cuisson à feu moyen, sans couvrir, pendant approximativement 5 minutes. Remuez de temps à autre.

3   Versez la gelée dans un bocal stérilisé et réfrigérez.

Variante au jus d'orange : pour un goût légèrement différent, remplacez 80 ml (⅓ tasse) d'eau par un volume égal de jus d'orange.

Gelée de canneberges et de betteraves

Une variante de la gelée de canneberges, délicieuse avec le porc, l'agneau, les tourtières, etc. La gelée de canneberges et de betteraves se conserve de 3 à 4 semaines au réfrigérateur.

2 grosses betteraves
500 ml (2 tasses) de canneberges fraîches ou décongelées
125 ml (½ tasse) d'eau
125 ml (½ tasse) de sucre

1   Mettez les betteraves dans une casserole après les avoir débarrassées de leurs tiges. Recouvrez d'eau puis portez à ébullition. Couvrez et faites cuire de 20 à 50 minutes (selon la grosseur et la fraîcheur des betteraves). Rincez à l'eau froide, pelez et coupez en cubes.

2   Dans une casserole, mélangez les canneberges, l'eau et le sucre. Portez le tout à ébullition à feu vif en remuant à l'occasion.

3   Poursuivez la cuisson à feu moyen, sans couvrir, pendant approximativement 5 minutes. Remuez de temps à autre.

4   Mélangez au robot culinaire les cubes de betteraves et la gelée de canneberges jusqu'à l'obtention d'une consistance bien lisse (15 à 30 secondes).

5   Versez la gelée dans un pot stérilisé et réfrigérez.

Préparation : 10 min
Cuisson : aucune
Repos : 1 à 3 h
Quantité : 125 ml (½ tasse)

SANS :
œufs
lait
arachides
noix
graines de sésame
blé
poisson
mollusques
crustacés
moutarde

Marinade au curcuma

Idéale avec les viandes blanches (poulet, porc, etc.).

1 gousse d'ail
3 feuilles de basilic frais
60 ml (4 c. à soupe) de sauce soya
30 ml (2 c. à soupe) de jus de citron
15 ml (1 c. à soupe) de cassonade
15 ml (1 c. à soupe) de vinaigre balsamique
15 ml (1 c. à soupe) de vinaigre de vin
15 ml (1 c. à soupe) d'huile d'olive
5 ml (1 c. à thé) de curcuma moulu
poivre

1 Épluchez puis hachez la gousse d'ail. Hachez les feuilles de basilic.

2 Mélangez tous les ingrédients dans un bol.

3 Mettez la viande dans un plat en verre puis versez la marinade sur celle-ci. Retournez la viande de façon qu'elle soit bien enrobée de marinade. Couvrez le plat d'une pellicule plastique. Laissez mariner au réfrigérateur pendant 1 à 3 heures.

Blé : le blé vous est interdit ? Prenez garde : plusieurs sauces soya en contiennent.

Préparation : 5 min
Cuisson : aucune
Repos : 1 à 3 h
Quantité : 185 ml (¾ tasse)

SANS :
œufs
lait
arachides
noix
graines de sésame
blé
poisson
mollusques
crustacés
moutarde

Marinade au ketchup

Cette marinade rehausse la saveur des viandes blanches tout autant que celle des viandes rouges.

2 gousses d'ail
45 ml (3 c. à soupe) d'huile d'olive
45 ml (3 c. à soupe) de sauce soya
60 ml (4 c. à soupe) de ketchup (p. 257)
5 ml (1 c. à thé) de jus de citron
sel et poivre

1 Épluchez puis hachez les gousses d'ail.

2 Versez l'huile d'olive et la sauce soya dans un bol. Ajoutez l'ail, le ketchup, le jus de citron, le sel et le poivre. Mélangez.

3 Mettez la viande dans un plat en verre puis versez la marinade sur celle-ci. Retournez la viande de façon qu'elle soit bien enrobée de marinade. Couvrez le plat d'une pellicule plastique. Laissez mariner au réfrigérateur pendant 1 à 3 heures.

Blé : le blé vous est interdit ? Prenez garde : plusieurs sauces soya en contiennent.

Variante sans ketchup : vous pouvez remplacer le ketchup par 45 ml (3 c. à soupe) de pâte de tomates et 30 ml (2 c. à soupe) de sauce soya (en plus de la sauce soya déjà prévue dans la recette).

Préparation : 15 min
Cuisson : 2 h 5
Quantité : 1 l (4 tasses)

SANS :
œufs
lait
soya
arachides
noix
graines de sésame
blé
poisson
mollusques
crustacés
moutarde

Ketchup

Du vrai ketchup, rouge et bien lisse comme celui que l'on trouve sur les tablettes des supermarchés ! Il s'agit en fait d'une vieille recette familiale revisitée par une grand-maman aimante afin qu'elle soit sans danger pour son petit-fils (cette version, entre autres, ne contient pas de moutarde). Notre grand garçon y plonge ses frites (maison, vous l'aurez deviné !) avec délectation. Il n'est pas le seul !

Ce ketchup se conserve de 3 à 4 semaines au réfrigérateur. Il peut, par ailleurs, être congelé.

1 oignon
1 poireau
1 625 ml (6½ tasses) de tomates en conserve coupées en dés (sans assaisonnements)
125 ml (½ tasse) de vinaigre blanc
60 ml (4 c. à soupe) de sucre
1 feuille de laurier
1 ml (¼ c. à thé) de curcuma moulu
3 ml (¾ c. à thé) de sel
2 ml (½ c. à thé) de poivre
160 ml (⅔ tasse) de pâte de tomates (sans assaisonnements)

1 Épluchez puis hachez l'oignon. Tranchez le poireau en deux dans le sens de la longueur (parties blanche et vert pâle seulement) pour ensuite le couper en demi-rondelles.

2 Mettez les tomates de même que les morceaux de poireau et d'oignon dans une grande casserole. Portez à ébullition en remuant à l'occasion. Réduisez le feu et laissez ensuite mijoter doucement pendant 30 minutes, sans couvrir. Brassez de temps à autre.

3 Ajoutez le vinaigre, le sucre, la feuille de laurier, le curcuma, le sel et le poivre. Mélangez. Poursuivez la cuisson, à feu assez doux, sans couvrir, pendant approximativement 1 heure 30 ou jusqu'à ce que la plus grande partie du liquide soit évaporée. Remuez de temps à autre.

4 Incorporez la pâte de tomates. Laissez mijoter encore 5 minutes. Ajustez l'assaisonnement.

5 Après avoir retiré la feuille de laurier, passez la préparation au robot culinaire jusqu'à l'obtention d'une consistance bien lisse.

6 Versez le ketchup dans des pots stérilisés et réfrigérez.

Truc : en saison, vous pouvez préparer votre ketchup avec des tomates fraîches. Il s'agit alors de remplacer les tomates en conserve par 5 à 6 grosses tomates fraîches bien mûres (environ 1½ l / 6 tasses de tomates coupées en dés). Vous voudrez peut-être alors réduire un peu la quantité de sucre utilisé.

Mayonnaise sans œufs

Préparation : 10 min
Cuisson : moins de 5 min
Quantité : 500 ml (2 tasses)

SANS :
œufs
lait
arachides
noix
graines de sésame
poisson
mollusques
crustacés
moutarde

Une mayonnaise sans œufs ? Oui, c'est possible ! Tout comme la « vraie », cette mayonnaise peut assaisonner vos salades, garnir vos sandwiches, servir de base pour préparer diverses sauces et quoi encore ! Elle se conserve très bien au réfrigérateur. Il se peut toutefois que vous deviez la battre un peu avec une fourchette avant de l'utiliser.

45 ml (3 c. à soupe) de farine de blé
15 ml (1 c. à soupe) de sucre
5 ml (1 c. à thé) de sel
160 ml (⅔ tasse) d'eau
160 ml (⅔ tasse) d'huile d'olive
60 ml (4 c. à soupe) de jus de citron
30 ml (2 c. à soupe) de vinaigre de vin blanc (ou vinaigre de cidre)
160 ml (⅔ tasse) de tofu ferme à texture fine
poivre

1 Dans un bol allant au four à micro-ondes, mélangez la farine, le sucre et le sel. Ajoutez l'eau. Mélangez jusqu'à l'obtention d'une pâte homogène. Faites cuire au micro-ondes à puissance maximale pendant 2 minutes. Retirez du micro-ondes et mélangez de nouveau. Remettez la préparation au micro-ondes pendant 45 à 60 secondes à puissance maximale. Réservez.

2 Versez l'huile d'olive, le jus de citron et le vinaigre dans le bol d'un mélangeur de table. Ajoutez le tofu, le poivre ainsi que le mélange de farine, de sucre et de sel. Mixez jusqu'à ce que la préparation soit lisse et blanchâtre. Conservez au réfrigérateur.

Pour en savoir plus : voir à la page 30 pour obtenir plus de renseignements sur le tofu à texture fine que nous employons dans nos recettes.

Mayonnaise sans œufs ni soya

Préparation : 10 min
Cuisson : 15 min
Quantité : 200 ml (⅘ tasse)

SANS :
œufs
lait
soya
arachides
noix
graines de sésame
blé
poisson
mollusques
crustacés
moutarde

*Les œufs **et** le soya sont exclus de votre alimentation ? La mayonnaise qui suit devrait répondre à vos besoins ! Pour obtenir une texture et un goût se rapprochant de la mayonnaise originale, il est primordial de respecter scrupuleusement la quantité de pommes de terre indiquée. Fiez-vous à notre expérience !*

La mayonnaise sans œufs ni soya se conserve bien au réfrigérateur. Il se peut toutefois que vous deviez la passer de nouveau au mélangeur à main avant de l'utiliser.

110 g (3 ¾ oz) de pommes de terre
125 ml (½ tasse) d'huile d'olive
30 ml (2 c. à soupe) de jus de citron
15 ml (1 c. à soupe) de vinaigre de vin blanc
5 ml (1 c. à thé) de miel
1 ml (¼ c. à thé) de sel

1 Pelez les pommes de terre. Mettez celles-ci dans une casserole, recouvrez d'eau puis portez à ébullition. Faites cuire jusqu'à ce que les pommes de terre se défassent facilement en morceaux. À l'aide d'un mélangeur à main, réduisez les pommes de terre en une belle purée lisse.

2 Mettez la purée de pommes de terre et les autres ingrédients dans un bol. Passez la préparation au mélangeur à main jusqu'à l'obtention d'une texture lisse et homogène. Conservez au réfrigérateur.

MAYONNAISE SANS ŒUFS

Préparation : moins de 5 min
Cuisson : aucune
Quantité : 185 ml (¾ tasse)

SANS :
œufs
lait
arachides
noix
graines de sésame
blé
poisson
mollusques
crustacés
moutarde

Préparation : 20 min
Cuisson : 2 h
Quantité : 1½ l (6 tasses)

SANS :
œufs
lait
soya
arachides
noix
graines de sésame
blé
poisson
mollusques
crustacés
moutarde

Crème aigre au tofu

La crème aigre est mieux connue au Québec sous le nom de « crème sure » (une influence de la « sour cream » anglaise). Sans produits laitiers, la version que nous vous proposons peut être utilisée, tout comme l'originale, dans un potage (p. 97) ou dans une salade (p. 116). Elle est en outre un ingrédient essentiel des bouchées de Jean D. (p. 72) ainsi que d'une de nos marinades (p. 160).

185 ml (¾ tasse) de tofu ferme à texture fine
45 ml (3 c. à soupe) de jus de citron

1   Mettez les ingrédients dans un bol et mixez à l'aide d'un mélangeur à main jusqu'à l'obtention d'une crème lisse et homogène. Conservez au réfrigérateur.

Pour en savoir plus : voir à la page 30 pour obtenir plus de renseignements sur le tofu à texture fine que nous employons dans nos recettes.

Chutney aux fruits

Ce chutney se conserve de 3 à 4 semaines au réfrigérateur. Il peut également être congelé.

1 oignon
1 poireau
1 poivron rouge
2 poires
1 pomme
1 625 ml (6½ tasses) de tomates en conserve coupées en dés (sans assaisonnements)
250 ml (1 tasse) de vinaigre blanc
105 ml (7 c. à soupe) de sucre
2 ml (½ c. à thé) de curcuma moulu
3 ml (¾ c. à thé) de sel
2 ml (½ c. à thé) de poivre
1 feuille de laurier

1   Épluchez puis hachez l'oignon. Tranchez le poireau en deux dans le sens de la longueur (parties blanche et vert pâle seulement) pour ensuite le couper en demi-rondelles. Coupez le poivron rouge en cubes. Pelez puis coupez en petits morceaux les poires et la pomme.

2   Dans une grande casserole, mettez les tomates de même que les morceaux d'oignon, de poireau, de poivron, de poires et de pomme. Portez à ébullition en remuant à l'occasion. Réduisez le feu et laissez ensuite mijoter doucement pendant 30 minutes, sans couvrir. Brassez de temps à autre.

3   Ajoutez le vinaigre, le sucre, le curcuma, le sel, le poivre et la feuille de laurier. Mélangez. Poursuivez la cuisson, à feu assez doux, sans couvrir, pendant approximativement 1 heure 30 ou jusqu'à ce que la plus grande partie du liquide soit évaporée. Remuez de temps à autre.

4   Retirez la feuille de laurier. Versez le chutney dans des pots stérilisés et réfrigérez.

Truc : comme pour le ketchup (p. 257), vous pouvez remplacer les tomates en conserve par des tomates fraîches.

Préparation : 15 min
Repos : 3 h
Cuisson : 20 min
Quantité : 1⅛ l (4½ tasses)

SANS :
œufs
lait
soya
arachides
noix
graines de sésame
blé
poisson
mollusques
crustacés
moutarde

Préparation : 20 min
Cuisson : 1 h
Quantité : 625 ml (2½ tasses)

SANS :
œufs
lait
soya
arachides
noix
graines de sésame
blé
poisson
mollusques
crustacés
moutarde

Relish

Cette relish se conserve de 3 à 4 semaines au réfrigérateur. Elle peut également être congelée.

3 oignons moyens
4 concombres moyens
15 ml (1 c. à soupe) de gros sel
250 ml (1 tasse) de sucre
125 ml (½ tasse) de vinaigre blanc
2 ml (½ c. à thé) de curcuma moulu
3 ml (¾ c. à thé) de sel
2 ml (½ c. à thé) de poivre

1 Épluchez et coupez les oignons en petits dés (environ 500 ml / 2 tasses). Coupez également les concombres (sans les peler) en petits dés (environ 1¼ l / 5 tasses). Mettez les morceaux d'oignons et de concombres dans un bol. Ajoutez le gros sel et mélangez. Utilisez une pellicule plastique pour recouvrir le bol et laissez reposer à la température de la pièce pendant environ 3 heures. Remuez de temps à autre.

2 Retirez l'eau du bol et égouttez les oignons et les concombres.

3 Mettez les morceaux d'oignons et de concombres de même que le sucre, le vinaigre blanc, le curcuma, le sel et le poivre dans une grande casserole. Portez à ébullition en remuant à l'occasion. Réduisez le feu et laissez ensuite mijoter doucement pendant 20 minutes, sans couvrir. Brassez de temps à autre.

4 Versez la relish dans des pots stérilisés et réfrigérez.

Sauce aux prunes

Cette sauce sans moutarde donne du piquant au porc, à la volaille, etc. La sauce aux prunes supporte très bien la congélation.

1¼ l (5 tasses) de prunes hachées
80 ml (⅓ tasse) d'oignon haché
1 gousse d'ail
15 ml (1 c. à soupe) de piment jalapeño haché
2 ml (½ c. à thé) de gingembre frais haché
250 ml (1 tasse) de cassonade
125 ml (½ tasse) de vinaigre de cidre
7 ml (1½ c. à thé) de sel

1 Dénoyautez puis hachez les prunes. Épluchez et hachez l'oignon et la gousse d'ail. Retirez les graines et les membranes intérieures blanchâtres du piment jalapeño puis hachez celui-ci finement. Pelez puis hachez le gingembre frais.

2 Dans une casserole moyenne, mélangez tous les ingrédients à l'exception des prunes. Portez à ébullition.

3 Ajoutez les prunes. Portez une seconde fois à ébullition. Réduisez le feu. Laissez mijoter doucement pendant environ 1 heure, sans couvrir. Remuez de temps à autre.

4 Retirez du feu. Passez la sauce au mélangeur à main jusqu'à ce qu'elle soit bien lisse.

5 Conservez la sauce au réfrigérateur.

Préparation : 15 min
Cuisson : aucune
Quantité : 80 ml (⅓ tasse)

SANS :
œufs
lait
soya
arachides
noix
graines de sésame
blé
poisson
mollusques
crustacés
moutarde

Pistou

D'origine provençale, le pistou s'inspire largement du pesto italien, sauf qu'il ne contient ni pignons ni parmesan. Une bonne nouvelle si vous devez éviter les noix ou les produits laitiers !

500 ml (2 tasses) de feuilles de basilic frais
30 ml (2 c. à soupe) d'huile d'olive

1   Mélangez les ingrédients au robot culinaire jusqu'à ce que les feuilles de basilic soient hachées très finement et qu'elles soient bien mélangées avec l'huile d'olive (moins de 1 minute).

2   Versez la préparation dans un moule à glaçons (environ 15 ml / 1 c. à soupe de pistou par cube). Congelez.

Variante à l'ail : vous préférez votre pistou aillé ? Très bien ! L'ail supportant très mal la congélation, mieux vaut toutefois l'ajouter juste avant de consommer le pistou.

Préparation : moins de 5 min
Cuisson : aucune
Quantité : 200 ml (⅘ tasse)

SANS :
œufs
lait
soya
arachides
noix
graines de sésame
blé
poisson
mollusques
crustacés
moutarde

Tapenade

La tapenade est une purée d'olives noires à laquelle on peut ajouter divers ingrédients : câpres (voir la variante plus bas), anchois, miettes de thon, ail, etc. La version que nous vous proposons est toute simple et peut être utilisée de différentes façons. Tartinée sur des toasts (p. 185), des triangles de pâte à pizza (p. 175) ou de banique (p. 182), elle peut être servie comme hors-d'œuvre. Elle peut également remplacer les sauces tomatées qui accompagnent habituellement les pâtes, garnir les sandwiches (p. 178) ou les hamburgers (p. 180) et relever, avec grande classe, le goût de certains poissons (p. 161).

La tapenade se conserve pendant quelques semaines au réfrigérateur.

375 ml (1½ tasse) d'olives noires dénoyautées
30 ml (2 c. à soupe) d'huile d'olive
sel

1   Égouttez les olives.

2   Mettez tous les ingrédients dans un bol et passez le tout au mélangeur à main ou au robot culinaire jusqu'à l'obtention d'une purée.

Variante avec câpres : ajoutez 60 ml (4 c. à soupe) de câpres à la recette.

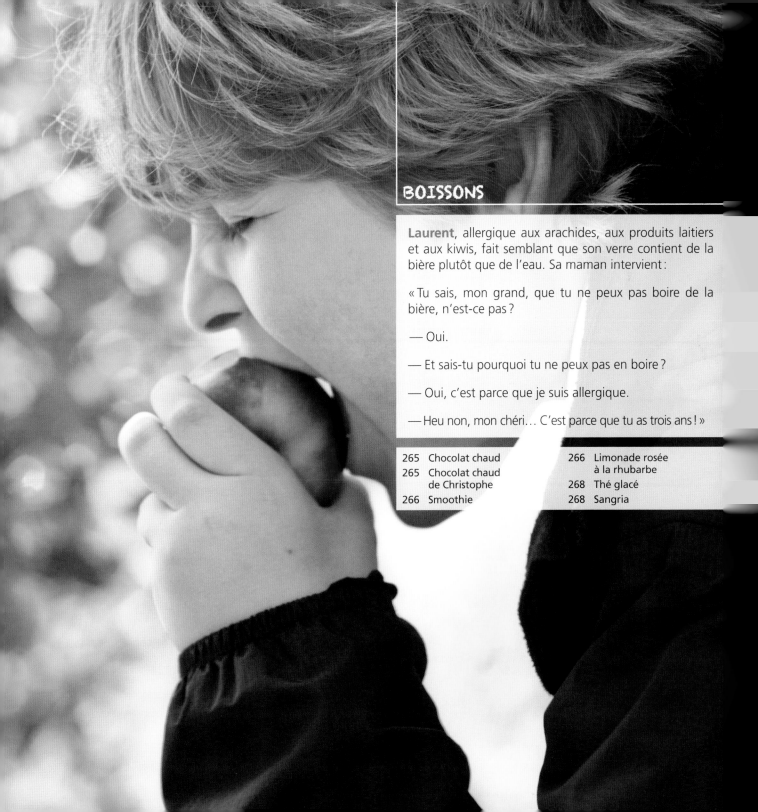

BOISSONS

Laurent, allergique aux arachides, aux produits laitiers et aux kiwis, fait semblant que son verre contient de la bière plutôt que de l'eau. Sa maman intervient :

« Tu sais, mon grand, que tu ne peux pas boire de la bière, n'est-ce pas ?

— Oui.

— Et sais-tu pourquoi tu ne peux pas en boire ?

— Oui, c'est parce que je suis allergique.

— Heu non, mon chéri… C'est parce que tu as trois ans ! »

CHOCOLAT CHAUD

Chocolat chaud

Préparation : moins de 5 min
Cuisson : moins de 5 min
Quantité : 500 ml (2 tasses)

SANS :
œufs
lait
arachides
noix
graines de sésame
blé
poisson
mollusques
crustacés
moutarde

Pour les amateurs de chocolat…

20 ml (4 c. à thé) de poudre de cacao
15 ml (1 c. à soupe) de sucre
500 ml (2 tasses) de boisson de soya

1 Mettez le cacao et le sucre dans un bol pouvant aller au four à micro-ondes. Versez 60 ml (4 c. à soupe) de boisson de soya et mélangez jusqu'à ce que vous ayez obtenu un sirop assez homogène.

2 Faites chauffer le tout au micro-ondes à puissance maximale pendant 30 secondes.

3 Versez le reste de la boisson de soya et mélangez de nouveau. Remettez le bol au micro-ondes et faites chauffer à puissance maximale pendant 3 minutes.

4 Servez immédiatement.

Lait : plusieurs marques de cacao contiennent (ou peuvent contenir) des traces de produits laitiers. N'hésitez pas à communiquer avec le fabricant pour obtenir des précisions.

Chocolat chaud de Christophe

Préparation : moins de 5 min
Cuisson : moins de 5 min
Quantité : 185 ml (¾ tasse)

SANS :
œufs
lait
soya
arachides
noix
graines de sésame
blé
poisson
mollusques
crustacés
moutarde

Depuis que nous avons découvert des pépites de chocolat convenant à son régime, notre fils multiplie les expériences culinaires chocolatées avec un enthousiasme qui ne se dément pas. Ce chocolat chaud est une de ses trouvailles.

30 ml (2 c. à soupe) de pépites de chocolat
185 ml (¾ tasse) de boisson de riz
3 ml (¾ c. à thé) de vanille

1 Mettez les pépites de chocolat et 15 ml (1 c. à soupe) de boisson de riz dans une grande tasse pouvant aller au four à micro-ondes.

2 Faites chauffer à puissance maximale pendant 1 minute.

3 Mélangez la préparation avec un fouet jusqu'à l'obtention d'un sirop de chocolat. Ajoutez le reste de la boisson de riz ainsi que la vanille. Mélangez de nouveau. Remettez la tasse au micro-ondes et faites chauffer à puissance maximale pendant 1 minute 30.

4 Mélangez une dernière fois et servez.

Œufs, lait, soya, arachides, noix, graines de sésame et blé : la plupart des marques de chocolat contiennent l'un ou l'autre de ces allergènes ou des traces de ceux-ci. N'hésitez pas à communiquer avec le fabricant pour obtenir des précisions. Pour des suggestions de chocolat « sans », voir à la page 30.

Préparation : 5 min
Cuisson : aucune
Quantité : 1 l (4 tasses)

SANS :
œufs
lait
soya
arachides
noix
graines de sésame
blé
poisson
mollusques
crustacés
moutarde

Préparation : 15 min
Repos : 8 h ou plus
Cuisson : 10 min
Quantité : environ 1½ l
(6 tasses)

SANS :
œufs
lait
soya
arachides
noix
graines de sésame
blé
poisson
mollusques
crustacés
moutarde

Smoothie

On sert habituellement les smoothies au déjeuner ou en guise de collation. On peut également en faire des sucettes glacées, pour le plus grand plaisir des enfants !

2 poires
1 banane
200 g (7 oz) de petits fruits congelés (au choix : fraises, framboises, bleuets, mûres)
410 ml (1²/₃ tasse) de jus d'orange

1. Pelez puis coupez les poires, ainsi que la banane, en gros morceaux.

2. Mettez tous les ingrédients dans le bol d'un mélangeur de table. Mélangez jusqu'à l'obtention d'une boisson homogène.

3. Servez immédiatement.

Limonade rosée à la rhubarbe

Au fur et à mesure que les cubes de sirop de rhubarbe fondent, la teinte rosée de cette boisson très désaltérante devient de plus en plus vive. Flamboyant !

6 à 8 tiges de rhubarbe fraîche ou décongelée
gingembre frais
120 ml (²/₃ tasse) de sucre
750 ml (3 tasses) d'eau
2 limettes ou 2 citrons

1. Coupez la rhubarbe (sans la peler) en morceaux d'environ 2,5 cm (1 po). Mesurez 1 l (4 tasses) de morceaux de rhubarbe. Pelez le gingembre puis taillez-le en 3 fines lamelles.

2. Mettez les morceaux de rhubarbe, le gingembre, le sucre et l'eau dans une casserole. Portez à ébullition. Réduisez à feu doux et faites mijoter pendant 10 minutes en brassant de temps à autre.

3. Filtrez le liquide obtenu avec une passoire fine (chinois) puis, à l'aide d'un entonnoir, versez-le dans un moule à cubes de glace. Congelez.

4. Au moment de servir, pressez 1 limette ou 1 citron afin d'en extraire tout le jus. Coupez l'autre limette (ou l'autre citron) en rondelles. Mettez, dans chaque verre, 2 cubes de sirop de rhubarbe, 2 glaçons ordinaires et environ 125 ml (½ tasse) d'eau. Ajoutez un peu de jus de limette ou de citron, au goût. Mélangez puis décorez chacun des verres avec une tranche du même agrume. Servez.

Truc : vous pouvez recycler la rhubarbe cuite utilisée pour préparer un sirop et en faire une confiture de rhubarbe et de fraises. N'oubliez pas, toutefois, de retirer le gingembre.

LIMONADE ROSÉE À LA RHUBARBE

Préparation : 15 min
Cuisson : moins de 5 min
Repos : 20 min ou plus
Quantité : 1 l (4 tasses)

SANS :
œufs
lait
soya
arachides
noix
graines de sésame
blé
poisson
mollusques
crustacés
moutarde

Préparation : 10 min
Cuisson : aucune
Quantité : 1½ l (6 tasses)

SANS :
œufs
lait
soya
arachides
noix
graines de sésame
blé
poisson
mollusques
crustacés
moutarde

Thé glacé

Boisson royale pour après-midi d'été torride.

Pour cette recette, les thés Assam, English Breakfast, Orange Pekoe de même que les thés aromatisés aux fruits sont d'excellents choix. Le thé Earl Grey, par contre, n'est pas très indiqué.

1 l (4 tasses) d'eau
15 ml (1 c. à soupe) de thé
½ citron
une trentaine de glaçons
60 ml (4 c. à soupe) de sucre
30 ml (2 c. à soupe) de jus de citron

1   Faites bouillir l'eau. Versez l'eau sur les feuilles de thé et laissez infuser pendant 4 à 5 minutes. Retirez les feuilles. Laissez refroidir.

2   Coupez le demi-citron en rondelles. Dans une carafe, mettez les glaçons, le sucre, les rondelles et le jus de citron.

3   Versez le thé dans la carafe lorsque celui-ci est suffisamment refroidi. À l'aide d'une cuillère de bois, remuez la préparation tout en écrasant les rondelles de citron pour en extraire le jus.

4   Servez bien froid.

Sangria

Un apéro estival, frais, joyeux et sans prétention. Si vous omettez le vin, vous obtiendrez une super limonade pour étancher la soif des plus petits !

2 citrons
3 oranges
375 ml (1½ tasse) de jus d'orange
375 ml (1½ tasse) de jus de raisin
90 ml (6 c. à soupe) de jus de citron
45 ml (3 c. à soupe) de sucre
750 ml (3 tasses) de vin rouge
une trentaine de glaçons

1   Coupez les citrons et les oranges en tranches et déposez celles-ci dans un bol à punch (ou dans un autre récipient approprié). Versez le jus d'orange, le jus de raisin et le jus de citron. Ajoutez le sucre. À l'aide d'une cuillère de bois, remuez la préparation tout en écrasant les tranches de citrons et d'oranges pour en extraire le jus.

2   Versez le vin et ajoutez les glaçons. Mélangez de nouveau.

3   Servez bien froid.

Œufs : attention au vin si vous devez éviter les œufs. Certains vins sont en effet clarifiés avec du blanc d'œuf.

MENUS

À l'approche de Pâques, **Renaud**, trois ans, explique à ses amis de la garderie : « Je suis allergique aux œufs de poule mais pas aux œufs de lapin parce qu'ils sont en chocolat ! »

Allergies alimentaires ou non, il n'est pas question de célébrer autrement qu'avec faste les petites et les grandes occasions. Fêtes traditionnelles, anniversaires, pique-niques, brunches du dimanche et repas raffinés : autant de possibilités de festoyer et de faire bombance !

Les menus qui suivent ont été élaborés à partir des recettes contenues dans ce livre. En plus des suggestions de repas de fête, vous trouverez quelques idées pour remplir la boîte à lunch et la glacière (vive l'école et les camps de vacances !). Ces menus vous conviennent tels quels ? Tant mieux ! Mais vous pouvez également vous en servir comme point de départ pour stimuler votre imagination culinaire.

Jour de l'An

Que se souhaiter pour la nouvelle année ? De la santé, de la santé et encore de la santé !

SANS :
œufs
lait
arachides
noix
graines de sésame
poisson
mollusques
crustacés
moutarde

83	**Bouquet de cresson et de clémentines**
95	**Potage aux carottes**
144	**Ragoût de pattes de porc**
146	**Tourtière**
255	**Gelée de canneberges**
106	**Purée de patates douces et de pommes**
	Betteraves
200	**Tarte aux pommes et à l'érable**

Noël

Le sapin luit doucement et la table, soigneusement dressée, resplendit. Alléchés par les arômes voluptueux qui s'échappent de la cuisine, vos invités sont de plus en plus nombreux à quitter le salon pour rôder autour de vos chaudrons. Les rires fusent ; l'heure est à l'euphorie. Joyeux Noël !

SANS :
œufs
lait
arachides
noix
graines de sésame
mollusques
crustacés
moutarde

72	**Bouchées de Jean D.**
95	**Potage à la courge musquée**
154	**Lapin aux olives**
104	**Gratin dauphinois**
	Salade verte
224	**Mousse aux fraises et aux bananes**
240	**Sablés**

Fête des Rois

Pourquoi ne pas remplacer la traditionnelle galette des Rois aux amandes par une tourte aux framboises ? Parions que vos invités ne se plaindront pas de cette petite entorse aux conventions !

SANS :
œufs
lait
arachides
noix
graines de sésame
poisson
mollusques
crustacés
moutarde

82	**Caponata**
185	**Toasts de Christophe**
97	**Borchtch**
137	**Poulet aux pêches et à la mangue**
	Pois mange-tout
	Riz
119	**Salade d'épinards à l'érable**
204	**Tourte aux framboises**

Pâques

De l'agneau, du chocolat… un menu on ne peut plus pascal !

SANS :
œufs
lait
arachides
noix
graines de sésame
poisson
mollusques
crustacés
moutarde

75	Paniers de prosciutto et poires
98	Potage au brocoli
147	Gigot d'agneau
110	Ratatouille
112	Couscous
223	Fondue au chocolat

Repas d'automne

L'automne québécois, c'est beau mais c'est frisquet ! Pour y faire face, un menu énergisant et réconfortant.

SANS :
œufs
lait
soya
arachides
noix
graines de sésame
poisson
mollusques
crustacés
moutarde

83	Poireaux vinaigrette de grand-maman Pierrette
91	Crème de tomate
143	Rôti de porc aux dattes
109	Asperges et carottes sautées
106	Pommes de terre au romarin
	Salade verte
217	Croustillant aux pommes

Action de grâce

C'est une tradition chez nous : année après année, la grande famille se rassemble le jour de l'Action de Grâce pour célébrer la vie et ses petits et grands bonheurs. Parce que cette fête est soulignée en octobre au Québec, c'est aussi l'occasion de profiter de l'abondance des récoltes en festoyant autour d'un repas plantureux.

SANS :
œufs
lait
arachides
noix
graines de sésame
poisson
mollusques
crustacés
moutarde

120	Salade de céleri-rave sur un lit de feuilles de laitue et de tomates
96	Potage à la citrouille
139	Cuisses de canard aux pruneaux
214	Brownie
226	Glace au soya et à la vanille
220	Ganache

Brunch

De quoi réveiller même les plus endormis !

SANS :
œufs
lait
arachides
noix
graines de sésame
poisson
mollusques
crustacés
moutarde

	Salade de fruits frais
125	Tofu brouillé
122	Tarte ouverte aux poireaux
122	Fèves au lard
	Tranches de concombres et de tomates
182	Pain de blé
252	Cretons
248-250	Confitures
195	Gaufres aux pommes et sirop d'érable
190	Muffins aux fraises et aux canneberges
	Jus, thé et café

Pique-nique

Un menu de pique-nique frais, coloré et nourrissant.

SANS :
œufs
lait
arachides
noix
graines de sésame
poisson
mollusques
crustacés
moutarde

101	Gaspacho
141	Brochettes de canard mariné
121	Salade de légumineuses
120	Salade de vermicelles de riz
	Plat de crudités
229	Compote de fraises et de rhubarbe
234	Biscuits aux dattes et aux raisins secs
268	Thé glacé
266	Limonade rosée à la rhubarbe

Fête d'enfants bis

Une autre façon de célébrer la fête d'un tout-petit : un buffet sucré servi à l'heure de la collation.

SANS :
œufs
lait
arachides
noix
graines de sésame
poisson
mollusques
crustacés
moutarde

206	Gâteau au chocolat
219	Glaçage au chocolat
239	Macarons d'Isabelle
221	Assiette de fruits frais avec sauce express au chocolat
234	Biscuits aux dattes et aux raisins secs
	Jus

Fête d'enfants

L'anniversaire de notre fils est un prétexte de choix pour réunir famille et amis autour d'une table bien garnie. Les enfants courent en tous sens et les bébés piaillent tandis que les adultes conversent agréablement en sirotant un mousseux. Le bonheur, quoi !

SANS :
œufs
lait
arachides
noix
graines de sésame
poisson
mollusques
crustacés
moutarde

86	Guacamole
	Assiette de crudités
177	Pizza coup de cœur
116	Salade de porc et de tomates séchées
	Salade verte
205	Gâteau marbré
220	Ganache
266	Jus ou limonade rosée à la rhubarbe
	Mousseux ou cidre pétillant (pour les plus grands !)

Souper fin

Un menu qui convient en moult occasions.

SANS :
œufs
lait
arachides
noix
graines de sésame
poisson
mollusques
crustacés
moutarde

80	Bruschetta
	Bol d'olives
79	Mesclun aux foies de volaille tièdes
132	Osso buco
107	Purée de courge et de poireau
112	Polenta frite
203	Aumônières de poires et de canneberges

Souper fin bis

Pour petits et grands gourmets.

SANS :
œufs
lait
arachides
noix
graines de sésame
poisson
mollusques
crustacés
moutarde

86   Cœurs de palmier au guacamole
194   Blinis
262   Tapenade
92   Crème d'asperge
143   Mignon de porc,
      sauce à la florentine
107   Poêlée d'artichauts
      Riz basmati
209   Gâteau blanc
243   Beurre d'érable

Boîte à lunch

Simple, mais nourrissant.

SANS :
œufs
lait
arachides
noix
graines de sésame
mollusques
crustacés
moutarde

    Jus de tomate
178   Sandwich au thon
    Crudités
223   Délice aux petits fruits
236   Biscuits tropicaux au chocolat

Cocktail dînatoire

Un cocktail dînatoire, c'est un assortiment de bouchées froides et chaudes, sucrées et salées qui tient lieu de repas. La formule est généralement très appréciée par les convives puisqu'elle leur laisse toute liberté pour circuler et converser tout en se régalant.

Pour un repas complet, prévoyez 15 à 18 bouchées par personne.

SANS :
œufs
lait
arachides
noix
graines de sésame
mollusques
crustacés
moutarde

76   Houmous aux haricots de soya
      et crudités
75   Paniers de prosciutto et poires
86   Cœurs de palmier au guacamole
72   Bouchées de Jean D.
72   Bouchées aux dattes et au bacon
141   Brochettes de canard mariné
214   Brownie, coupé en petites
      portions individuelles
242   Bleuets au chocolat
      Brochettes de fruits frais

Boîte à lunch bis

Vivement l'heure du lunch !

SANS :
œufs
lait
soya
arachides
noix
graines de sésame
poisson
mollusques
crustacés
moutarde

135   Escalopes froides de poulet
      au citron
119   Salade de couscous aux
      raisins secs
      Tranches de concombres
217   Croustillant aux framboises
      et aux poires

SANS:
œufs
lait
arachides
noix
graines de sésame
poisson
mollusques
crustacés
moutarde

CAMP DE VACANCES

À la pensée d'envoyer pendant quelques jours leur jeune enfant allergique dans un camp scolaire ou récréatif, bon nombre de parents ressentent comme un petit frisson. C'est fort compréhensible !

Au fil des années, notre fils a participé à plusieurs camps de ce genre, sans incident. Pour lui permettre de vivre ces aventures exaltantes en réduisant les risques de réaction, nous avons fourni, chaque fois, tous ses repas et collations. Exigeant ? Certainement. Mais cela en vaut tellement la peine !

L'expérience aidant, nous avons développé nos propres stratégies. Ainsi, afin de réduire les risques de contamination, nous ne préparons que des repas froids. Nul besoin, par conséquent, de les faire réchauffer sur place. Les aliments étant déjà répartis dans des contenants individuels (en aluminium ou en styromousse) subdivisés en compartiments (un peu comme les « TV dinner »), il n'est pas non plus nécessaire de les transférer dans d'autres plats pour le service ce qui, de nouveau, diminue les risques de contamination. Nous prévoyons quelques petits contenants additionnels fermant hermétiquement pour les vinaigrettes, compotes et mousses. Nous fournissons en outre tous les ustensiles et des verres jetables (si possible, biodégradables).

Chaque contenant porte le nom de notre fils. Sont également indiqués sur l'étiquette le type de repas (déjeuner, dîner, souper) et le jour auquel il doit être servi. Nous nous entendons à l'avance avec les responsables du camp pour qu'un espace dans un des réfrigérateurs nous soit réservé. À l'heure du repas ou de la collation, notre fils va lui-même chercher sa nourriture dans la cuisine commune (dans tous les camps qu'il a fréquentés, le règlement exigeait tout de même qu'il

soit accompagné d'un adulte pour s'y rendre). De cette façon, personne d'autre que lui ne manipule ses aliments.

Finalement, l'expérience nous a appris qu'il est tout à fait acceptable de servir les mêmes mets plus d'une fois pendant le séjour au camp. Des adaptations permettent toutefois des petites variations. Par exemple, si l'on prépare des muffins aux bleuets pour le déjeuner, on peut, après avoir rempli de pâte la moitié des moules, ajouter dans la préparation restante des pépites de chocolat pour en faire des petits gâteaux parfaits pour le dessert.

Le menu qui suit convient à un camp de trois jours. Il s'agit d'un menu réaliste, testé sur le terrain. Notre fils a beaucoup aimé. Il paraît même qu'il a fait quelques jaloux parmi les campeurs et animateurs…

Pour toute la durée du séjour

Bouteilles d'eau
Boisson de riz ou de soya
234 Biscuits aux dattes et aux raisins secs
Fruits frais pour les collations

Jour 1

MATIN
    Jus de fruits
    Fruits frais
188 Muffins aux bleuets
    Tranches de bacon ou de jambon
223 Délice aux petits fruits

MIDI
178 Sandwich au poulet et à l'avocat
    Crudités
228 Compote de pommes
    Fruits frais

SOIR
101 Gaspacho
127 Bavette de bœuf mariné taillée
    en lanières
115 Salade de pommes de terre
234 Biscuits aux dattes et aux raisins secs
    Fruits frais

Jour 2

MATIN
    Jus de fruits
    Fruits frais
188 Muffins aux bleuets
    Tranches de bacon ou de jambon
223 Délice aux petits fruits

MIDI
141 Tranches de rôti de porc
120 Salade de vermicelles de riz
188 Muffins aux bleuets
    avec pépites de chocolat

SOIR
173 Pâtes froides et sauce presque pesto
    Salade verte et vinaigrette
234 Biscuits aux dattes et aux raisins secs
    Fruits frais

Jour 3

MATIN
    Jus de fruits
    Fruits frais
188 Muffins aux bleuets
    Tranches de bacon ou de jambon
223 Délice aux petits fruits

MIDI
101 Gaspacho
127 Bavette de bœuf mariné taillée
    en lanières
    Salade verte et vinaigrette
188 Muffins aux bleuets
    avec pépites de chocolat

SOIR
173 Pâtes froides et sauce presque pesto
141 Tranches de rôti de porc
    Crudités
234 Biscuits aux dattes et aux raisins secs
228 Compote de pommes

TABLEAU DES RECETTES ET DES ALLERGÈNES

Le tableau qui suit vise à accélérer le repérage des recettes en fonction des principaux allergènes alimentaires. Rappelons toutefois qu'il vous revient de vous assurer que les ingrédients des recettes sélectionnées conviennent bel et bien à votre régime ainsi qu'à celui de chacun de vos convives.

BASES

		ŒUFS	LAIT	SOYA	ARACHIDES	NOIX	GRAINES DE SÉSAME	BLÉ*	POISSON	MOLLUSQUES	CRUSTACÉS	MOUTARDE
64	Bouillon de bœuf											
65	Bouillon de bœuf du paresseux											
65	Bouillon de poulet											
66	Bouillon de porc											
66	Bouillon d'agneau											
67	Bouillon de légumes											
67	Fond de veau											
69	Sauce béchamel au soya			avec				avec				
69	Variante sans soya							avec				
69	Sauce tomate											
70	Filtrat de graines de lin											

HORS-D'ŒUVRE ET ENTRÉES

		ŒUFS	LAIT	SOYA	ARACHIDES	NOIX	GRAINES DE SÉSAME	BLÉ*	POISSON	MOLLUSQUES	CRUSTACÉS	MOUTARDE
72	Bouchées aux dattes et au bacon											
72	Bouchées de Jean D.			avec				avec	avec			
72	Variante sans poisson			avec				avec				
75	Paniers de prosciutto et poires											
75	Douce salsa											
75	Variante piquante											
76	Houmous aux haricots de soya			avec								
79	Tzatziki au tofu			avec								
79	Mesclun aux foies de volaille tièdes											
80	Bruschetta							avec				
82	Caponata											
82	Variante sans poulet											
83	Poireaux vinaigrette de grand-maman Pierrette											
83	Bouquet de cresson et de clémentines			avec								
83	Variante aux oranges			avec								
85	Avocats pamplemousses											
85	Champignons de tante Alice											
86	Guacamole											
86	Cœurs de palmier au guacamole											

* Une recette sans blé peut quand même contenir du gluten.

avec   sans

SOUPES ET POTAGES

		ŒUFS	LAIT	SOYA	ARACHIDES	NOIX	GRAINES DE SÉSAME	BLÉ*	POISSON	MOLLUSQUES	CRUSTACÉS	MOUTARDE
90	Soupe aux légumes							avec				
90	Variante sans blé											
90	Variante carnée							avec				
91	Crème de tomate											
91	Variante avec soya			avec								
91	Potage de tomate express											
92	Crème d'asperge											
92	Chaudrée de maïs											
92	Variante sans lard											
95	Potage aux carottes											
95	Potage à la courge musquée											
95	Variante au lait de coco											
96	Potage à la citrouille							avec				
96	Variante sans blé											
96	Variante aux tomates							avec				
97	Borchtch											
98	Potage au brocoli											
98	Potage au chou-fleur et au poivron											
101	Gaspacho											
101	Variante à l'avocat											

LÉGUMES ET PLATS D'ACCOMPAGNEMENT

		ŒUFS	LAIT	SOYA	ARACHIDES	NOIX	GRAINES DE SÉSAME	BLÉ*	POISSON	MOLLUSQUES	CRUSTACÉS	MOUTARDE
104	Gratin dauphinois			avec								
104	Galette de pommes de terre											
106	Pommes de terre au romarin											
106	Purée de patates douces et de pommes											
107	Purée de courge et de poireau											
107	Poêlée d'artichauts											
109	Asperges et carottes sautées											
109	Duxelles											
110	Ratatouille											

* Une recette sans blé peut quand même contenir du gluten.   avec   sans

LÉGUMES ET PLATS D'ACCOMPAGNEMENT (suite)

		ŒUFS	LAIT	SOYA	ARACHIDES	NOIX	GRAINES DE SÉSAME	BLÉ*	POISSON	MOLLUSQUES	CRUSTACÉS	MOUTARDE
110	Courge spaghetti au pistou et aux tomates											
111	Pilaf de basmati											
111	Variante avec soya			avec								
112	Couscous			avec				avec				
112	Polenta			avec								
112	Variante frite			avec								

SALADES, LÉGUMINEUSES ET METS VÉGÉTARIENS

		ŒUFS	LAIT	SOYA	ARACHIDES	NOIX	GRAINES DE SÉSAME	BLÉ*	POISSON	MOLLUSQUES	CRUSTACÉS	MOUTARDE
115	Salade de tomates et de champignons											
115	Salade de pommes de terre			avec				avec				
115	Variante sans soya ni blé											
116	Salade César			avec				avec				
116	Salade de porc et de tomates séchées											
116	Variante à tartiner											
119	Salade d'épinards à l'érable											
119	Salade de couscous aux raisins secs							avec				
120	Salade de vermicelles de riz											
120	Salade de céleri-rave			avec								
120	Variante sans soya ni blé											
121	Salade de légumineuses											
121	Purée de légumineuses											
122	Fèves au lard											
122	Tarte ouverte aux poireaux			avec				avec				
125	Tofu brouillé											

VIANDE, VOLAILLE ET GIBIER

		ŒUFS	LAIT	SOYA	ARACHIDES	NOIX	GRAINES DE SÉSAME	BLÉ*	POISSON	MOLLUSQUES	CRUSTACÉS	MOUTARDE
127	Bavette de bœuf mariné			avec								
128	Brochettes de veau, sauce satay			avec								
129	Foie de veau au vinaigre de vin à la framboise											
129	Variante au vinaigre balsamique											
129	Rognons de veau à la forestière											

* Une recette sans blé peut quand même contenir du gluten.

avec   sans

VIANDE, VOLAILLE ET GIBIER (suite)

	ŒUFS	LAIT	SOYA	ARACHIDES	NOIX	GRAINES DE SÉSAME	BLÉ*	POISSON	MOLLUSQUES	CRUSTACÉS	MOUTARDE
131 Escalopes de veau au gingembre et au citron			X								
131 Escalopes de veau prosciutto											
132 Pain de viande à la tomate							X				
132 Variante sans blé											
132 Osso buco											
134 Fondue chinoise			X								
135 Variante avec œuf	X		X								
135 Escalopes de poulet au citron											
137 Poulet aux pêches et à la mangue											
137 Poulet, sauce au lait de coco											
138 Riz à la dinde			X								
139 Cuisses de canard aux pruneaux											
139 Variante avec lapin											
141 Brochettes de canard mariné			X								
141 Rôti de porc											
143 Rôti de porc aux dattes											
143 Mignon de porc, sauce à la florentine			X								
144 Ragoût de pattes de porc							X				
144 Filets de porc farcis											
146 Tourtière			X				X				
146 Variante avec bœuf			X				X				
147 Gigot d'agneau											
147 Hachis d'agneau											
148 Tajine au kefta											
150 Bison à l'orientale			X								
150 Pâté chinois											
150 Variante aux champignons											
153 Saucisses à la Gisèle							X				
153 Variante avec œuf	X						X				
153 Variante avec graines de lin							X				

* Une recette sans blé peut quand même contenir du gluten.

avec   sans

		ŒUFS	LAIT	SOYA	ARACHIDES	NOIX	GRAINES DE SÉSAME	BLÉ*	POISSON	MOLLUSQUES	CRUSTACÉS	MOUTARDE
VIANDE, VOLAILLE ET GIBIER (suite)												
154	Saucisses à la Ford Coppola						avec	avec				
154	Lapin aux olives											
155	Lapin à la bière							avec				
POISSONS												
159	Croquettes de thon			avec					avec			
160	Brochettes de thon								avec			
160	Saumon au vinaigre de vin à la framboise								avec			
161	Filets de truite aux olives noires								avec			
PÂTES												
164	Sauce à spaghetti de grand-maman Denise											
164	Sauce marinara											
164	Variante avec soya			avec								
164	Variante avec pistou											
167	Sauce rapido presto !											
167	Sauce au thon								avec			
168	Lasagnes sans fromage			avec				avec				
170	Spirales d'été											
170	Farfalles au jambon			avec								
170	Variante au thon			avec					avec			
173	Presque pesto					avec						
PIZZAS ET SANDWICHES												
175	Pâte à pizza											
175	Variante aux fines herbes											
177	Pizza coup de cœur											
177	Variante sans tomates											
177	Pizza aux tomates séchées et au tofu			avec								
178	Sandwich au thon								avec			

* Une recette sans blé peut quand même contenir du gluten.

avec   sans

		ŒUFS	LAIT	SOYA	ARACHIDES	NOIX	GRAINES DE SÉSAME	BLÉ*	POISSON	MOLLUSQUES	CRUSTACÉS	MOUTARDE
PIZZAS ET SANDWICHES (suite)												
178	Sandwich au poulet et à l'avocat							●				
180	Hamburger à la viande de cheval							●				
PAINS, MUFFINS ET GRUAU												
182	Pain de blé							●				
182	Banique							●				
183	Scones			●				●				
185	Pain doré aux bananes							●				
185	Toasts de Christophe							●				
186	Chapelure							●				
186	Variante sans blé											
186	Gruau super nourrissant											
188	Muffins aux pépites de chocolat et aux framboises							●				
188	Muffins aux bleuets							●				
190	Muffins aux fraises et aux canneberges							●				
190	Muffins à la citrouille et aux raisins secs							●				
CRÊPES ET GAUFRES												
193	Crêpes			●				●				
193	Variante sans soya							●				
193	Variante avec mélange de farines			●				●				
193	Crêpes au chocolat							●				
194	Galettes de sarrasin							●				
194	Variante avec soya			●				●				
194	Blinis							●				
195	Gaufres aux pommes							●				
196	Gaufres à la banane							●				
TARTES, GÂTEAUX ET AUTRES DESSERTS												
199	Pâte à tarte			●				●				
200	Tarte aux fraises et à la rhubarbe			●				●				
200	Tarte aux pommes et à l'érable			●				●				

* Une recette sans blé peut quand même contenir du gluten.

● avec   (vide) sans

		ŒUFS	LAIT	SOYA	ARACHIDES	NOIX	GRAINES DE SÉSAME	BLÉ*	POISSON	MOLLUSQUES	CRUSTACÉS	MOUTARDE
203	Aumônières de poires et de canneberges			avec				avec				
203	Tarte au chocolat et au tofu			avec				avec				
204	Tourte aux framboises			avec				avec				
205	Gâteau marbré							avec				
206	Gâteau au chocolat			avec				avec				
206	Variante sans soya							avec				
209	Gâteau blanc			avec				avec				
209	Gâteau aux dattes et à l'orange							avec				
210	Pouding au riz							avec				
210	Gâteau aux bananes							avec				
213	Gâteau pouding à la noix de coco							avec				
213	Bananes caramélisées							avec				
213	Variante alcoolisée							avec				
214	Brownie							avec				
214	Variante sans graines de lin							avec				
217	Croustillant aux framboises et aux poires							avec				
217	Croustillant aux pommes							avec				
219	Grands-pères à l'érable			avec				avec				
219	Glaçage au chocolat			avec								
220	Glaçage blanc à l'orange			avec								
220	Ganache			avec								
221	Sauce express au chocolat			avec								
221	Sauce caramel			avec								
223	Fondue au chocolat			avec								
223	Variante sans noix de coco			avec								
223	Délice aux petits fruits			avec								
223	Variante parfumée			avec								
224	Mousse aux fraises et aux bananes			avec								
226	Mousse glacée au chocolat et aux bananes			avec								
226	Glace au soya et à la vanille			avec								
226	Variante au chocolat			avec								

* Une recette sans blé peut quand même contenir du gluten.   ⋯ avec   ▓ sans

TARTES, GÂTEAUX ET AUTRES DESSERTS (suite)

		ŒUFS	LAIT	SOYA	ARACHIDES	NOIX	GRAINES DE SÉSAME	BLÉ*	POISSON	MOLLUSQUES	CRUSTACÉS	MOUTARDE
227	Glace à la noix de coco et aux nervures de chocolat			avec								
227	Variante sans soya											
227	Sorbet aux fraises et au melon d'eau											
228	Sorbet express aux framboises et à la banane											
228	Variantes avec divers fruits											
228	Compote de pommes											
228	Variante sucrée											
229	Compote de fraises et de rhubarbe											

BISCUITS ET FRIANDISES

		ŒUFS	LAIT	SOYA	ARACHIDES	NOIX	GRAINES DE SÉSAME	BLÉ*	POISSON	MOLLUSQUES	CRUSTACÉS	MOUTARDE
233	Biscuits aux canneberges et aux pépites de chocolat							avec				
234	Biscuits aux dattes et aux raisins secs							avec				
236	Biscuits tropicaux au chocolat							avec				
237	Dentelles à l'érable							avec				
237	Macarons											
239	Macarons d'Isabelle			avec								
239	Variante sans soya											
240	Sablés			avec				avec				
240	Variante chocolatée							avec				
242	Bleuets au chocolat											
242	Tire d'érable											
243	Beurre d'érable											
243	Sucettes glacées au melon d'eau											
245	Sucettes glacées aux petits fruits			avec								
245	Sucettes glacées crémeuses											

CONFITURES ET AUTRES TARTINADES

		ŒUFS	LAIT	SOYA	ARACHIDES	NOIX	GRAINES DE SÉSAME	BLÉ*	POISSON	MOLLUSQUES	CRUSTACÉS	MOUTARDE
248	Confiture de fraises											
250	Confiture de quatre fruits											
250	Beurre de soya			avec								

* Une recette sans blé peut quand même contenir du gluten.   avec   sans

* Une recette sans blé peut quand même contenir du gluten.

avec   sans

MENUS	ŒUFS	LAIT	SOYA	ARACHIDES	NOIX	GRAINES DE SÉSAME	BLÉ*	POISSON	MOLLUSQUES	CRUSTACÉS	MOUTARDE
270 Noël	sans	sans	avec	sans	sans	sans	sans	avec	sans	sans	sans
270 Jour de l'An	sans	sans	avec	sans	sans	sans	avec	avec	avec	sans	sans
270 Fête des Rois	sans	sans	avec	sans	sans	sans	avec	avec	avec	sans	sans
271 Pâques	sans	sans	avec	sans	sans	sans	sans	avec	avec	sans	sans
271 Action de grâce	sans	sans	avec	sans	sans	sans	sans	avec	avec	sans	sans
271 Repas d'automne	sans	sans	sans	avec	sans	sans	sans	avec	avec	sans	sans
271 Brunch	sans	sans	avec	sans	sans	sans	sans	avec	avec	sans	sans
272 Pique-nique	sans	sans	avec	sans	sans	sans	sans	avec	avec	sans	sans
272 Fête d'enfants	sans	sans	avec	sans	sans	sans	sans	avec	avec	sans	sans
272 Fête d'enfants bis	sans	sans	avec	sans	sans	sans	sans	avec	avec	sans	sans
272 Souper fin	sans	sans	avec	sans	sans	sans	sans	avec	avec	sans	sans
273 Souper fin bis	sans	sans	avec	sans	sans	sans	sans	avec	avec	sans	sans
273 Cocktail dînatoire	sans	sans	avec	sans	sans	sans	avec	sans	sans	avec	sans
273 Boîte à lunch	sans	sans	avec	sans	sans	sans	avec	sans	avec	avec	sans
273 Boîte à lunch bis	sans	sans	sans	avec	sans	sans	avec	sans	avec	sans	sans
274 Camp de vacances	sans	sans	avec	sans	sans	sans	avec	sans	sans	sans	sans

* Une recette sans blé peut quand même contenir du gluten.

avec   sans

INDEX DES RECETTES

BIBLIOGRAPHIE SÉLECTIVE

ARCHAMBAULT, Ariane et CORBEIL, Jean-Claude, *La Cuisine au fil des mots, Dictionnaire des termes de la cuisine*, Montréal, Les Éditions Québec Amérique, 1997, 240 p.

BENOIT, Jehane, *L'Encyclopédie de la cuisine de Jehane Benoit*, Ottawa, Éditions Mirabel, 1991, 751 p.

BLAIS, Christina, *La chimie des desserts*, Montréal, Les Éditions La Presse, 2007, 224 p.

DUFRESNE, Claire, *Vivre avec les allergies alimentaires*, Montréal, Les Éditions La Presse, 2009, 253 p.

Larousse gastronomique, Paris, Larousse, 2000, 3 tomes, 2751 p.

L'Encyclopédie visuelle des aliments, Montréal, Les Éditions Québec Amérique, 1996, 688 p.

PINARD, Daniel, *Pinardises, Recettes et propos culinaires*, Montréal, Boréal, 1994, 303 p.

SOULARD, Jean, *Comme au Château*, Québec, 1997, 163 p.

NOTES

NOTES

BETTEZ, Marie-Josée et Éric THÉROUX, *Déjouer les allergies alimentaires. Recettes et trouvailles* (première édition), Éditions Québec Amérique, 2002.

BETTEZ, Marie-Josée, *Desserts et autres gourmandises sucrées. Sans œuf, lait, arachide et noix*, Éditions Québec Amérique, 2006.